Giesbert Damaschke

Meine 350 besten iPhone & iPad Tipps

Alle Tipps und Tricks zu iOS 8

amac
BUCH VERLAG

Giesbert Damaschke

Meine 350 besten iPhone & iPad Tipps

Alle Tipps und Tricks zu iOS 8

Copyright © 2014 amac-buch Verlag

ISBN 978-3-95431-028-9

Konzeption/Koordination:	amac-buch Verlag
Layout und Cover:	Simone Ochsenkühn, Obergriesbach
Satz:	Johann Szierbeck, Aichach
Druck und Bindung:	deVega Medien GmbH, Augsburg

Trotz sorgfältigen Lektorats schleichen sich manchmal Fehler ein. Autoren und Verlag sind Ihnen dankbar für Anregungen und Hinweise!

amac-buch Verlag
Erlenweg 6
D-86573 Obergriesbach
E-Mail: info@amac-buch.de
http://www.amac-buch.de
Telefon +49(0) 82 51/82 71 37
Telefax +49(0) 82 51/82 71 38

Inhaltsverzeichnis

Kapitel 2 – Internet   59

Kapitel 3 – Kommunikation　　105

Kapitel 4 – Office 137

Kapitel 5 – Fotos, Video, Musik   185

Kapitel 6 – System **211**

Liebe Leserinnen und Leser,

mit dem iPhone und iPad ist Apple etwas ganz Erstaunliches gelungen. Mit diesen Geräten wurde die Leistungsfähigkeit eines ausgewachsenen Computers so leicht und transportabel wie noch nie – und obendrein mit einer ausgesprochen einfachen, intuitiven Bedienung kombiniert. Es ist immer wieder verblüffend, was diese Geräte alles können und wie schnell und simpel sie zu bedienen sind.

Doch noch verblüffender ist es, wenn man im Laufe der Zeit feststellt, dass die kleinen Dinger mehr können, als man ihnen bei der ersten Begegnung zugetraut hat – sehr viel mehr.

Im langjährigen praktischen Einsatz von iPhone und iPad fragte ich mich immer, ob dieses oder jenes nicht vielleicht etwas einfacher und schneller zu machen sei, ob eine bestimmte Aufgabe nicht doch mit dem iPhone zu erledigen ist, auch wenn es auf den ersten Blick nicht so aussah, oder ob man ein scheinbar unlösbares Problem nicht vielleicht doch lösen könne.

Und immer wieder stellte ich erstaunt fest, dass mich mein iPhone und iPad nicht im Stich ließen, sondern ihre Fähigkeiten gewissermaßen mit den Anforderungen wuchsen, die ich an sie stellte.

So sammelten sich im jahrelangen Praxiseinsatz eine ganze Reihe von Tipps und Tricks an, auf die ich im täglichen Einsatz nicht mehr verzichten mag. In vielen Gesprächen mit Freunden und Bekannten wurde ich immer wieder gefragt, wie man denn dieses oder jenes mit einem iPhone erledigen könne, und immer konnte ich von meinem Erfahrungsschatz zehren.

Das brachte mich auf die Idee, einmal die besten und wichtigsten dieser Tipps, Tricks und Kniffe zu sammeln – damit nicht nur meine Freunde und Bekannten etwas davon haben, sondern jeder. Sie, zum Beispiel.

Ich hoffe, diese Sammlung von Tipps und Tricks zu iPhone und iPad hilft Ihnen, Ihr iOS-Gerät im täglichen Einsatz noch besser zu nutzen, und ich wünsche Ihnen so viel Spaß mit dieser Sammlung, wie ich ihn beim Schreiben hatte.

Giesbert Damaschke – www.damaschke.de

November 2014

Kapitel 1 Allgemeines

Das neue iPhone oder iPad ist da – es kann losgehen. Die allgemeine Bedienung der Geräte ist auf Anhieb einsichtig, die wichtigsten Funktionen und Gesten rasch entdeckt, und Sie können Ihr iOS-Gerät problemlos im Alltag einsetzen. Doch Apple hat in iOS zahlreiche nicht ganz so offensichtliche Funktionen integriert, die Ihnen den Umgang mit Ihrem iPhone und iPad nicht nur deutlich erleichtern, sondern auch Möglichkeiten bieten, die nicht sofort auf den ersten Blick ersichtlich sind.

Der Anfang
31 Tipps   ab Seite 16

Sprachsteuerung
10 Tipps   ab Seite 41

Gesten zur Steuerung
11 Tipps   ab Seite 46

Umgang mit Apps
11 Tipps   ab Seite 51

31 Tipps für den Anfang

1   iPhone und iPad richtig ein- und ausschalten

Einschalten: Drücken Sie längere Zeit auf die Standby-Taste. Es erscheint das Apple-Logo, das Gerät startet und zeigt nach kurzer Zeit den Sperrbildschirm.

Standby: Drücken Sie einmal kurz auf die Standby-Taste, um iPhone oder iPad in den Ruhezustand zu versetzen. Drücken Sie erneut auf die Taste, um es wieder aufzuwecken.

Komplett ausschalten: Drücken Sie so lange auf die Standby-Taste, bis der Schalter *Ausschalten* erscheint. Schieben Sie ihn nach rechts, das Gerät fährt herunter und schaltet sich komplett aus.

> **!**
>
> **Drucken mit iPhone und iPad**
>
> Viele Apps bieten im **Teilen**-Menü – das üblicherweise über einen Tipp auf das Rechteck mit dem Pfeil nach oben aufgerufen wird – den Punkt **Drucken**. Diese Funktion nennt Apple „AirPrint", da der Drucker ohne Kabelverbindung via WLAN angesprochen wird. Sie müssen keine Treiber installieren, sondern können einfach mit wenigen Fingertipps drauflosdrucken. Damit das funktioniert, muss der Drucker diese Funktion natürlich unterstützen, was inzwischen sehr viele Drucker tun, – und der Drucker muss sich im gleichen WLAN befinden wie das iPhone oder iPad.

2   Den Bildschirm anpassen

Die Anordnung der Symbole auf dem Home-Bildschirm ist nicht in Stein gemeißelt, sondern kann von Ihnen jederzeit geändert werden. Sie können Symbole verschieben oder in Ordnern sortieren. Und das geht so:

❶ Berühren und halten Sie ein beliebiges Symbol, bis die Symbole anfangen, einen kleinen Wackeltanz aufzuführen.

❷ Verschieben Sie nun die Symbole an die gewünschten Positionen.

❸ Wenn Sie ein Symbol über den Bildschirmrand hinaus ziehen, wechseln Sie zur nächsten Bildschirmseite.

❹ Ziehen Sie Symbole übereinander, legen Sie einen Ordner an. Entsprechend lösen Sie einen Ordner auf, wenn Sie alle Symbole herausziehen.

❺ Beenden Sie den Wackelmodus mit einem Druck auf den Home-Button.

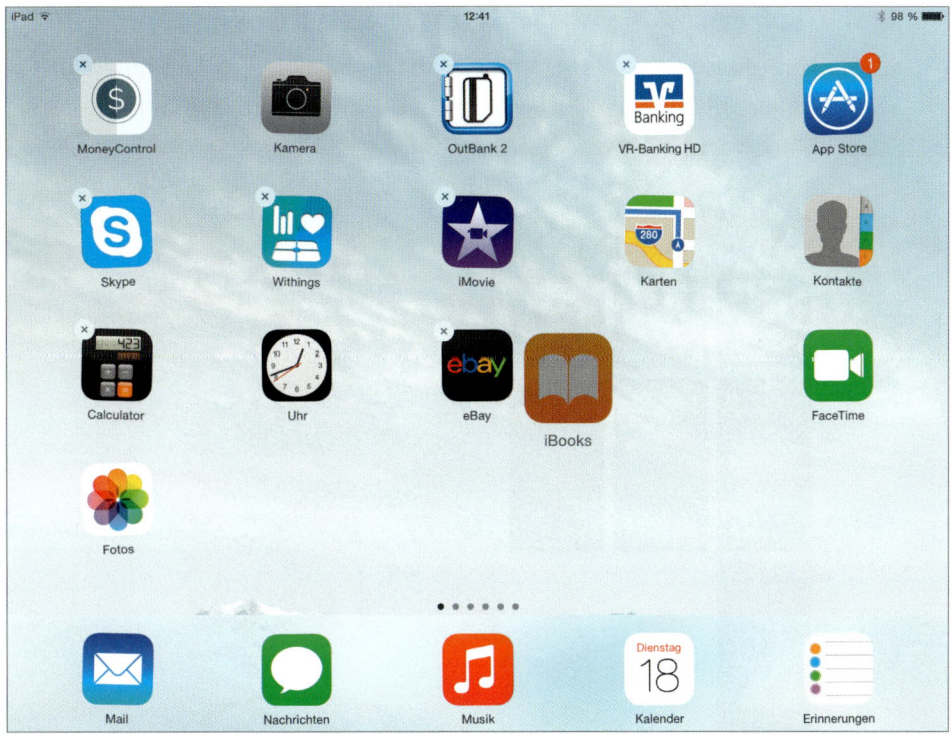

Im Wackelmodus können Sie die App-Symbole verschieben; wenn Sie ein Symbol auf ein anderes ziehen, legen Sie einen Ordner an.

3   Den Hintergrund ändern

Das Bild im Sperrbildschirm und im Hintergrund können Sie natürlich Ihren Wünschen anpassen. Dabei können Sie auch den „Parallax-Effekt", also das Kippen des Hintergrundbildes beim Kippen des iPhone und iPad, ein- und ausschalten.

❶ Wählen Sie *Einstellungen –> Hintergrundbild*.

❷ Sie sehen nun die aktuell eingestellten Hintergrundbilder. Tippen Sie auf *Neuen Hintergrund wählen*.

❸ Die von Apple bereitgestellten Bilder finden Sie unter *Dynamisch* (animierte Bilder) und *Einzelbild*. Falls Sie Fotos gespeichert haben, können Sie aus diesen ebenfalls ein Bild wählen. Wählen Sie das gewünschte Bild aus.

❹ Sie sehen nun eine Vorschau. Falls Sie den Parallax-Effekt ausschalten möchten, tippen Sie auf *Perspektive*. Ein erneuter Tipp schaltet den Effekt wieder ein

❺ Gefällt Ihnen das, was Sie sehen, tippen Sie auf *Sichern*.

❻ Sie können nun noch entscheiden, ob das Bild für den *Sperrbildschirm*, den *Home-Bildschirm* oder *Beide* benutzt werden soll. Haben Sie es sich doch noch anders überlegt, tippen Sie auf *Abbrechen*.

Der Hintergrund von Sperr- und Home-Bildschirmm kann von Ihnen geändert werden. Möchten Sie die Bewegung des Hintergrunds ausschalten, dann deaktivieren Sie die „Perspektive".

4   Ihr iPhone als Taschenlampe

Auch im Dunkeln ist Ihnen Ihr iPhone ein treuer Freund und sorgt für Erleuchtung – dank integrierter Taschenlampe:

❶ Wischen Sie vom unteren Bildschirmrand nach oben. Dann erscheint das *Kontrollzentrum*.

❷ Tippen Sie auf das Taschenlampensymbol – und es wird Licht.

❸ Mit einem erneuten Tipp auf das Symbol schalten Sie die Lampe wieder aus.

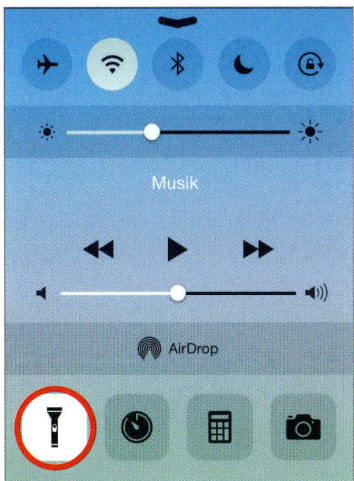

Die Taschenlampe schalten Sie im Kontrollzentrum ein und aus.

5 So bestimmen Sie, wann Ihr iPhone oder iPad einschläft

Wenn Sie Ihr iPhone oder iPad einige Zeit lang nicht benutzen, wechselt es automatisch in den Ruhezustand. Diese Zeitspanne können Sie natürlich selbst festlegen:

❶ Tippen Sie auf *Einstellungen* und dort auf *Allgemein*.

❷ Wählen Sie *Automatische Sperre*.

❸ Tippen Sie auf den gewünschten Zeitraum.

❹ Verlassen Sie die Einstellungen mit einem Druck auf die Home-Taste.

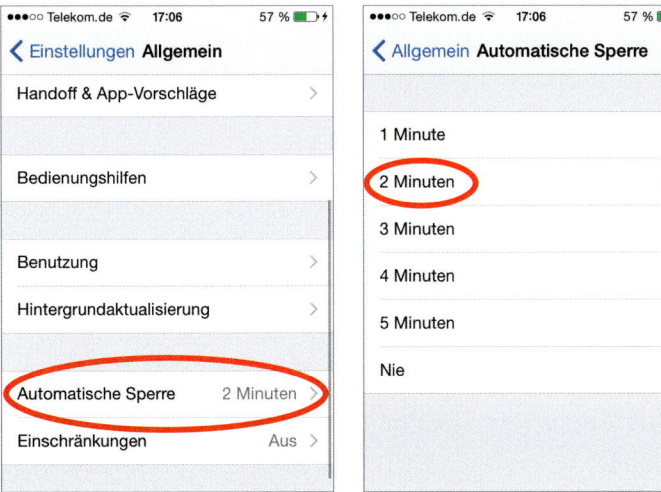

Wann sich das iPhone oder iPad automatisch ausschaltet, bestimmen Sie.

6	Mit dem iPhone oder iPad ins WLAN

Die Verbindungsaufnahme zu einem WLAN ist denkbar einfach:

❶ Tippen Sie auf *Einstellungen –> WLAN*.

❷ Warten Sie einen kleinen Moment ab, bis das iOS-Gerät alle verfügbaren WLANs erkannt hat.

❸ Tippen Sie nun auf das gewünschte WLAN, und geben Sie das Passwort ein.

❹ Tippen Sie auf *Verbinden*.

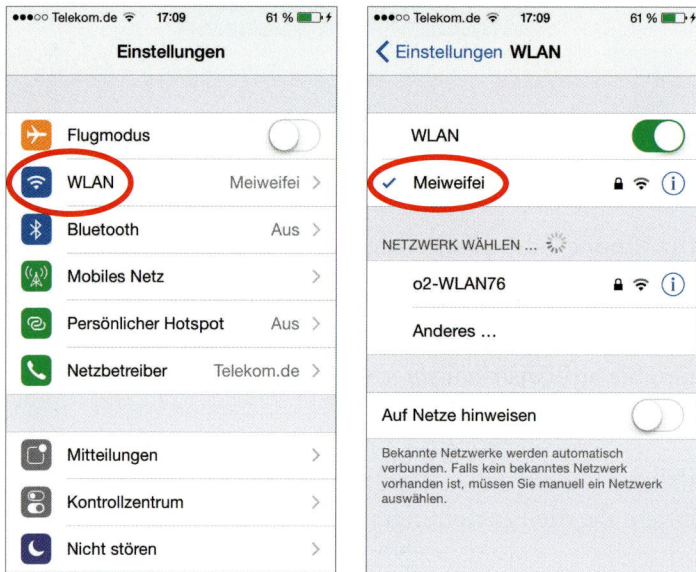

Die Kontaktaufnahme zum WLAN ist nur wenige Fingertipps entfernt.

7	Der schnelle Weg zur Kamera

Bei einem guten Schnappschuss hängt alles davon ab, wie schnell Sie die Kamera zur Hand haben. Nur gut, dass beim iPhone oder iPad die Kamera immer nur einen Fingerwisch entfernt ist – selbst, wenn Ihr iPhone gerade im Standby ist.

❶ Drücken Sie einmal auf die Standby-Taste, um das iPhone einzuschalten.

❷ Wischen Sie das Kamerasymbol auf dem Sperrbildschirm unten rechts nach oben.

❸ Machen Sie Ihr Foto.

Falls Sie Ihr iPhone gerade benutzen, sich aber nicht erst mühsam zur Kamera-App durchhangeln wollen, erreichen Sie die Kamera über das Kontrollzentrum:

❶ Wischen Sie einmal vom unteren Rand nach oben über das Display.

❷ Tippen Sie auf das Kamerasymbol rechts.

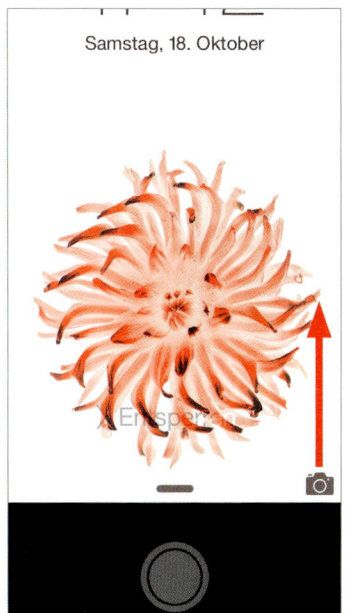

Die Kamera ist immer und überall nur einen Fingerwisch entfernt.

8 Bildschirmdrehung ausschalten

Wenn Sie Ihr iPhone oder iPad Air 2 vom Hoch- ins Querformat drehen, dann dreht sich der Bildschirm mit. Das ist oft so gewünscht, manchmal aber nicht – zum Beispiel dann, wenn Sie auf dem iOS-Gerät ein Buch lesen und sich dazu bequem hinlegen. Doch keine Sorge, diese unerwünschte Rotation lässt sich einfach ausschalten:

❶ Wischen Sie vom unteren Displayrand nach oben.

❷ Tippen Sie auf das kreisförmige Symbol mit Schloss.

❸ Die Bildschirmdrehung wird ausgeschaltet, was durch ein kleines Symbol in der Statusleiste angezeigt wird.

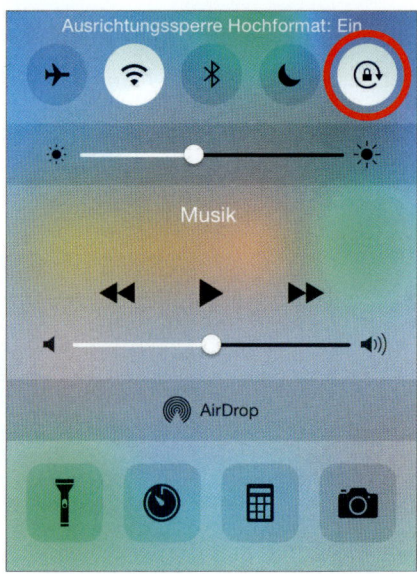

Durch einen einfachen Fingertipp schalten Sie die Bildschirmdrehung aus und wieder ein.

Besitzen Sie das iPad mini oder ein Vorgängermodell des iPad Air 2, so sollten Sie in den *Einstellungen –> Allgemein –> Seitenschalter* diesen für die Ausrichtungssperre reservieren.

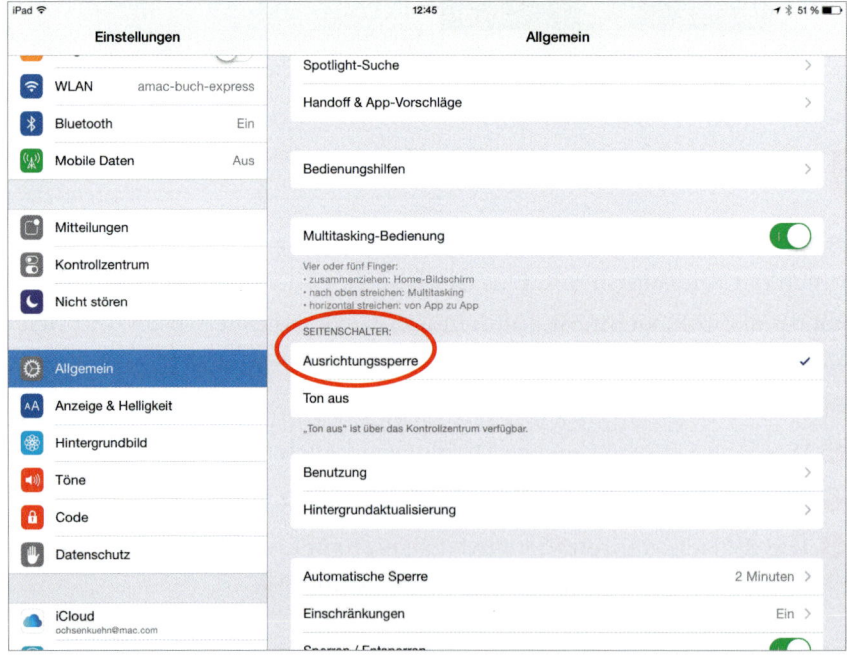

Der Seitenschalter (nicht iPad Air 2) kann die Ausrichtungssperre aktivieren.

9   Lautstärke und Helligkeit schnell ändern

Die Lautstärke regeln Sie üblicherweise über die Tasten am Rand, die Helligkeit über den entsprechenden Punkt in den *Einstellungen*. Das ist alles ein wenig lästig. Schneller und einfacher geht es über das Kontrollzentrum:

❶ Wischen Sie einmal vom unteren Displayrand nach oben.

❷ Sie haben nun direkten Zugriff auf die Regler für Helligkeit und Lautstärke.

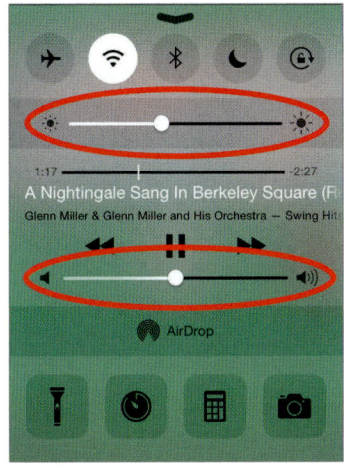

Lautstärke und Helligkeit lassen sich problemlos im Kontrollzentrum regeln.

10   Die Mitteilungszentrale anpassen

In der Mitteilungszentrale stehen Ihnen wichtige Informationen mit einem Fingerwisch zur Verfügung. Richtig sinnvoll wird die Zentrale allerdings erst, wenn Sie selbst bestimmen können, welche Informationen in welcher Reihenfolge gezeigt werden. Das geht so:

❶ Rufen Sie die Mitteilungszentrale mit einem Fingerwisch vom oberen Displayrand nach unten auf.

❷ Scrollen Sie nach unten, und tippen Sie dort auf *Bearbeiten*.

❸ Nun können Sie mit einem Tipp auf das rote Minuszeichen eine App aus der Zentrale verbannen bzw. mit einem Tipp auf das grüne Pluszeichen der Zentrale hinzufügen.

❹ Um die Reihenfolge festzulegen, berühren und halten Sie das Griff-symbol rechts außen und ziehen den entsprechenden Eintrag an die gewünschte Position.

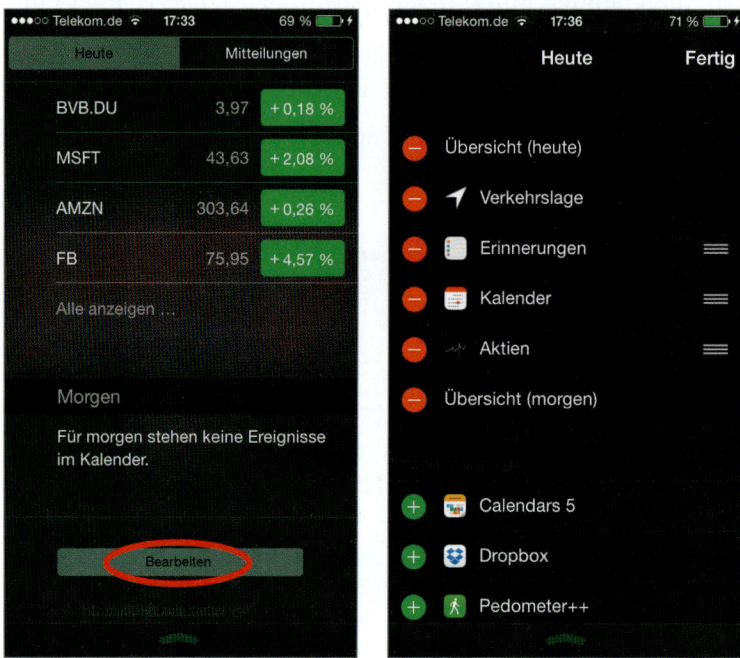

Welche Informationen in welcher Reihenfolge in der Mitteilungszentrale angezeigt werden sollen, bestimmen Sie.

11   Sie bestimmen, wie eine App die Zentrale nutzen darf

In der Mitteilungszentrale werden Sie über neue E-Mails, neue Nachrichten und andere aktuelle Ereignisse informiert. Das geschieht über Hinweise auf dem Display, Töne oder kleine Zahlen am App-Symbol. Diese Funktion kann von allen Apps auf dem iPhone oder iPad benutzt werden – falls Sie es ihnen erlaubt haben. Natürlich können Sie festlegen, wie eine App die Zentrale nutzen darf, und ihr auch nachträglich die Nutzungsrechte entziehen:

❶ Wählen Sie *Einstellungen –> Mitteilungen*.

❷ Sie sehen nun eine Liste sämtlicher Apps, die die Zentrale benutzen. Darunter sind die Apps aufgeführt, die die Zentrale benutzen können, es aktuell aber nicht dürfen.

❸ Um die Einstellungen für eine App zu ändern, tippen Sie sie an.

Möchten Sie mehreren Apps die Berechtigung entziehen, müssen Sie nicht jede App einzeln auswählen, das geht auch schneller:

❶ Tippen Sie auf *Bearbeiten*.

❷ Ziehen Sie die entsprechenden Apps an der Griffmarkierung rechts außen in den Bereich *Nicht anzeigen*.

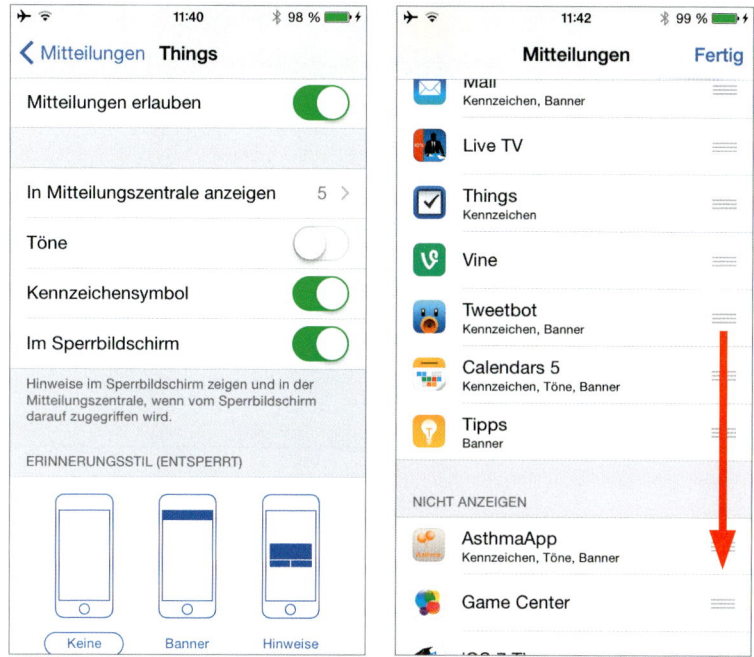

Welche Apps was in der Mitteilungszentrale dürfen, bestimmen Sie.

12   Mitteilungen vom Sperrbildschirm verbannen

Die Mitteilungen sind praktisch, können aber auch verräterisch sein. Denn standardmäßig sind sie auch vom Sperrbildschirm aus erreichbar. Jeder, der Ihr iPhone in die Finger bekommt, kann also auch dann ein wenig in Ihren Mails und Nachrichten schnüffeln, wenn das Gerät gesperrt ist. Möchten Sie das nicht, dann schalten Sie den Zugriff vom Sperrbildschirm aus, und zwar so:

❶ Wählen Sie *Einstellungen –> Touch ID & Code* bzw. *Code*.

❷ Geben Sie Ihren Zugangscode ein.

❸ Deaktivieren Sie im Abschnitt *Im Sperrzustand Zugriff erlauben* den Punkt *Mitteilungsansicht*.

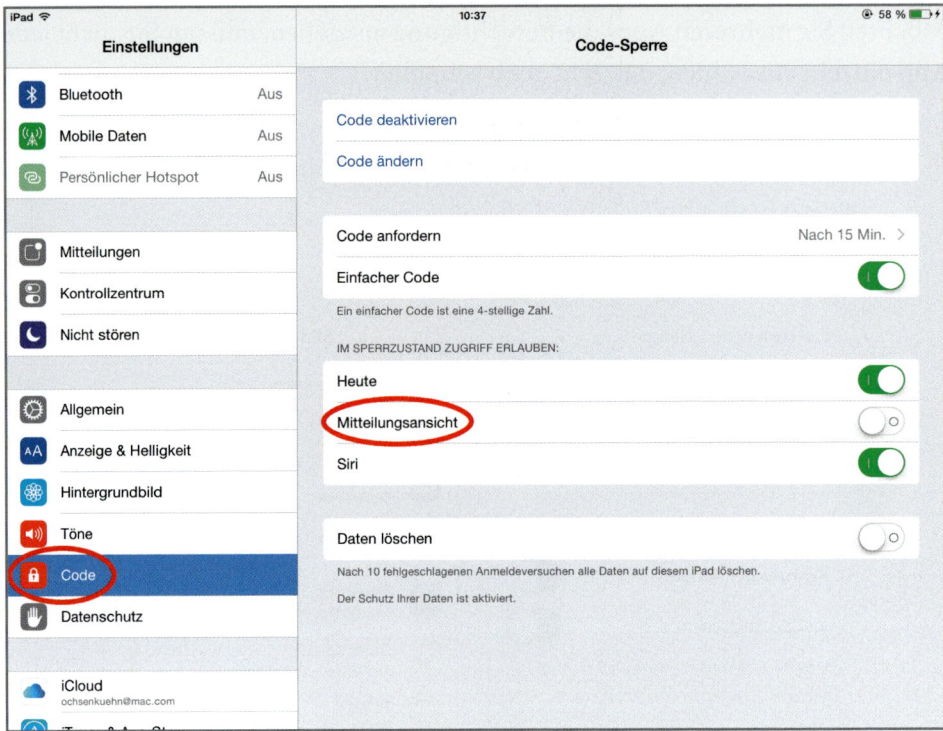

Wenn Sie nicht möchten, dass jedermann auch bei gesperrtem iPhone auf Ihre Mitteilungen zugreifen kann, dann schalten Sie das einfach aus.

13   Bitte nicht stören …

Wenn Sie einmal Ihre Ruhe haben wollen und nicht von Anrufen, Nachrichten oder E-Mails gestört werden möchten, dann müssen Sie Ihr iPhone oder iPad nicht ausschalten. Denn für diese Fälle gibt es den *Nicht stören*-Modus. Dann werden Anrufer sofort auf den Anrufbeantworter umgeleitet oder Nachrichten oder E-Mails nur in der Mitteilungszentrale notiert, ohne dass Ihr iOS-Gerät extra darauf hinweist. So aktivieren Sie diesen praktischen Modus:

❶ Wischen Sie vom unteren Displayrand nach oben.

❷ Tippen Sie auf die Mondsichel.

❸ Um den Modus wieder auszuschalten, tippen Sie erneut auf die Mondsichel.

Nur ein Tipp, und schon haben Sie vor Anrufern, E-Mails und ähnlichen Störenfrieden zur Unzeit Ihre Ruhe.

14 Bitte nicht stören – geplant

Der *Nicht stören*-Modus lässt sich auch automatisch aktivieren, damit Ihr iPhone Sie etwa zwischen 22.00 Uhr abends und 7.00 Uhr morgens in Ruhe lässt:

❶ Wählen Sie *Einstellungen –> Nicht stören*.

❷ Aktivieren Sie den Schalter *Geplant*.

❸ Legen Sie den Zeitraum fest, in dem Ihr iOS-Gerät automatisch in den *Nicht stören*-Modus geht.

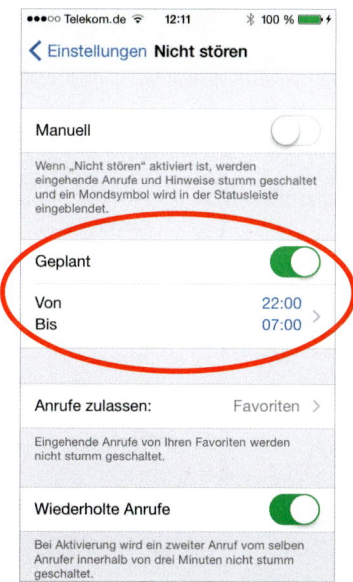

Ihr iPhone oder iPad kann sich auch von allein in den „Nicht stören"-Modus begeben.

> **Nicht stören: Die Ausnahmen**
>
> **!** Es gibt zwei Ausnahmen, die trotz aktiviertem **Nicht stören**-Modus durchgestellt werden: Ihre Favoriten und Anrufer, die in kurzer Zeit mehrfach probieren, Sie zu erreichen. Möchten Sie auch diese Ausnahmen aufheben, wählen Sie **Einstellungen –> Nicht stören** und schalten sie unter **Anrufe zulassen** bzw. **Favoriten** aus.

15   Das „Teilen"-Menü anpassen

Über das *Teilen*-Menü – das Rechteck mit dem Pfeil nach oben – können Sie in vielen Apps aktuelle Inhalte wie Fotos, Adressen von Webseiten, PDF-Dateien und Ähnliches mehr an andere Applikationen weiterreichen. Dieses Menü kann von Ihnen angepasst werden:

❶ Tippen Sie auf die *Teilen*-Taste.

❷ Schieben Sie die Reihe, die Sie anpassen möchten, nach links, bis Sie die Taste *Mehr* sehen.

❸ Tippen Sie auf *Mehr*.

❹ Über die Schalter können Sie nun festlegen, welche Apps im Menü gezeigt werden sollen.

❺ Wenn Sie die Griffmarkierung eines Eintrags berühren und halten, können Sie den Eintrag an eine andere Position schieben.

Möchten Sie nur die Position verändern, müssen Sie nicht extra *Mehr* aufrufen:

❶ Berühren und halten Sie das Symbol, das Sie verschieben möchten.

❷ Ziehen Sie es an die gewünschte Position.

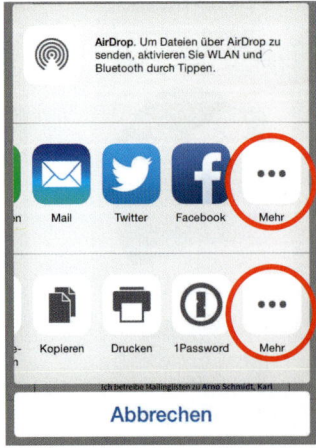 

Das „Teilen"-Menü lässt sich Ihren Wünschen anpassen.

16 Den Aufruf des Kontrollzentrums steuern

Das Kontrollzentrum steht Ihnen jederzeit mit einer Wischgeste vom unteren Bildschirmrand nach oben zur Verfügung. Das ist sehr praktisch, kann aber – besonders bei Spielen – auch stören. Dann nämlich, wenn Sie in einem rasanten Spiel von unten nach oben wischen und damit versehentlich das Kontrollzentrum einblenden. So wird das natürlich nichts mit dem Highscore. Doch keine Sorge – das lässt sich verhindern:

❶ Wählen Sie *Einstellungen –> Kontrollzentrum*.

❷ Schalten Sie *Zugriff von Apps aus* aus.

Nun lässt sich das Kontrollzentrum nur noch vom Sperr- und vom Home-Bildschirm aus aufrufen. Möchten Sie auch den Zugriff vom Sperrbildschirm aus verhindern, deaktivieren Sie den entsprechenden Schalter.

Der unerwünschte Aufruf des Kontrollzentrums lässt sich einfach unterbinden.

17 Die Suchfunktion „Spotlight" anpassen

Die Suchfunktion *Spotlight* rufen Sie mit einem vertikalen Wisch auf dem Home-Bildschirm auf. Standardmäßig durchsucht Spotlight so ziemlich alles auf dem Gerät, was aber nicht immer wirklich sinnvoll ist – wenn Sie die Suche vor allem für Notizen, Nachrichten, Termine und Mails einsetzen, dann muss Spotlight Ihnen keine Treffer aus Musik, Podcast oder Video zeigen. Aber das ist kein Problem, Sie können nämlich genau festlegen, welche Inhalte Spotlight bei der Suche berücksichtigen soll:

❶ Wählen Sie *Einstellungen –> Allgemein –> Spotlight-Suche*.

❷ Wählen Sie mit einem Fingertipp aus, aus welchen Bereichen Ihnen Spotlight Suchergebnisse zeigen soll.

❸ Berühren und halten Sie die Griffmarkierung rechts an einem Eintrag, können Sie die Reihenfolge festlegen, in der Spotlight Ihnen die Suchergebnisse präsentieren soll. Wenn Ihnen etwa Ihre Notizen am wichtigsten sind, schieben Sie den entsprechenden Eintrag nach oben.

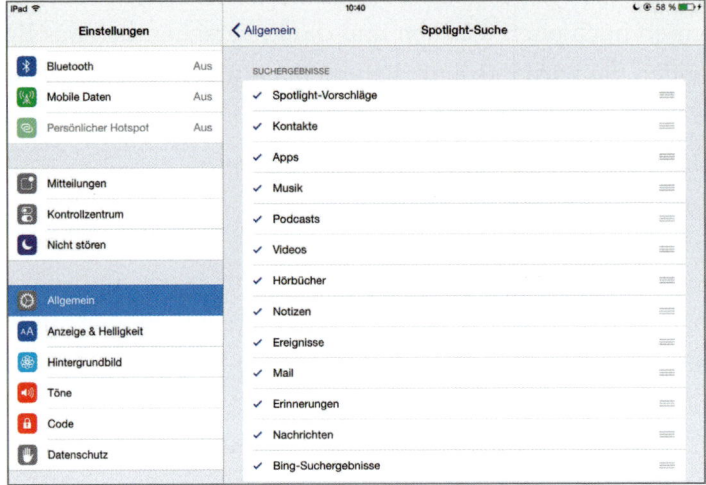

Welche Ergebnisse Ihnen die Spotlight-Suche in welcher Reihenfolge anzeigen soll, legen Sie in den Einstellungen fest.

18 So schießen Sie ein Bildschirmfoto

Um den aktuellen Inhalt des Bildschirms in einem Foto einzufangen, bietet iOS einen einfachen Trick: Drücken Sie die Home- und die Standby-Taste gleichzeitig. Sie hören das Kamerageräusch, und der aktuelle Inhalt landet als PNG-Datei in der *Fotos*-App. Sie müssen die beiden Tasten übrigens nicht krampfhaft zugleich drücken. Sie können auch erst die eine und sofort danach die andere Taste drücken.

19 Schriftgröße ändern

Das Betriebssystem von iPhone und iPad benutzt eine recht filigrane Schrift, mit der sich nicht nur Brillenträger manchmal etwas schwer tun. Falls Sie sich damit überhaupt nicht anfreunden können, können Sie die Schrift durch eine kräftigere Variante ersetzen:

❶ Rufen Sie *Einstellungen –> Anzeige & Helligkeit* auf

❷ Aktivieren Sie *Fetter Text*.

❸ Da die Änderung einen kurzen Neustart erfordert, müssen Sie die Einstellung noch einmal mit *Weiter* bestätigen.

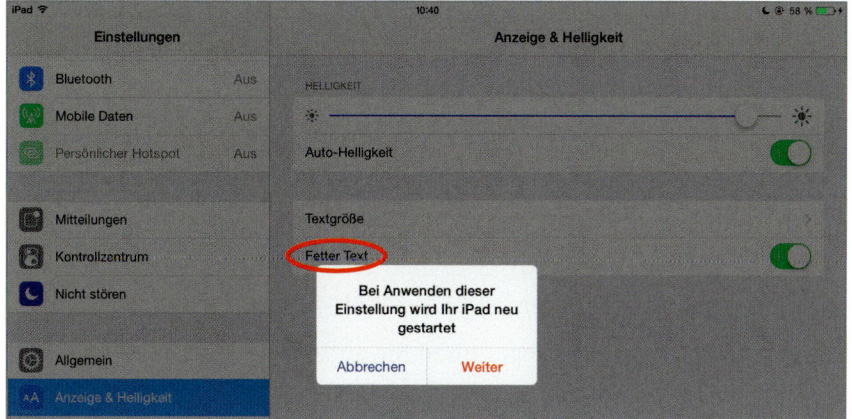

In den Einstellungen können Sie den filigranen Standardfont von iOS durch eine kräftigere Variante ersetzen.

20 So legen Sie die Textgröße fest

Die Schrift auf dem iPhone oder iPad ist Ihnen zu klein, und Sie haben Schwierigkeiten, sie zu lesen? Kein Problem, passen Sie sie einfach Ihren Wünschen an:

❶ Wählen Sie *Einstellungen –> Anzeige & Helligkeit*.

❷ Tippen Sie auf *Textgröße*.

❸ Ziehen Sie den Schieberegler auf die gewünschte Position. Zur Kontrolle der aktuellen Schriftgröße passt sich der erläuternde Text automatisch den gewählten Einstellungen an.

Auch die Textgröße können Sie Ihren Wünschen anpassen.

21   So vergrößern Sie die Anzeige (iPhone 6/6 Plus)

Die großen Bildschirme beim iPhone 6 und erst recht beim iPhone 6 Plus bieten viel Platz für Inhalte. Allerdings gerät die Darstellung dabei mitunter etwas sehr klein – für Brillenträger mitunter zu klein. In diesem Fall empfiehlt es sich, den Anzeigezoom zu aktivieren. In diesem Fall wird die Darstellung vergrößert. Ein iPhone 6 zeigt dann so viel Inhalt wie ein iPhone 5s, ein iPhone 6 Plus so viel wie ein iPhone 6. Da der Bildschirm in beiden Fällen deutlich größer ist, lässt sich alles besser erkennen. Und so geht's:

❶ Wählen Sie *Einstellungen –> Anzeige & Helligkeit*.

❷ Im Abschnitt *Anzeigezoom* tippen Sie auf *Anzeigen*.

❸ Wählen Sie hier *Vergrößert*.

❹ Bestätigen Sie die Änderung mit einem Tipp auf *Einstellen*.

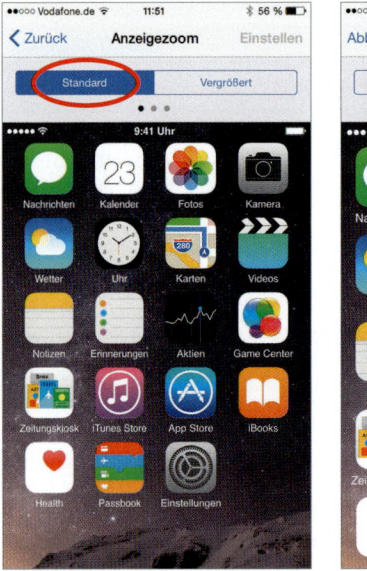

Links die Standard-Anzeige und rechts die vergrößerte Anzeige beim iPhone 6/6 Plus).

22   Aus Texten werden Tasten

Die Menüführung bei iOS basiert fast vollständig auf Texten, die Sie antippen müssen, um von einem Menüpunkt zum nächsten zu gelangen. Dabei ist nicht immer klar erkennbar, was einfach nur Text und was eine Taste ist, die Sie antippen können. Wenn Sie das verwirrt, können Sie aus den Texten aus Tasten machen, und zwar so:

❶ Wählen Sie *Einstellungen –> Allgemein –> Bedienungshilfen*.

❷ Aktivieren Sie den Schalter *Tastenformen*.

❸ Den Effekt sehen Sie sofort: Aus dem Text *Allgemein* oben links wird eine entsprechende Taste.

In den Einstellungen lässt sich der Menüführung eine klarer erkennbare Form geben.

23 Das iPhone/iPad ohne Home-Button steuern

Der Home-Button ist eine zentrale Komponente bei der Bedienung des iPhones bzw. ipads. Über ihn verlassen Sie eine App oder starten die Sprachsteuerung Siri. Sollte der Home-Button durch einen technischen Defekt ausfallen oder der Anwender nicht genügend Kraft haben, ihn sicher zu betätigen, dann lässt sich das iPhone also nicht mehr bedienen. Richtig? Falsch: Denn es ist problemlos möglich, die Funktion des Home-Buttons durch eine reine Softwarelösung zu ersetzen und so die Bedienung des Geräts komplett über sanfte Berührung des Displays zu übernehmen. Und das geht so:

❶ Wählen Sie *Einstellungen –> Allgemein –> Bedienungshilfen*.

❷ Scrollen Sie auf dem Bildschirm nach unten, bis Sie den Eintrag *AssistiveTouch* sehen.

❸ Tippen Sie ihn an, und aktivieren Sie den Schalter *AssistiveTouch*.

Nun erscheint ein graues, transparentes Rechteck mit einem weißen Kreis. Das Rechteck ersetzt den Home-Button und lässt sich beliebig auf dem Bildschirm verschieben. Tippen Sie es an, erscheint ein Menü, über das Sie etwa Siri starten oder den Home-Button drücken können, indem Sie auf das entsprechende Symbol tippen.

Der physische Home-Button lässt sich komplett durch eine Softwarelösung – nämlich die Berührung des Bildschirms – ersetzen.

24   So nutzen und installieren Sie die Wörterbücher

Wenn Sie in einem Dokument ein Wort berühren und halten, wird es markiert und es erscheint ein Kontextmenü, in dem Sie, je nach Applikation, den Punkt *Nachschlagen* oder *Definition* sehen. Mit einem Tipp darauf schlägt iOS das Wort in den installierten Wörterbüchern nach. Dabei sind Sie nicht nur auf die Wörterbücher beschränkt, die Apple von Haus aus installiert, sondern können zahlreiche Wörterbücher nachladen:

❶ Berühren und halten Sie ein Wort, und tippen Sie auf *Nachschlagen*.

❷ Tippen Sie unten links auf *Verwalten*.

❸ Tippen Sie bei dem Wörterbuch, das Sie laden möchten, auf das Wolkensymbol.

Sobald Sie mehrere Wörterbücher haben zeigt Ihnen ein Tipp auf *Nachschlagen* die Treffer in allen installierten Wörterbüchern.

Ein Wörterbuch belegt zwischen 20 und 40 MB Speicherplatz; Sie sollten also nur die Wörterbücher laden, die Sie tatsächlich benötigen. Falls Sie ein installiertes Wörterbuch wieder löschen möchten, tippen Sie bei der Verwaltung der Wörterbücher auf das schwarze ⊗.

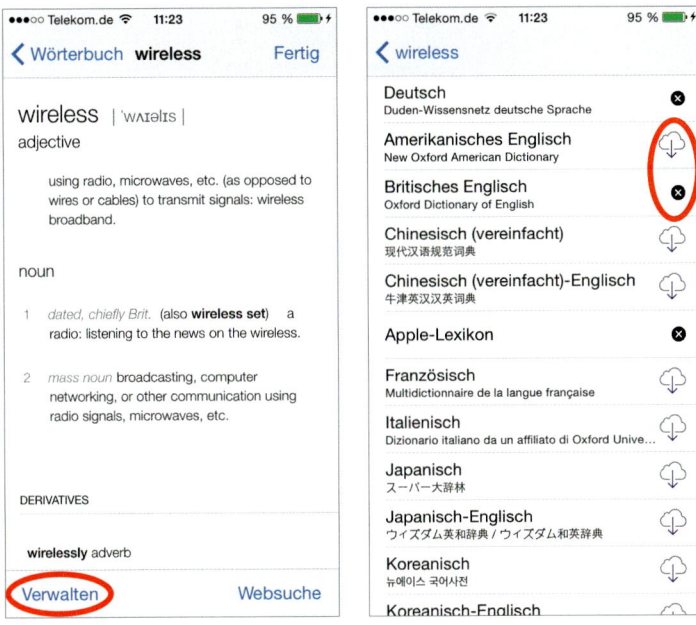

Wörterbücher lassen sich nachträglich laden und natürlich auch wieder löschen.

25 So können Sie alle Funkverbindungen aus- und einschalten

Ein iOS-Gerät ist standardmäßig immer online – sei es via WLAN oder über einen Mobilfunkanbieter. Es gibt allerdings Situationen, in denen es angezeigt ist, sämtliche Funkverbindungen zu kappen – zum Beispiel in Krankenhäusern oder im Flugzeug. Das geht ruckzuck:

❶ Wischen Sie vom unteren Bildschirmrand nach oben. Das *Kontrollzentrum* wird eingeblendet.

❷ Tippen Sie auf das Flugzeugsymbol.

❸ Sie haben nun alle Funkverbindungen gekappt. Damit Sie das nicht vergessen, erscheint oben links im Display ein kleines Flugzeug.

❹ Mit einem erneuten Tipp auf das Flugzeugsymbol beenden Sie den Flugmodus.

Mit einem Fingertipp aktivieren Sie den Flugmodus und kappen damit vorübergehend alle Funkverbindungen.

26   So sind Sie trotz Flugmodus online

Es gibt Situationen, in denen Sie die Mobilfunk- und die Bluetooth-Verbindung kappen, aber weiterhin im WLAN sein möchten – etwa in Flugzeugen, bei denen die Fluglinie WLAN während des Flugs anbietet. Auch das ist problemlos möglich:

❶ Wischen Sie vom unteren Bildschirmrand nach oben.

❷ Tippen Sie im Kontrollzentrum auf das Flugzeugsymbol.

❸ Tippen Sie auf das Antennensymbol, um WLAN wieder einzuschalten.

❹ Tippen Sie auf das Bluetooth-Symbol, um Bluetooth zu aktivieren.

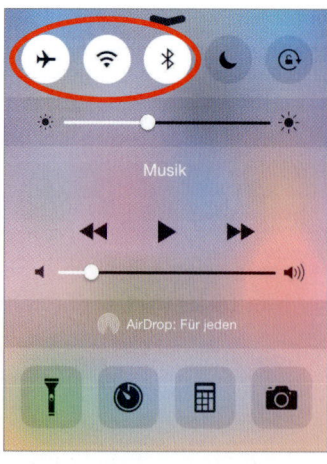

Auch im Flugmodus können Sie WLAN und Bluetooth nutzen.

27 Animationen und Bewegung reduzieren

Unter iOS herrscht ganz schön Bewegung. Das Öffnen und Schließen einer App wird von einem Zoom-Effekt begleitet; der Parallax-Effekt sorgt dafür, dass sich der Hintergrund mitneigt, wenn Sie das iPhone oder iPad neigen, und Ähnliches mehr. Das ist nicht immer erwünscht, kann bei empfindlichen Personen für Kopfschmerzen sorgen und frisst überdies Strom. Nur gut, dass Sie diese Bewegung auch ausschalten können:

❶ Wählen Sie *Einstellungen –> Allgemein –> Bedienungshilfen.*

❷ Tippen Sie auf *Bewegung reduzieren.*

❸ Tippen Sie auf den Schalter neben *Bewegung reduzieren.*

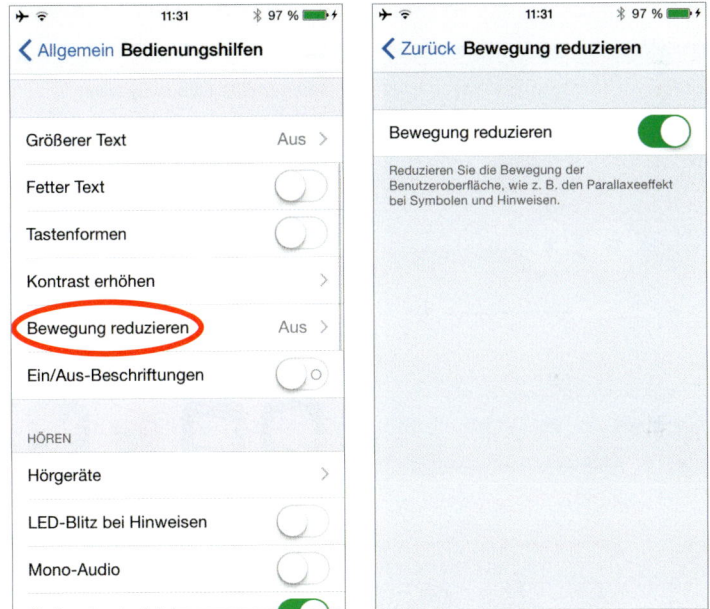

Die Animationseffekte von iOS können Sie ausschalten.

28 So tauschen Sie schnell Inhalte zwischen iOS-Geräten aus

Wenn Sie ein Foto, eine Notiz oder andere Inhalte von einem iOS-Gerät auf ein anderes kopieren möchten, dann geht das schnell und unproblematisch über die Funktion *AirDrop*. Dazu muss zuerst auf allen beteiligten Geräten AirDrop aktiviert werden:

❶ Wischen Sie vom unteren Displayrand nach oben, und tippen Sie auf *AirDrop.*

❷ Legen Sie fest, mit welchen Geräten Sie sich verbinden können. Am unproblematischsten ist die Option *Für jeden*.

Nun können Sie Daten austauschen, etwa ein Foto:

❶ Lassen Sie sich in der *Fotos*-App das gewünschte Bild anzeigen, und tippen Sie auf die Teilen-Taste, also das Rechteck mit dem Pfeil nach oben.

❷ Im AirDrop-Bereich sehen Sie nun die Geräte, die im Empfangsbereich Ihres iPhones oder iPads empfangsbereit sind. Tippen Sie den gewünschten Empfänger an.

❸ Beim Empfänger erscheint ein Dialog, in dem der Empfang der Daten akzeptiert oder abgelehnt werden kann.

❹ Schalten Sie nach der Übertragung der Daten AirDrop wieder aus – das kostet ansonsten nur Strom.

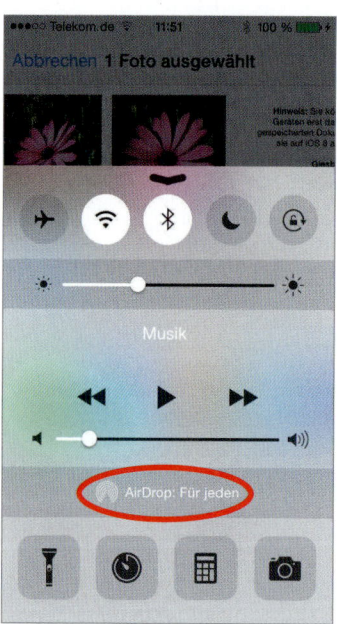 

Sobald Sie AirDrop aktiviert haben, können Sie problemlos und schnell Inhalte zwischen iOS-Geräten austauschen.

29 Hier finden und kopieren Sie die Seriennummer

Manchmal benötigen Sie die Seriennummer, die IMEI (das ist eine eindeutige Kennung Ihres Geräts) und andere technische Daten Ihres iPhones oder iPads, um sie etwa an einen Supportmitarbeiter oder den Admin eines Firmennetzwerkes weiterzugeben. In diesem Fall gehen Sie folgendermaßen vor:

❶ Wechseln Sie zu *Einstellungen –> Allgemein –> Info*. Sie sehen nun allerlei technische Informationen, wie etwa die Version des Betriebssystems, die Anzahl Ihrer Apps, die Speicherkapazität und Ähnliches mehr.

❷ Um die *Seriennummer*, *WLAN-Adresse*, *Bluetooth*-Kennung oder die *IMEI* zu kopieren, berühren und halten Sie den entsprechenden Eintrag.

❸ Es erscheint ein Kontextmenü mit dem Eintrag *Kopieren*. Nach einem Tipp darauf wird der Eintrag in die Zwischenablage übernommen und kann nun in eine Notiz oder E-Mail eingefügt werden.

30 So geben Sie Ihrem iOS-Gerät einen Namen

Standardmäßig benennt sich Ihr iPhone-Gerät selbst, etwa „iPad von Giesbert Damaschke". Unter diesem Namen ist das Gerät dann im Netzwerk oder bei Air-Drop sichtbar. Diesen Namen können Sie natürlich Ihren Wünschen anpassen:

❶ Wählen Sie *Einstellungen –> Allgemein –> Info*.

❷ Tippen Sie auf *Name*.

❸ Löschen Sie mit einem Tipp auf das x rechts am Rand den bisherigen Namen.

❹ Geben Sie den gewünschten Namen ein, und tippen Sie auf *Fertig*.

31 So nutzen Sie das iPhone/iPad als USB-Stick

Im App Store finden Sie zahlreiche Apps, die aus dem iPhone oder iPad einen universellen Massenspeicher zum Austausch von Dateien machen. Doch wenn Sie Dateien über Ihr iPhone zwischen beliebigen Computern austauschen möchten, dann geht das auch mit Bordmitteln – vorausgesetzt, auf allen beteiligten Computern ist iTunes installiert. Dann nämlich lässt sich die Dateifreigabe kreativ ausnutzen.

Die Dateifreigabe dient offiziell dazu, den Austausch von Dokumenten zwischen einer App und dem Computer zu ermöglichen. Das funktioniert so:

❶ Schließen Sie Ihr iPhone oder iPad an den Computer an, starten Sie iTunes, und wählen Sie Ihr Gerät aus.

❷ Wechseln Sie ins Register *Apps*.

❸ Scrollen Sie hier nach unten, bis Sie den Bereich *Dateifreigabe* sehen.

❹ Wählen Sie eine der dort gezeigten App aus.

❺ Nun können Sie über den Bereich *Dokumente* mit Drag & Drop Dateien zwischen der App und Ihrem Computer austauschen.

Eine Datei im Bereich *Dokumente* lässt sich übrigens genau so löschen wie eine Datei im Windows Explorer oder im Finder.

Dieses generelle Verfahren hat drei Besonderheiten, die es uns ermöglichen, die Dateifreigabe für den Austausch beliebiger Dateien zwischen Computern zu benutzen:

– *Keine Synchronisation:* Der Kopiervorgang erfolgt wie bei einem USB-Stick sofort – es ist keine Synchronisation erforderlich.

– *Beliebige Dateien:* Sie können bei jeder App, die die Dateifreigabe unterstützt, beliebige Dateien ablegen – nicht nur Dateien, mit denen die App etwas anfangen kann.

– *Jeder Computer:* Der Kopiervorgang funktioniert mit jedem Computer, auf dem iTunes installiert ist – nicht nur mit dem, mit dem Sie Ihr iOS-Gerät normalerweise synchronisieren.

Um also eine Datei zwischen zwei Computern auszutauschen, machen Sie Folgendes:

❶ Kopieren Sie die Datei auf dem ersten Computer über die Dateifreigabe in den Speicherbereich einer beliebigen App.

❷ Schließen Sie Ihr iOS-Gerät am zweiten Computer an, und kopieren Sie dort über die Dateifreigabe die gewünschte Datei auf den Computer.

Bei der Dateifreigabe akzeptiert eine App nicht nur beliebige Dateien – der Kopiervorgang erfolgt auch sofort, ohne Synchronisation. Und an jedem Computer mit iTunes.

10 Tipps zur Sprachsteuerung („Siri")

1 Siri aktivieren

Standardmäßig wird die Sprachsteuerung *Siri* bei der Inbetriebnahme Ihres iPhones und iPads aktiviert. Falls das nicht der Fall ist, lässt sich Siri unter *Einstellungen –> Siri* ein- und auch wieder ausschalten. Sobald Siri aktiv ist, halten Sie die Home-Taste gedrückt, bis sich Siri mit einem Glockenton meldet. Sie können die Taste nun loslassen und Ihre Fragen stellen oder Anweisungen geben. Am besten funktioniert Siri aber, wenn Sie während Ihrer Eingabe die Home-Taste gedrückt halten und sie erst loslassen, wenn Sie fertig sind.

> **So funktioniert Siri**
>
> ! Die Analyse Ihrer Spracheingaben erfolgt nicht auf dem Gerät selbst, sondern auf den Servern von Apple. Dazu werden Ihre Anweisungen via Internet an Apple geschickt, dort analysiert, und das Ergebnis wird zurückgeschickt. Das heißt zweierlei: Zum einen funktioniert Siri nur, wenn ein Internetzugang verfügbar ist. Zum anderen landen Ihre sämtlichen Anweisungen bei Apple, wo sie gespeichert werden. Das wird benötigt, damit Siri lernt, Sie besser zu verstehen. Apple versichert, dass Ihre Eingaben nicht missbraucht werden. Wenn Sie dieser Versicherung keinen Glauben schenken, sollten Sie Siri ausschalten.

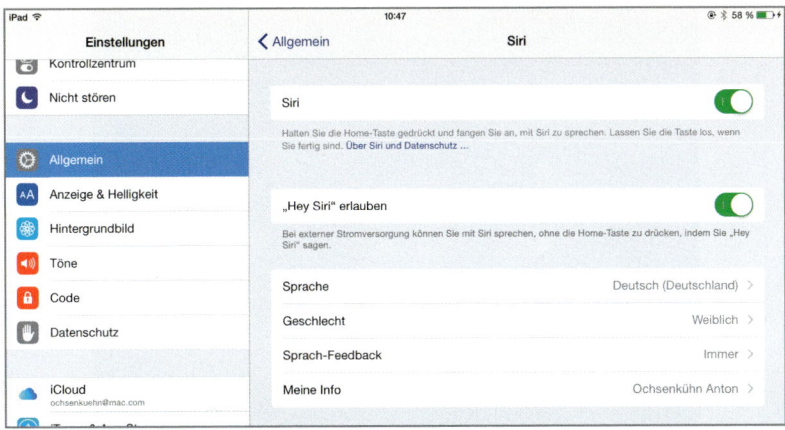

Siri aktivieren Sie in den „Einstellungen". Hier legen Sie auch fest, ob Siri mit einem Sprachkommando gestartet werden kann.

2   Siri mit Sprachkommando starten

Siri wird üblicherweise über einen längeren Druck auf die Home-Taste gestartet. Wenn Ihr iPhone oder iPad am Stromkabel angeschlossen ist – also am Netzteil oder Ihrem Rechner hängt oder im Auto über die Batterie geladen wird –, können Sie Siri auch mit einem einfachen „Hey Siri" starten. Machen Sie nach „Hey Siri" keine Pause, sondern legen Sie einfach los. Diese Funktion muss aber explizit aktiviert werden:

❶ Wählen Sie *Einstellungen –> Allgemein –> Siri*.

❷ Aktivieren Sie den Schalter *„Hey Siri" erlauben*.

3   Was Siri alles kann

Siri ist anfangs etwas ungewohnt, und man weiß nicht so recht, was es eigentlich alles kann. Kein Problem, bitten Sie einfach Siri, Ihnen einige Beispiele zu geben:

❶ Halten Sie die Home-Taste gedrückt, bis sich Siri mit einem Glockenton meldet.

❷ Sagen Sie: „Hilfe.".

❸ Sie sehen nun eine lange Liste von Apps und Funktionen, die Siri versteht.

❹ Wenn Sie einen Eintrag antippen, sehen Sie einige Beispiele dafür, wie Sie mit Siri das Gerät steuern, Termine eintragen, den Wecker stellen, eine Notiz diktieren und vieles, vieles mehr. Probieren Sie's einfach aus.

Wenn Sie ein Gefühl dafür bekommen möchten, was Siri so alles kann, dann bitten Sie das System einfach um eine kleine Hilfestellung.

4 Geben Sie sich einen Namen

Siri benutzt für die Ansprache den Namen, den Sie unter *Einstellungen –> Mail, Kontakte, Kalender –> Meine Infos* eingetragen haben. Sie können Siri aber auch anweisen, Sie anders zu nennen oder einen Spitznamen zu benutzen. Möchten Sie von Siri als „Meister." angesprochen werden, starten Sie Siri und sagen: „Nenne mich ab jetzt Meister". Siri fragt sicherheitshalber nach, ob es Ihren Spitznamen ändern soll.

Sie können festlegen, wie Siri Sie ansprechen soll.

5 So legen Sie Beziehungen fest

Es ist sehr viel einfacher, zu Siri „Ruf meinen Bruder an" zu sagen als „Ruf Ferdinand Fröhlich an". Damit Siri Ihre Beziehung lernen kann, müssen Sie es dem System nur einmal sagen, etwa mit: „Ferdinand Fröhlich ist mein Bruder." Siri fragt noch einmal nach, ob es diese Verknüpfung eintragen soll, und in Zukunft versteht Siri, wen Sie mit „Bruder" meinen. Das funktioniert natürlich auch mit allen anderen Beziehungen, wie „beste Freundin", „Chef" oder „Mutter".

6 Siri korrigieren

Zur Kontrolle, ob Siri Sie korrekt verstanden hat, wird Ihre Eingabe noch einmal als Text auf dem Bildschirm gezeigt. Hier sehen Sie sofort, wenn Siri Sie nicht richtig verstanden hat – und können die Eingabe korrigieren. Der Clou: Siri lernt Ihre Korrekturen und macht den gleichen Fehler selten zweimal.

❶ Tippen Sie auf den Text, und korrigieren Sie die Eingabe über die Tastatur.

❷ Mit einem Tipp auf *Fertig* übernimmt Siri Ihre Korrekturen und versucht es noch einmal.

7 Siri die Aussprache von Namen beibringen

Bei Eigennamen kommt Siri mitunter ins Schleudern und versteht Sie nicht richtig. Dem können Sie abhelfen, indem Sie Siri die Aussprache bestimmter Namen beibringen. Soll etwa der Name „Dylan Thomas" gelernt werden, dann geht das so:

❶ Sagen Sie: „Lerne den Namen Dylan Thomas auszusprechen."

❷ Siri fordert Sie nun auf, den Namen vorzusagen.

❸ Es werden drei mögliche Ausspracheoptionen angezeigt. Mit einem Klick auf den Pfeil spielen Sie die jeweilige Variante ab.

❹ Mit einem Tipp auf *Auswählen* übernimmt Siri die Aussprache.

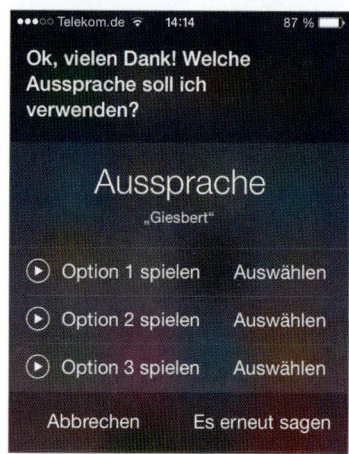

Damit Siri einen Namen besser aussprechen und verstehen kann, können Sie dem System den Namen vorsprechen.

8 Siris Stimme ändern

Standardmäßig spricht Siri mit einer weiblichen Stimme. Das lässt sich ebenso ändern, wie Sie Siri zum Schweigen bringen können (natürlich funktioniert das System trotzdem):

❶ Wählen Sie *Einstellungen –> Siri*.

❷ Unter *Geschlecht* legen Sie fest, ob Siri *Männlich* oder *Weiblich* sein soll.

❸ Nach einem Tipp auf *Sprach-Feedback* können Sie die Sprachausgabe auf *Nur Freisprecheinrichtung* beschränken.

9 Längere Sätze versteht Siri besser

Siri arbeitet „kontextsensitiv", das bedeutet: Je mehr Drumherum Siri für die Analyse einer Anweisung zur Verfügung steht, desto besser kann Siri Sie verstehen. Wenn Siri also die Anweisung „Weck mich um sieben" nicht korrekt versteht, dann probieren Sie es mit „Stell den Wecker auf sieben Uhr".

10 Siri vom Sperrbildschirm verbannen

Siri kann standardmäßig auch dann aufgerufen werden, wenn das iPhone oder iPad gesperrt ist. Das ist zwar sehr praktisch – schließlich ist etwa das Entsperren während einer Autofahrt eher schwierig –, kann aber zu einem Sicherheitsproblem werden, da so jedermann via Siri (wenn auch eingeschränkten) Zugriff auf Ihre Daten hat. Ist Ihnen dieses Risiko zu hoch, verbannen Sie Siri vom Sperrbildschirm:

❶ Wählen Sie *Einstellungen –> Touch ID & Code.*

❷ Geben Sie Ihren Code ein, und tippen Sie auf *Fertig.*

❸ Deaktivieren Sie unter *Im Sperrzustand Zugriff erlauben* den Punkt *Siri.*

Den Zugriff auf Siri im Sperrbildschirm regeln Sie in den Einstellungen zum Datenschutz.

11 Gesten, mit denen Sie Ihr iPhone und iPad optimal steuern

1   Die universelle „Zurück"-Geste

Sie wollen aus den Einstellungen eines Untermenüs wieder zurück zur allgemeinen Übersicht? Kein Problem: Anstatt sich über jeden übergeordneten Punkt links oben durchzuhangeln, wischen Sie einfach von links nach rechts über das Display, um zum vorherigen Punkt zurückzukehren. Das funktioniert nicht nur mit den Einstellungen, sondern etwa auch mit den Notizen, Erinnerungen, Mail oder im App Store.

Mit einer einfachen Wischbewegung von links nach rechts kommen Sie in vielen Fällen zur vorherigen Bildschirmseite zurück.

2   Schnell an den Bildschirmanfang springen

Um in langen Listen, umfangreichen Dokumenten oder Webseiten vom Ende an den Anfang zu springen, genügt ein einziger Fingertipp: nämlich der auf die Statuszeile am oberen Bildschirmrand, zum Beispiel auf die Uhrzeit. Danach springt der Bildschirminhalt wieder an den Anfang. Diese Geste funktioniert in fast allen Applikationen, zum Beispiel in *Mail*, *Kalender*, *Kontakte*, *Safari* oder *Notizen*.

3 Der Trick mit dem Berühren und Halten

Unter iOS gibt es keine rechte Maustaste und also auch kein Kontextmenü. Richtig? Falsch: Berühren und halten Sie ein Element auf dem Bildschirm, erscheint in vielen Fällen ein Kontextmenü, das Ihnen die in diesem Moment sinnvollen Optionen bietet, etwa das Kopieren eines Eintrags, das Einfügen von Inhalten aus der Zwischenablage oder die Formatierungen in einer Textverarbeitung.

4 Inhalte mit einer Geste aktualisieren

Bei vielen Apps, deren Inhalt sich regelmäßig ändert – etwa *Mail*, *Twitter*, *Facebook* und so weiter –, können Sie mit einer einfachen Wischgeste die Anzeige aktualisieren: Ziehen Sie den Bildschirm von oben nach unten. Das funktioniert nicht mit allen Apps, aber mit sehr vielen – probieren Sie es einfach aus.

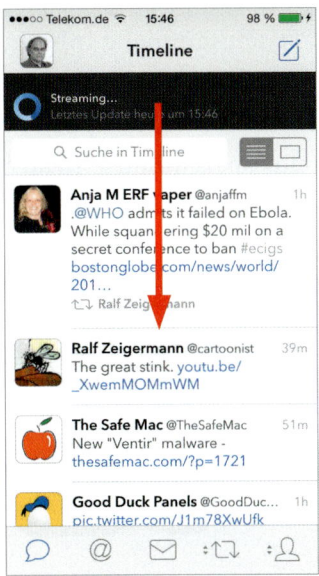

In vielen Apps wird der Bildschirminhalt mit einer Wischgeste von nach unten aktualisiert.

5 Durchstreichen zum Löschen

In vielen Apps finden Sie Inhaltsverzeichnisse aller Einträge in Listenform, etwa bei *Notizen*, *Nachrichten*, *Mail* oder *Wetter*. Wann immer Sie auf eine solche Liste stoßen, aus der Sie einen Eintrag löschen möchten, ist es eine gute Idee, den entsprechenden Eintrag einfach von rechts nach links durchzustreichen. Dann wird – nicht immer, aber oft – eine Löschen-Taste eingeblendet, über die Sie den Eintrag entfernen. Das funktioniert nicht nur mit den Standard-Apps von iOS, sondern auch mit vielen Apps anderer Anbieter.

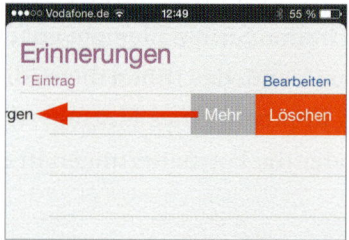

Einträge in Listen lassen sich sehr oft durch einen Wischer von rechts nach links durchstreichen und löschen.

6   Ein iPhone oder iPad durchsuchen

Das Betriebssystem iOS besitzt eine leistungsfähige Suchfunktion namens *Spotlight*. Damit können Sie praktisch sämtliche Inhalte auf Ihrem iOS-Gerät blitzschnell wiederfinden. Um Spotlight aufzurufen, wischen Sie einmal auf dem Home-Bildschirm – nicht innerhalb einer App! – von der Mitte des Displays nach unten. Nun erscheint am oberen Bildschirmrand ein Eingabefeld, in das Sie den gesuchten Begriff eintragen. Mit *Suchen* starten Sie die Suche.

Die Suchfunktion „Spotlight" rufen Sie mit einer vertikalen Wischbewegung auf dem Home-Bildschirm auf.

7 Alle installierten Apps auf einen Blick

Wenn Sie auf einen Blick alle installierten Apps auf Ihrem Gerät sehen wollen, dann können Sie dazu erneut Spotlight verwenden. Geben Sie einfach in der Suchzeile einen Punkt, ein Koma oder ein anderes Sonderzeichen ein. Sogleich werden alle Apps in einer Liste dargestellt. Zudem können Sie dabei auch erkennen, in welchen Ordnern die Apps untergebracht sind.

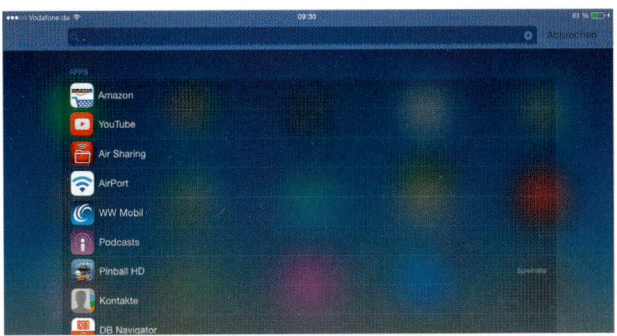

Spotlight kann alle installierten Apps in einer bequem zu überblickenden Liste darstellen.

8 Schnelle Kontrolle über wichtige Einstellungen

Mit einer Wischgeste vom unteren Bildschirmrand nach oben rufen Sie das Kontrollzentrum auf, in dem Sie rasch verschiedene, wichtige Einstellungen vornehmen können. Damit die Wischgeste zum Aufruf sicher funktioniert, setzen Sie den Finger am besten unterhalb des Bildschirms an und ziehen ihn dann über das Display nach oben. Um das Kontrollzentrum zu schließen, tippen Sie einfach außerhalb des Zentrums aufs Display, schupsen es nach unten oder drücken auf die Home-Taste.

9 Aktuelle Informationen mit einem Fingerwisch

Mit einem Fingerwisch vom oberen Rand des Bildschirms nach unten rufen Sie die Mitteilungszentrale auf. In der Mitteilungszentrale bietet iOS Ihnen einen raschen Überblick über wichtige Informationen, wie etwa anstehende Termine, das aktuelle Wetter, verpasste Anrufe oder Mails und Ähnliches mehr. Damit diese Geste zuverlässig arbeitet, setzen Sie den Finger am besten etwas oberhalb des eigentlichen Bildschirms an. Um die Zentrale zu schließen, schieben Sie sie mit einer Wischgeste von unten nach oben aus dem Bildschirm oder drücken die Home-Taste.

10   Multitouch auf dem iPad

Auf dem iPad stehen Ihnen einige besondere Gesten für vier bzw. fünf Finger zur Verfügung, die Ihnen einen Klick auf die Home-Taste ersparen. Damit diese Gesten funktionieren, müssen Sie sie aktivieren:

❶ Wählen Sie *Einstellungen –> Allgemein*

❷ Schalten Sie die Option *Multitasking-Bedienung* ein.

❸ Nun können Sie mit einem horizontalen Vier-Finger-Wisch zwischen den verschiedenen Apps wechseln, mit einem entsprechenden Wisch nach oben den App-Umschalter aufrufen und eine App verlassen, indem Sie vier Finger auf dem Display zusammenziehen.

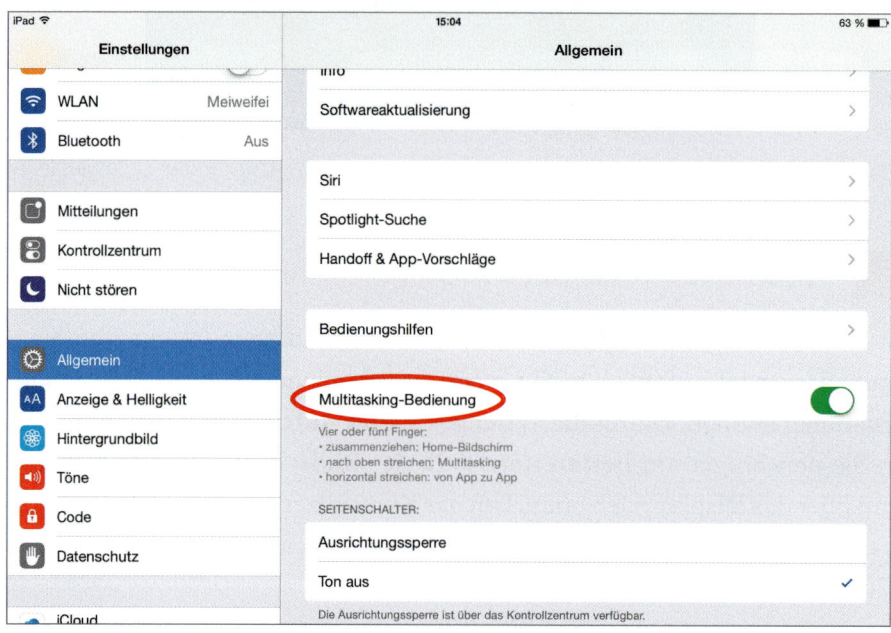

Die „Multitasking-Bedienung" erlaubt auf dem iPad einige neue Gesten, mit der sich das iPad noch bequemer bedienen lässt.

11   Ein-Hand-Bedienung beim iPhone 6 und 6 Plus

Das iPhone 6 ist ganz schön groß: so groß, dass es praktisch nicht möglich ist, es mit einer Hand zu bedienen. Doch es gibt einen einfachen Trick: Wenn Sie doppelt auf den Home-Button tippen (nicht drücken!), rutscht der Bildschirminhalt nach unten und Sie können bequem mit dem Daumen Inhalte rechts oder links oben erreichen.

11 Tipps zum Umgang mit Apps

> **Was ist eine „App"?**
>
> ! App ist die Abkürzung für „Application", also für „Programm". Dabei kann das neckische Kürzel zu dem Fehlschluss verführen, bei einer App handele es sich um ein Programmchen, ein kleines Tool, ein Spielchen oder dergleichen. Doch das täuscht. So, wie das iPhone und iPad ausgewachsene Unix-Computer sind, ist eine App ein vollständiges, ausgewachsenes Programm – und mitunter ganz schön groß. Apps, die 1 oder 2 GByte groß sind, sind keine Seltenheit.

1 Eine App starten und verlassen

Der Start einer App ist denkbar einfach: Sie tippen das gewünschte Programmsymbol an. Doch die vom PC oder Mac gewohnten Knöpfe zum Minimieren einer App gibt es nicht. Stattdessen drücken Sie einmal auf die Home-Taste, um eine App zu verlassen. Das Programm wird dabei nicht beendet, sondern nur in den Hintergrund geschoben. Manche Apps, wie etwa *Musik*, *Telefon* oder *Sprachmemos*, laufen im Hintergrund weiter, andere werden eingefroren und machen bei einem erneuten Aufruf an der Stelle weiter, an der Sie sie verlassen haben.

2 So installieren Sie neue Apps

Es gibt zwei Wege, um Apps auf einem iOS-Gerät zu installieren – und sie führen beide über den App Store von Apple:

❶ Starten Sie die *App Store*-App.

❷ Tippen Sie auf die Lupe, um nach einem Stichwort oder einer bestimmten App zu suchen. Sie sehen nun eine Liste der passenden Apps.

❸ Tippen Sie auf den App-Namen, um mehr Informationen zu bekommen.

❹ Tippen Sie auf den Preis bzw. *Gratis*, um eine App zu laden.

❺ Geben Sie nun Ihre Accountdaten ein, und bestätigen Sie den Kauf. Das gewählte Programm wird geladen und installiert.

Auf dem Computer laden Sie Apps über das Programm *iTunes*:

❶ Starten Sie iTunes, und wechseln Sie dort zu den *Apps*.

❷ Dort wählen Sie *App Store*.

❸ Über das Suchfeld rechts oben können Sie nach der gewünschten App suchen.

❹ Klicken auf das gewünschte Programm, und laden Sie es mit einem Klick auf den Preis. Auch hier müssen Sie sich mit Ihrer Apple-ID ausweisen.

❺ Die App landet in der Mediathek von iTunes und wird beim nächsten Sync auf Ihr iPhone oder iPad übertragen.

3 | Zeit sparen bei der App-Installation

Sie können iTunes auf Ihrem Computer und Ihr iPhone oder iPad so konfigurieren, dass jede App, die Sie an der einen Stelle laden, automatisch auch an der anderen auftaucht. Laden Sie etwa in iTunes auf dem Computer eine App, wird diese automatisch auch auf dem iPhone oder iPad installiert, ohne dass Sie das Gerät mit dem PC verbinden und synchronisieren müssen. Umgekehrt wird eine App, die Sie etwa auf dem iPhone laden, automatisch in die Mediathek von iTunes auf Ihrem Computer geladen.

Auf Ihrem iPhone und iPad geht das so:

❶ Wählen Sie *Einstellungen –> iTunes & App Store*.

❷ Aktivieren Sie unter *Automatische Downloads* den Punkt *Apps*.

Auf dem Computer machen Sie Folgendes:

❶ Starten Sie iTunes.

❷ Rufen Sie die Einstellungen auf. Beim Mac finden Sie sie im Menüpunkt *iTunes*, unter Windows tippen Sie oben links auf das kleine schwarz-weiße Symbol.

❸ Wechseln Sie zum Register *Store*.

❹ Aktivieren Sie hier unter *Automatische Downloads* den Punkt *Apps*.

❺ Bestätigen Sie Ihre Wahl mit einem Klick auf *OK*.

4 | Einen Download pausieren

Manche Apps sind sehr groß, und entsprechend lange dauern der Download und die Installation. Glücklicherweise lässt sich ein Download jederzeit pausieren und später fortsetzen:

- *Im App Store:* Tippen Sie dazu auf das Ladesymbol – den sich allmählich füllenden Kreis.
- *Vom Home-Bildschirm aus:* Tippen Sie auf das graue Symbol mit der Ladeanzeige

Um einen Download fortzusetzen, tippen Sie ein Symbol erneut an.

5 Zwischen Apps wechseln

Um zwischen zwei Apps zu wechseln, drücken Sie zweimal auf die Home-Taste. Sie sehen nun die Symbole und Bildschirminhalte aller zuletzt aufgerufenen Programme. Mit einer horizontalen Wischbewegung blättern Sie durch die Übersicht, und mit einem Tipp auf das gewünschte Programm wechseln Sie zu diesem.

> **!**
>
> **Die Übersicht über die aufgerufenen Apps verstehen**
>
> Unter Windows oder OS X rufen Sie mit der Tastenkombination **Alt + Tab** bzw. **cmd + Tab** die Multitaskingleiste auf. Hier sehen Sie alle Programme, die aktuell geladen und aktiv sind. Auf dem iPhone oder iPad entspricht dieser Tastenkombination ein Doppeltipp auf die Home-Taste, mit dem Sie den App-Umschalter aufrufen. Doch im Unterschied zu Windows und OS X zeigt iOS in der Übersicht nicht nur alle derzeit aktiven Programme, sondern sämtliche Programme, die Sie in der letzten Zeit gestartet haben – auch dann, wenn diese Programme überhaupt nicht mehr aktiv sind. Wenn Sie hier ein App-Symbol sehen, heißt das also nicht unbedingt, dass das entsprechende Programm weiterhin Strom frisst und Speicher belegt, sondern nur, dass Sie es irgendwann einmal aufgerufen haben. Das Betriebssystem iOS kümmert sich automatisch darum, dass einmal gestartete und in den Hintergrund verschobene Programme nicht über Gebühr Speicher und Energie fressen. Anders als auf dem PC ist iOS nämlich in der Lage, ein längere Zeit untätiges Programm komplett zu beenden, wenn die Ressourcen, die dieses Programm beansprucht, für dringendere Aufgaben benötigt werden. In diesem Fall bleibt das App-Symbol aber trotzdem in der Übersicht der aufgerufenen Apps erhalten.

Über den App-Umschalter können Sie schnell zwischen Apps wechseln und im Notfall Apps auch mit einer Wischbewegung nach oben beenden.

6   Apps vollständig beenden

Normalerweise müssen Sie eine App nicht manuell beenden; darum kümmert sich das Betriebssystem. Doch es gibt Ausnahmen, etwa dann, wenn eine App abgestürzt ist und komplett neu gestartet werden muss oder wenn Sie sicher sein wollen, dass eine neue Einstellung auch tatsächlich übernommen wird. In diesem Fall müssen Sie eine App explizit vollständig beenden, um einen Neustart zu erzwingen. Das geht so:

❶ Drücken Sie zweimal auf die Home-Taste. Sie sehen nun die Symbole und verkleinerten Bildschirminhalte aller zuletzt aufgerufenen Apps.

❷ Schieben Sie eine Miniatur nach oben, um eine App komplett zu beenden.

❸ Sie können auch mehrere Apps auf einmal beenden, indem Sie mehrere Miniaturen nach oben schieben.

7   Apps löschen

Da der Speicher von iPhone und iPad begrenzt ist, sollten Sie Apps, die Sie nicht mehr benutzen, löschen. Keine Sorge, jede App, die Sie einmal installiert haben, können Sie jederzeit kostenlos neu laden und installieren:

❶ Berühren und halten Sie ein beliebiges App-Symbol. Die Symbole führen nun einen kleinen Wackeltanz auf.

❷ Bei Apps, die Sie installiert haben, erscheint nun oben links ein kleines *x*. Tippen Sie darauf, um eine App zu löschen.

Doch Vorsicht! Bei manchen Apps löschen Sie auch alle Daten, die die App gespeichert hat, etwa Dokumente, Einträge oder Spielstände.

Im „Wackelmodus" werden alle Apps, die Sie löschen können, mit einem x versehen.

8   Einen Download abbrechen

Sie haben einen Download angestoßen, aber der Download dauert Ihnen zu lange, und überhaupt möchten Sie die App doch nicht haben? Kein Problem:

❶ Berühren und halten Sie ein beliebiges App-Symbol, bis die Icons anfangen, hin und her zu wackeln.

❷ Tippen Sie auf das *x* oben links am Symbol der App, die aktuell geladen wird.

❸ Der Download wird nach einer Sicherheitsabfrage abgebrochen.

9   Apps kostenlos erneut laden

Eine App, die Sie von iPhone oder iPad gelöscht haben, kann über zwei Wege erneut kostenlos installiert werden. Zum einen befindet sich die App üblicherweise noch in der Mediathek von iTunes und kann vom Computer aus erneut auf das iOS-Gerät kopiert werden. Zum anderen merkt sich der App Store, welche Apps Sie bereits einmal geladen haben:

– *iPhone:* Wählen Sie *App Store –> Updates –> Käufe*.

– *iPad:* Wählen Sie *App Store –> Käufe*.

Wenn Sie bei der gewünschten App auf das Wolkensymbol tippen, wird die App erneut installiert.

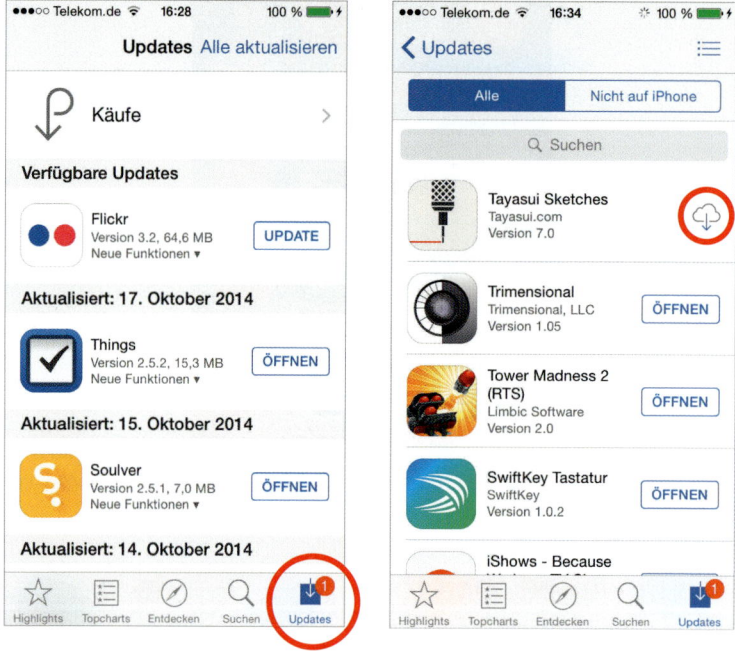

Auf dem iPhone ist der Zugriff auf frühere Käufe im Register „Updates" versteckt.

10   Apps aktualisieren

Auch Apps auf dem iPhone oder iPad werden regelmäßig aktualisiert. Alle Updates sind kostenlos:

– *Automatisch aktualisieren:* Wählen Sie *Einstellungen –> iTunes & App Store*. Im Abschnitt *Automatische Downloads* lässt sich das automatische Update von Apps ein- und ausschalten.

– *Manuell aktualisieren:* Starten Sie *App Store –> Updates*. Wählen Sie die Apps aus, die Sie aktualisieren möchten, oder tippen Sie auf *Alle aktualisieren*.

11 Eine App mit der Sprachsteuerung Siri starten

Sie können jede App mit einem Fingertipp starten – Sie können das aber auch der Sprachsteuerung Siri überlassen. Das ist manchmal etwas einfacher, da Sie bei vielen installierten Apps nicht erst lange herumsuchen müssen. Voraussetzung ist natürlich, dass Sie den Namen der App kennen. Dann geht das so:

❶ Starten Sie Siri mit einem längeren Druck auf die Home-Taste.

❷ Sagen Sie „Öffne" und den App-Namen, also etwa „Öffne Karten", „Öffne Uhr" oder „Öffne iBooks".

Kapitel 2 Internet

Mit dem Webbrowser Safari und dem Mailprogramm Mail haben Sie jederzeit das
Internet in Ihrer Tasche. Ob unterwegs oder daheim   mit den beiden Programmen
haben Sie immer und überall Zugriff auf die riesigen Informationsfluten im Web und
auf Ihre Mails. Dabei sind die beiden Programme so intuitiv zu bedienen, dass man
fast übersehen könnte, was sie alles zu bieten haben – aber nur fast: In diesem
Kapitel bekommen Sie jede Menge Tipps, damit Sie Safari und Mail nicht nur
bequemer einsetzen, sondern auch das Potenzial der Programme nutzen können.

Safari
42 Tipps   ab Seite 60

Mail
27 Tipps   ab Seite 86

42 Tipps zum Webbrowser Safari

1 Adressen schneller eingeben

Bei der Eingabe einer neuen URL in die Adressleiste von Safari gibt es eine kleine Abkürzung. Es ist nämlich – anders, als bei anderen Eingabefeldern – nicht notwendig, die aktuell angezeigte Adresse mit einem Tipp auf das *x* zu löschen. Stattdessen tippen Sie einmal kurz in die Adresszeile und geben anschließend sofort die neue Adresse ein – das Löschen der aktuellen Adresse übernimmt dabei Safari.

2 URL-Endungen schneller eingeben

Zu einer Webadresse gehört eine „Top Level Domain" (TLD) – das ist der Teil nach dem letzten Punkt in einer Adresse, etwa „.de" oder „.com". Wenn Sie eine neue Adresse eintippen, müssen Sie diese TLD nicht eigens eintippen.

❶ Berühren und halten Sie den Punkt auf der Tastatur.

❷ Es werden nun die gängigsten TLDs eingeblendet: *.net*, *.eu*, *.edu*, *.org*, *.com* und *.de*.

❸ Ziehen Sie den Finger auf die gewünschte TLD, und heben Sie ihn vom Display.

❹ Bei einer deutschen Webadresse – *.de* – genügt es, die Punkt-Taste zu berühren und zu halten und wieder loszulassen.

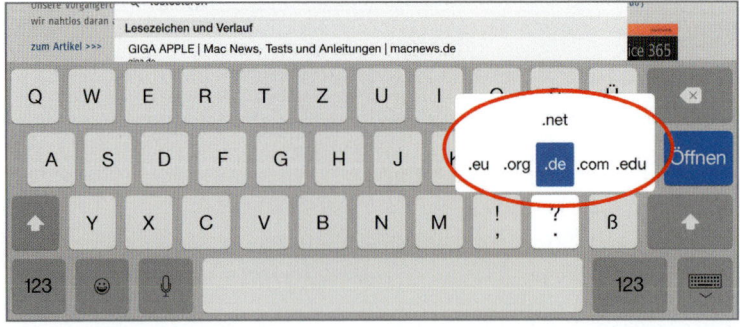

Berühren und halten Sie die Punkttaste, blendet iOS die gängigsten TLDs zur raschen Eingabe ein.

3 So speichern Sie Bilder von Webseiten

Sie möchten ein Bild von einer Webseite Ihrer Bildersammlung hinzufügen?
Kein Problem:

❶ Berühren und halten Sie das gewünschte Bild.

❷ Wählen Sie im Kontextmenü den Punkt *Bild sichern*.

❸ Das Bild wird in der *Fotos*-App gespeichert.

Berühren und halten Sie ein Bild auf einer Webseite, können Sie es Ihrer Fotosammlung einverleiben.

4 Mit mehreren Fenstern (Tabs) surfen

Um mehrere Webseiten gleichzeitig geöffnet zu haben, benutzt Safari unter iOS
die vom PC gewohnten „Tabs". So öffnen Sie ein neues, leeres Tab:

❶ Tippen Sie auf das Seitensymbol. Das sind beiden übereinanderliegen-
den Rechtecke.

❷ Tippen Sie auf das Pluszeichen.

Beim iPad können Sie sich den Weg über das Seitensymbol übrigens sparen –
hier ist das Pluszeichen jederzeit erreichbar.
Um zwischen den verschiedenen Seiten zu wechseln, tippen Sie auf das Seitensymbol und anschließend auf die gewünschte Webseite.

5 Seiten schließen

Je mehr Seiten Sie geöffnet haben, desto mehr Daten muss Safari verwalten und desto unübersichtlicher und langsamer wird das Programm. Hier sollten Sie gelegentlich aufräumen. Auf dem iPhone geht das folgendermaßen:

❶ Tippen Sie auf das Seitensymbol.

❷ Tippen Sie auf das *x* am Seitensymbol.

❸ Alternativ dazu können Sie die Seite auch nach links hinausschieben.

Beim iPad ist das etwas einfacher, hier werden die geöffneten Seiten ja wie die vom PC gewohnten Karteireiter dargestellt. Um hier eine Seite zu schließen, tippen Sie einfach das kleine *x* im Karteireiter.

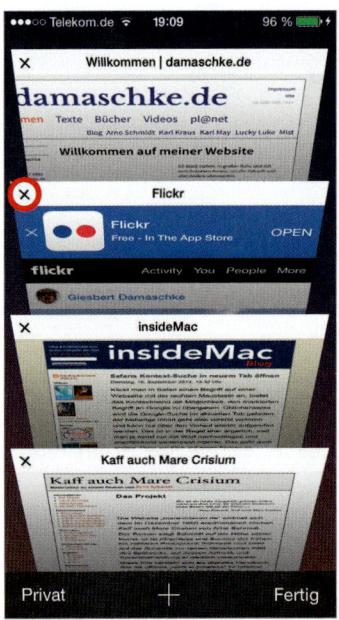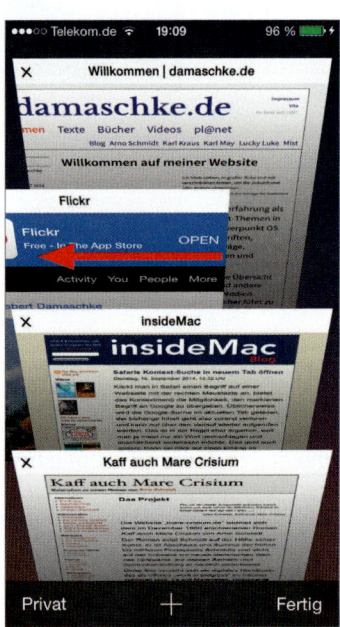

In der Tab-Ansicht können Sie neue Seiten öffnen, zwischen Seiten wechseln, Seiten sortieren und Seiten über das „x" schließen oder indem Sie sie nach links hinausschieben.

6 Seiten sortieren

Safari ordnet die Seiten in der Übersicht in der Reihenfolge, in der sie geöffnet wurden. Das können Sie natürlich Ihren Wünschen anpassen und Seiten, die zusammengehören, auch untereinander darstellen. Auf dem iPhone geht das so:

❶ Tippen Sie auf das Seitensymbol.

❷ Berühren und halten Sie die Seite, die Sie verschieben möchten.

❸ Schieben Sie sie an die gewünschte Position.

Auf dem iPad berühren und halten Sie den Karteireiter der Seite und ziehen ihn an die gewünschte Position.

7 Geschlossene Seiten erneut öffnen

Hoppla – die Seite, die Sie vorhin geschlossen haben, brauchen Sie jetzt doch noch einmal. Dummerweise können Sie sich an die Adresse nicht mehr erinnern. Doch keine Sorge – Safari hat sich gemerkt, welche Seiten Sie kürzlich geschlossen haben. Bei einem iPhone zeigt Ihnen Safari die Adressen, die es sich gemerkt hat, folgendermaßen:

❶ Tippen Sie auf das Seitensymbol.

❷ Berühren und halten Sie das Pluszeichen.

❸ Sie sehen nun eine Liste der zuletzt geschlossenen Tabs.

❹ Tippen Sie die Seite an, die Sie erneut öffnen möchten.

Beim iPad können Sie sofort auf das Pluszeichen tippen, um die Liste angezeigt zu bekommen.

Berühren und halten Sie das Pluszeichen, haben Sie raschen Zugriff auf die zuletzt geschlossenen Tabs.

8 Rasch den Verlauf eines Tabs anzeigen lassen

Im Verlauf speichert Safari alle Seiten, die Sie in der letzten Zeit geöffnet haben. Einen schnellen Einblick in den Verlauf erhalten Sie, wenn Sie das < berühren und halten. Einziger Haken: Die Liste der gezeigten Seiten bezieht sich nur auf das aktuelle Tab. Seiten, die Sie in anderen Tabs geöffnet haben, werden dabei nicht berücksichtigt.

Berühren und halten Sie die Pfeiltaste – und schon sehen Sie den Verlauf eines Tabs.

9 Vollständigen Verlauf anzeigen

Den vollständigen Verlauf – also alle Seiten aus allen Tabs der letzten 30 Tage – finden Sie hier:

❶ Tippen Sie auf das Buchsymbol, um die Lesezeichen aufzurufen.

❷ Falls Sie nicht auf der obersten Ebene der Lesezeichen sind, tippen Sie so lange auf *Zurück*, bis Sie den Eintrag *Verlauf* sehen.

❸ Tippen Sie auf *Verlauf*, um sich eine chronologische Liste aller von Ihnen besuchten Webseiten anzeigen zu lassen.

10 Einträge aus dem Verlauf löschen

Wenn Sie nicht möchten, dass ein neugieriger Zeitgenosse erfährt, welche Webseiten Sie besucht haben, können Sie den Verlauf löschen.

❶ Lassen Sie sich den Verlauf anzeigen.

❷ Einen einzelnen Eintrag löschen Sie, indem Sie ihn von rechts nach links durchstreichen und anschließend auf *Löschen* tippen.

❸ Wenn Ihnen das nicht genügt, tippen Sie unten rechts auf *Löschen*. Sie haben nun die Wahl, die Teilbereiche oder den gesamten Verlauf zu löschen.

Einträge im Verlauf können Sie entweder komplett löschen, aber auch gezielt entfernen.

11 So legen Sie fest, wie Safari suchen soll

Standardmäßig sucht Safari mit Google. Das muss aber nicht sein, iOS unterstützt von Haus aus auch noch andere Suchmaschinen, nämlich Yahoo, Microsofts Bing und DuckDuckGo, eine Suchmaschine, die – anders als Google – keine Daten sammelt oder Benutzerprofile anlegt. So legen Sie fest, mit welcher Suchmaschine Safari das Netz durchstöbern soll:

❶ Wählen Sie *Einstellungen –> Safari*.

❷ Tippen Sie im Abschnitt *Suchen* auf *Suchmaschine*.

❸ Treffen Sie Ihre Wahl.

12 Noch mehr Suchmaschinen

Safari hat noch mehr Suchmaschinen im Angebot – vorausgesetzt, Sie haben unter *Einstellungen –> Tastatur –> Tastaturen* zusätzlich Russisch und Chinesisch aktiviert. Dann nämlich bietet Safari Ihnen neben Bing, DuckDuckGo, Google und Yahoo auch noch die chinesische Suchmaschine Baidu und die russische Google-Konkurrenz Yandex.

13 | Text auf Webseiten suchen

Safari kann nicht nur das Internet, sondern auch den Inhalt der aktuell gezeigten Webseite durchsuchen. Das geht so:

❶ Geben Sie den Begriff, den Sie suchen, in die Eingabeleiste von Safari ein.

❷ Safari zeigt Ihnen nun verschiedene Suchvorschläge. Ziehen Sie diese Liste mit dem Finger nach oben.

❸ Ganz unten sehen Sie im Abschnitt *Auf dieser Seite* Ihren Suchbegriff, rechts daneben die Anzahl der Treffer.

❹ Tippen Sie Ihren Suchbegriff an. Nun wird der erste Treffer gelb markiert.

❺ Am unteren Rand werden zwei Pfeiltasten angezeigt, die Sie zum nächsten Treffer bzw. wieder zum vorherigen zurück bringen.

❻ Auf dem iPad besitzt die Leiste zudem noch ein Eingabefeld, über das Sie Ihren Suchbegriff anpassen und ändern können.

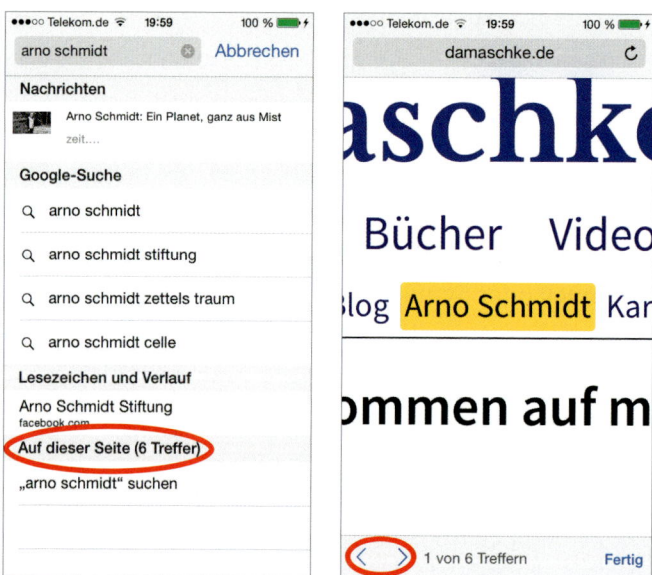

Safari kann nicht nur im Internet, sondern auch Text auf Webseiten durchsuchen.

14 | So lassen Sie sich das Ziel eines Links anzeigen

Ein Tipp auf einen Link bringt Sie zur Webseite, die mit ihm verknüpft ist. Wohin die Reise geht, wissen Sie allerdings erst, wenn Sie den Link angetippt haben. Möchten Sie vorher wissen, zu welcher Adresse ein Link führt, dann können Sie sich das Ziel folgendermaßen anzeigen lassen:

❶ Berühren und halten Sie den Link.

❷ Es wird nun das Kontextmenü angezeigt, an dessen oberem Rand Sie in dezentem Grau die vollständige Adresse sehen, die bei einem Tipp auf den Link aufgerufen wird.

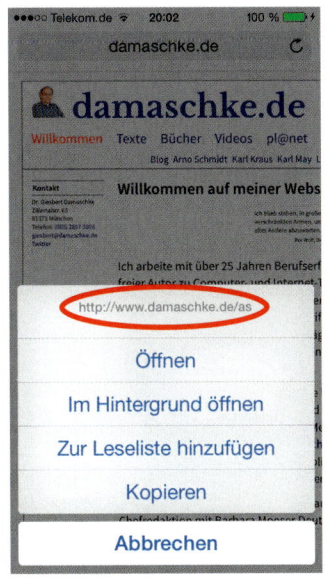

Berühren und halten Sie einen Link, wird die Zieladresse im Kontextmenü angezeigt.

15   Links in einem neuen Tab öffnen

Nach einem Tipp auf einen Link wird die verknüpfte Webseite im aktuellen Tab geöffnet und löscht damit den bisherigen Inhalt. Das ist mitunter etwas ärgerlich, zum Beispiel dann, wenn Sie mehrere Seiten aus einer Linkliste öffnen möchten, ohne sich durch den Verlauf hangeln zu müssen. Kein Problem, öffnen Sie die Seite einfach in einem neuen Tab:

❶ Berühren und halten Sie den Link.

❷ Wählen Sie im Kontextmenü den Eintrag *In neuem Tab öffnen*.

Die verlinkte Seite wird nun in einem neuen Tab geöffnet und Safari wechselt zu diesem Tab.

16 | Links im Hintergrund öffnen

Wenn Sie mehrere Einträge einer Linkliste in Tabs öffnen möchten, dann ist das einzelne Öffnen eines Links etwas umständlich. Da empfiehlt es sich, Safari anzuweisen, die Links immer in Tabs zu öffnen. Und damit Sie nicht zwischen den neu geöffneten Tabs und der Linkliste wechseln müssen, lassen Sie die neuen Tabs im Hintergrund öffnen. So können Sie alle Sie interessierenden Links einer Liste der Reihe nach antippen und anschließend die geöffneten Seiten der Reihe nach lesen:

❶ Wählen Sie *Einstellungen –> Safari*.

❷ Im Abschnitt *Allgemein* tippen Sie auf *Links öffnen*.

❸ Aktivieren Sie hier den Eintrag *Im Hintergrund* (iPad: *Neue Tabs im Hintergrund öffnen*).

Wenn Sie nun einen Link berühren und halten, sehen Sie statt *In neuem Tab öffnen* die Option *Im Hintergrund öffnen*.

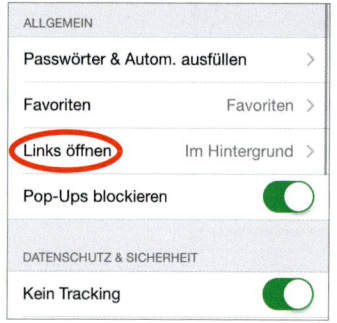 

Das Öffnen neuer Tabs im Hintergrund verhindert, dass Sie die aktuelle Seite verlassen.

17 | Desktopversion einer Webseite anfordern

Viele Webserver passen die Webseiten den Ausgabegeräten an. Auf dem iPhone oder iPad sehen Sie dann nicht die Seite, die Sie im Browser Ihres Computers sehen würden, sondern eine an ein Smartphone bzw. Tablet angepasste Version. Sie können aber auch die Desktopversion einer Seite anfordern:

❶ Tippen Sie in die Eingabezeile von Safari.

❷ Sie sehen nun Ihre Lesezeichen.

❸ Ziehen Sie die Lesezeichen nach unten.

❹ Es erscheinen zwei weitere Menüpunkte; tippen Sie hier auf *Desktop-Site anfordern*.

Auf Wunsch zeigen das iPhone und iPad auch die vollständige Desktop-Version der Website.

18 So schalten Sie JavaScript aus (und ein)

Viele Webseiten benötigen aktiviertes JavaScript, um korrekt angezeigt zu werden. Trotzdem ist es manchmal zu Testzwecken oder aus Sicherheitsgründen notwendig, JavaScript im Browser zu deaktivieren. Da man das so selten tut, hat Apple diese Option etwas vergraben:

❶ Wählen Sie *Einstellungen –> Safari*.

❷ Scrollen Sie bis ganz ans Ende der Seite.

❸ Tippen Sie auf *Erweitert*.

❹ Nun können Sie JavaScript über den gleichnamigen Schalter aus- und und wieder einschalten.

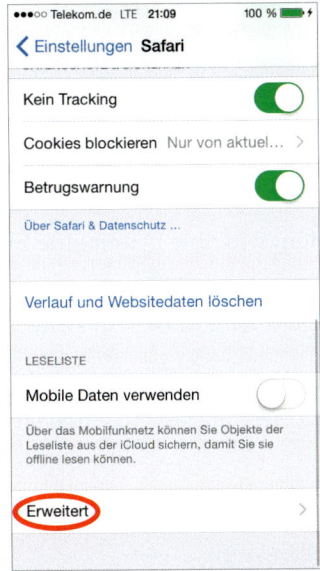
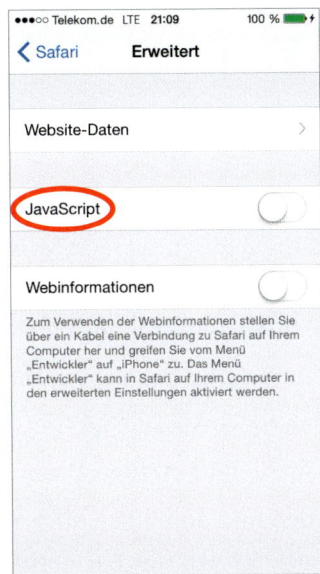

JavaScript lässt sich in den Untiefen der Einstellungen von Safari aus- und natürlich auch wieder einschalten.

19 So löschen Sie Ihre Datenspuren

Viele Websites legen nicht nur Cookies im Browser ab, sondern speichern mehr oder weniger umfangreiche Datenbanken. Wenn Sie nicht möchten, dass Unbefugte Ihre Surftouren rekonstruieren können, genügt es also nicht, den Verlauf zu löschen – Sie sollten auch die übrigen Hinterlassenschaften entfernen. Zudem können diese Datenbanken unter Umständen recht groß werden und kostbaren Speicherplatz verschwenden – ein Grund mehr, sie bei Gelegenheit zu löschen.

❶ Wählen Sie *Einstellungen –> Safari*.

❷ Tippen Sie auf *Verlauf und Websitedaten löschen*.

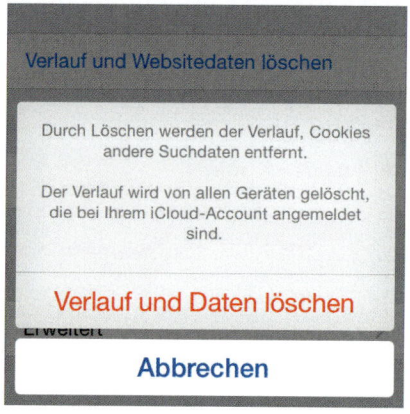

Das Löschen Ihrer Datenspuren sorgt für den Schutz Ihrer Privatsphäre.

20 Websitedaten gezielt löschen

Die von vielen Websites hinterlegten Datenbanken lassen sich auch einzeln löschen. So können Sie zum einen feststellen, wieviele Daten eine Site auf Ihrem iOS-Gerät hinterlässt, zum anderen lassen sich besonders üppige Datenbestände löschen, ohne dass die anderen Einträge davon betroffen sind.

❶ Wählen Sie *Einstellungen –> Safari*.

❷ Scrollen Sie ans Ende der Seite ,und tippen Sie auf *Erweitert*.

❸ Wählen Sie hier *Website-Daten*.

❹ Sie sehen nun eine Liste aller Sites, die Daten gespeichert haben, und wie umfangreich diese Datenmengen sind.

❺ Streichen Sie die Daten, die Sie löschen möchten, von rechts nach links durch, und bestätigen Sie die Aktion mit einem Tipp auf *Löschen*.

Sie müssen nicht alle Website-Daten auf einen Streich löschen – das geht auch im gezielten Zugriff auf einzelne Einträge.

21 Surfen, ohne Spuren zu hinterlassen

Bei jedem Seitenaufruf landet die Adresse der Seite im Verlauf, und es werden allerlei Daten in Safari gespeichert. Das ist oft sinnvoll und nützlich, manchmal aber auch verräterisch. Möchten Sie nicht, dass Safari diese Informationen dauerhaft speichert, aktivieren Sie den *Privat*-Modus. Dabei werden die Daten nur so lange gespeichert, wie eine Webseite geöffnet ist.

❶ Tippen Sie in Safari auf das Seitensymbol (die beiden überlagernden Rechtecke).

❷ Wählen Sie *Privat*. Alle bislang geöffneten Seiten werden vorübergehend aus dem Bildschirm geschoben.

❸ Mit einem Tipp auf das Pluszeichen öffnen Sie nun eine neue, leere Seite. Alle Eingaben auf dieser Seite werden von Safari wieder gelöscht, sobald Sie die Seite schließen.

Um den Privat-Modus zu verlassen und alle Spuren zu beseitigen, gehen Sie folgendermaßen vor:

❶ Tippen Sie auf das Seitensymbol.

❷ Schließen Sie sämtliche Seiten, die derzeit geöffnet sind. (Falls Sie die Seiten geöffnet lassen, werden sie von Safari weiterhin im Speicher gehalten und sind von jedem einsehbar, der Ihr iOS-Gerät in die Finger bekommt.)

71

❸ Schalten Sie den Modus mit einem erneuten Tipp auf *Privat* aus. Die ausgeblendeten Seiten werden nun wieder eingeblendet.

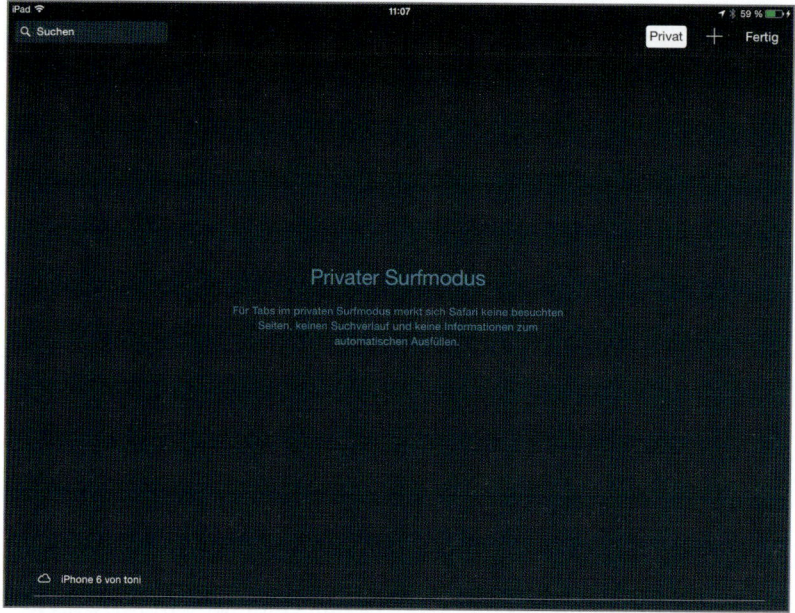

Im privaten Surfmodus legt Safari keine dauerhaft gespeicherten Informationen an. Vor dem Verlassen des Modus sollte man alle geöffneten Webseiten wieder schließen.

22 So lassen sich Webseiten besser lesen (Reader-Ansicht)

Viele Webseiten sind mit Bildern, Randspalten und Werbung so sehr überlagert, dass Sie sie auf dem iPhone oder iPad nur mit Mühe lesen können. Hier hilft Ihnen der *Reader*-Modus von Safari. Der blendet nämlich alles aus, was Sie bei der Lektüre stört, und stellt nur den reinen Text dar. Das funktioniert nicht mit allen Seiten, aber mit sehr vielen und ist immer einen Versuch wert:

❶ Rufen Sie eine Webseite in Safari auf.

❷ Falls eine Reader-Ansicht verfügbar ist, blendet Safari in der Adressleiste kurz eine entsprechende Meldung ein. Gleichzeitig erscheint links ein Listensymbol.

❸ Tippen Sie auf das Listensymbol, um zur Reader-Ansicht zu wechseln.

❹ Mit einem Tipp auf das kleine bzw. große „A" können Sie die Schrift der Seite verkleinern bzw. vergrößern.

❺ Um die Reader-Ansicht zu verlassen, tippen Sie erneut auf das nun schwarz markierte Listensymbol.

Bei vielen Webseiten stellt Safari eine „Reader-Ansicht" bereit, mit der Text auf Webseiten besser lesbar wird.

23 So kopieren Sie gezielt Texte aus Webseiten

Es ist mitunter gar nicht so einfach, Text auf einer Webseite in der Safari-App wie gewünscht zu markieren. Wenn Sie den Finger wie gewohnt etwas länger auf dem Display lassen, wird bei manchen Webseiten der gesamte Absatz markiert, was die genaue Platzierung der Markierung etwas umständlich macht. Hier hilft ein einfacher Trick:

❶ Zoomen Sie den Text so weit heran, dass der Text links und rechts deutlich aus dem Bildschirm herausrutscht.

❷ Nun arbeitet die Markierungsfunktion wie gewohnt. Es wird bei einem längeren Tipp also zuerst nur das aktuelle Wort markiert.

❸ Wenn Sie den Text wieder auf seine normale Größe zoomen, bleibt die Markierung erhalten und lässt sich über die Griffpunkte auf den gewünschten Bereich erweitern.

24 So legen Sie Webseiten auf dem Home-Bildschirm ab

Die Lesezeichen sind ja schön und gut, aber manche Webseiten sind so wichtig, dass man sie sofort im Zugriff haben möchte – und zwar ohne dass man zuvor Safari geöffnet hat. Diese Seiten legen Sie am besten auf dem Home-Bildschirm ab. Dann erscheinen sie wie eine normale App als Symbol auf dem Bildschirm. Ein Tipp auf dieses Symbol öffnet die Seite dann in Safari:

❶ Tippen Sie auf das Teilen-Symbol in Safari (das ist das Rechteck mit dem Pfeil nach oben).

❷ Wählen Sie hier *Zum Home-Bildschirm*.

❸ Geben Sie dem Link einen passenden Namen.

❹ Tippen Sie auf *Hinzufügen*.

Um ein Lesezeichen auf dem Home-Bildschirm zu löschen, versetzen Sie die Symbole durch Berühren und Halten eines beliebigen Symbols in den Wackel-zustand und löschen anschließend das Lesezeichen durch einen Tipp auf das *x*.

Webseiten lassen sich für den schnellen Zugriff als Symbol auf dem Home-Bildschirm ablegen. Gelöscht werden sie, wie von Apps gewohnt, im „Wackelmodus" von iOS.

25 | So lesen Sie Webseiten ohne Internet

Manche Webseiten, auf die man unterwegs stößt, möchte man später lesen. Dumm nur, wenn man dann keinen stabilen Internetzugang hat und offline ist. Doch keine Sorge – mit der Leseliste von Safari können Sie Webseiten trotzdem lesen. Denn anders als bei den normalen Lesezeichen werden hier die kompletten Webseiten auf dem iOS-Gerät gespeichert und lassen sich auch dann anzeigen, wenn keine Internetverbindung verfügbar ist:

❶ Tippen Sie auf das Teilen-Symbol in Safari (das ist das Rechteck mit dem Pfeil nach oben).

❷ Wählen Sie hier *Zur Leseliste hinzufügen*.

So greifen Sie auf die gespeicherten Seiten zu:

❶ Tippen Sie auf das Buch-Symbol in Safari.

❷ Tippen Sie auf das Brillen-Symbol.

❸ Sie sehen nun alle auf Ihrem Gerät gespeicherten Seiten.

❹ Möchten Sie nur die neuen Seiten sehen, tippen Sie auf *Ungelesene anzeigen*.

Da die gespeicherten Seiten Platz auf dem iOS-Gerät benötigen, sollten Sie hier regelmäßig aufräumen und Seiten, die Sie nicht mehr benötigen, löschen:

❶ Streichen Sie den Eintrag, den Sie löschen möchten, von rechts nach links durch.

❷ Tippen Sie auf *Löschen*.

Webseiten, die Sie in der Leseliste abgelegt haben, lassen sich auch dann abrufen, wenn Sie offline – etwa im Flugmodus – sind.

26 Links der Leseliste hinzufügen, ohne sie zu öffnen

Normalerweise fügen Sie eine Seite der Leseliste hinzu, indem Sie den entsprechenden Punkt im *Teilen*-Menü auswählen. Doch das geht auch schneller. Es ist nämlich möglich, Links der Leseliste hinzuzufügen, ohne dass Sie die entsprechenden Seiten zuerst aufrufen müssen. Das spart besonders bei Listen mit mehreren interessanten Links Zeit:

❶ Berühren und halten Sie den entsprechenden Link.

❷ Wählen Sie *Zur Leseliste hinzufügen*.

27 | So merkt sich Safari Ihre Passwörter von Webseiten

Bei vielen Webseiten und Foren ist der Zugang durch einen Benutzernamen und ein Passwort geschützt. Damit Sie diese Angaben nicht jedes Mal aufs Neue eingeben müssen, können Sie diese Aufgabe Safari überlassen. Denn auf Wunsch merkt sich Safari Ihre Zugangsdaten und fügt sie beim nächsten Besuch automatisch ein. Diese Funktion muss allerdings zuerst aktiviert werden, nämlich so:

❶ Wählen Sie *Einstellungen –> Safari*.

❷ Tippen Sie auf *Passwörter & Autom. ausfüllen*.

❸ Aktivieren Sie den Schalter *Namen und Passwörter*.

Sobald Sie nun bei einer Webseite Ihre Zugangsdaten eingeben, fragt Safari nach, ob es diese Daten speichern soll.

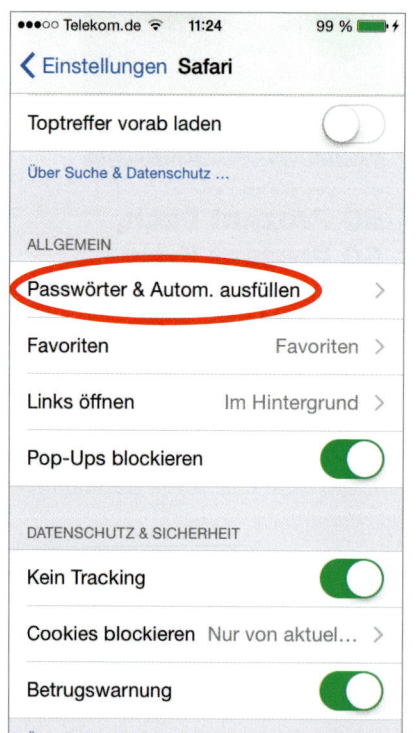 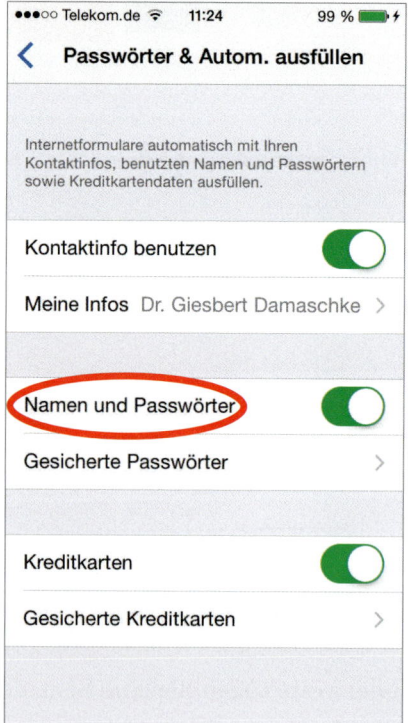

Bevor Safari sich Ihre Passwörter merkt, müssen Sie diese Option zuerst einschalten.

28 Passwörter nachschlagen

Wenn sich Safari Ihre Zugangsdaten merkt, dann ist das nicht nur bequem, sondern kann auch zum Retter in der Not werden. Dann nämlich, wenn Sie Ihre Zugangsdaten einmal vergessen haben – hier hilft Safari Ihnen weiter und verrät Ihnen die Daten:

❶ Wählen Sie *Einstellungen –> Safari.*

❷ Tippen Sie auf *Passwörter & Autom. ausfüllen.*

❸ Tippen Sie auf *Gesicherte Passwörter.*

❹ Sie müssen sich nun mit Ihrem Code ausweisen, den Sie zum Entsperren Ihres Geräts benutzen.

❺ Nun sehen Sie eine Liste aller gespeicherten Passwörter. Mit einem Tipp auf einen Eintrag verrät Safari Ihnen die Details – nämlich die Adresse der Website, Ihren Benutzernamen und das dazugehörige Kennwort.

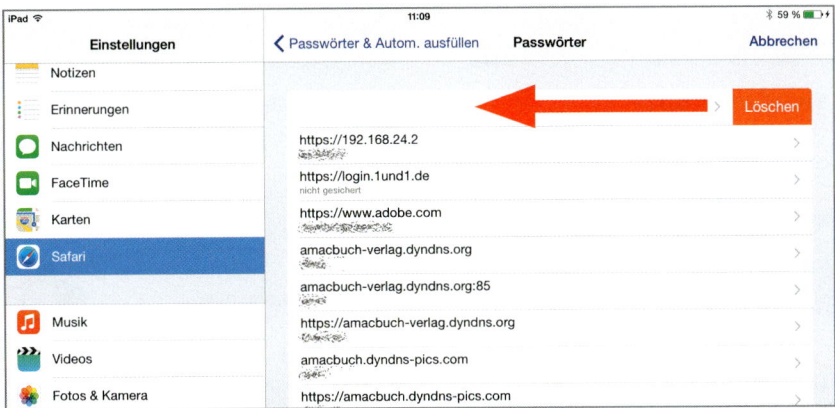

Passwörter, die Safari sich gemerkt hat, können Sie nachschlagen und auch löschen.

29 Passwörter löschen

In der Übersicht aller Passwörter, die Safari sich gemerkt hat, lässt sich ein Eintrag auch löschen. Dabei haben Sie zwei Möglichkeiten:

– *Einzelner Eintrag:* Streichen Sie den gewünschten Eintrag von rechts nach links durch, und wählen Sie *Löschen.*

– *Mehrere Einträge:* Tippen Sie auf *Bearbeiten,* markieren Sie mit einem Fingertipp die gewünschten Einträge, und tippen Sie anschließend auf *Löschen.*

30   Formulare automatisch ausfüllen

Von der Wiege bis zur Bahre – Formulare, Formulare. Davor schützt uns auch das Internet nicht. Aber Safari kann Ihnen das lästige Ausfüllen von Formularen immerhin ein wenig erleichtern und Ihre Daten (Name, Anschrift, Telefon, E-Mail) automatisch in ein Formular eintragen. Dazu müssen Sie dem System allerdings sagen, welche Daten es benutzen soll:

❶ Wählen Sie *Einstellungen –> Safari –> Passwörter & Autom. ausfüllen*.

❷ Aktivieren Sie *Kontaktinfos benutzen*.

❸ Tippen Sie auf *Meine Infos*.

❹ Wählen Sie den Eintrag in Ihren Kontakten aus, den Safari benutzen soll.

Wenn Sie nun auf einer Webseite ein Formular ausfüllen möchten, bietet Safari Ihnen eine Taste *Autom. ausfüllen*. Nach einem Tipp darauf werden Ihre Kontaktdaten automatisch in das Formular übernommen. Damit Sie sehen, was Safari eingetragen hat, werden die Felder gelb markiert.

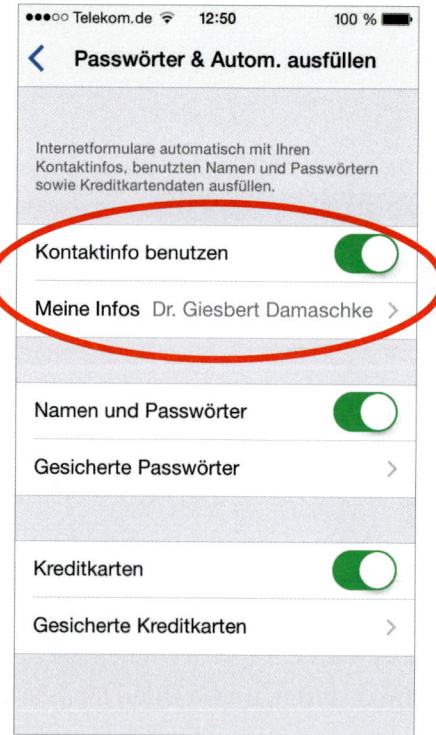

Damit Safari Formulare automatisch ausfüllen kann, müssen Sie die Option zuerst aktivieren und anschließend Ihre Kontaktdaten auswählen.

> **Nicht immer, aber oft**
>
> Das automatische Ausfüllen von Formularen hat einen kleinen Haken – es funktioniert zwar oft, aber leider nicht immer. Das liegt nicht an Safari, sondern an den jeweiligen Webseiten. Denn nach wie vor gibt es keinen Standard, wie Formularfelder im Code der Webseite benannt werden sollen, damit sie automatisch ausgefüllt werden können. Und ohne einheitlichen Standard kann das Ausfüllen nicht zuverlässig funktionieren.

31 Kreditkartendaten automatisch übernehmen

Safari kann nicht nur Ihren Namen und Ihre Anschrift in Formulare eintragen, sondern auch Ihre Kreditkartendaten. Die müssen Sie noch nicht einmal eintippen, sondern Sie können Ihre Kreditkarte einfach abfotografieren – die benötigten Daten sucht sich Safari selbst zusammen:

1 Wählen Sie *Einstellungen –> Safari –> Passwörter & Autom. ausfüllen*.

2 Aktivieren Sie den Schalter *Kreditkarten*.

3 Tippen Sie auf *Gesicherte Kreditkarten*.

4 Geben Sie den Code ein, mit dem Sie Ihr iOS-Gerät entsperren.

5 Tippen Sie auf *Neue Kreditkarte*.

6 Tippen Sie auf *Kamera verwenden*, um die Kreditkartendaten abzufotografieren.

7 Falls das iOS-Gerät die Daten unvollständig oder nicht korrekt erkannt hat, können Sie sie nachträglich korrigieren.

8 Speichern Sie die Daten mit einem Tipp auf *Fertig*.

Wenn Sie nun auf einer Webseite die Daten Ihrer Kreditkarten eingeben möchten, tippen Sie einfach auf die Taste *Autom. ausfüllen (Kreditkarte)*.

32 So setzen Sie Lesezeichen ein

Webseiten, die Sie sich merken möchten, lassen sich, wie Sie es vom Computer gewohnt sind, als Lesezeichen in Safari ablegen. Dabei haben Sie vielfältige Möglichkeiten:

– *Lesezeichen anlegen:* Tippen Sie auf das Teilen-Menü – das Rechteck mit dem Pfeil nach oben – und wählen Sie dort *Lesezeichen*. Geben Sie dem Lesezeichen einen Namen, legen Sie unter *Ort* gegebenenfalls einen Ordner fest und tippen Sie auf *Sichern*.

– *Lesezeichen aufrufen:* Blenden Sie mit einem Tipp auf das Buch-Symbol das Lesezeichen-Menü ein; tippen Sie dort ebenfalls auf das Buch-Symbol, und wählen Sie die gewünschte Webseite.

– *Lesezeichen organisieren:* Tippen Sie im Lesezeichen-Menü auf *Bearbeiten*. Sie können Ihre Lesezeichen nun verschieben, löschen oder in Ordnern organisieren.

– *Lesezeichen verlassen:* Tippen Sie beim iPhone auf *Fertig*, beim iPad erneut auf das Buch-Symbol.

33 Schnelles Anlegen von Lesezeichen

Den Standardweg über die Teilen-Taste zum Anlegen eines Lesezeichen können Sie übrigens abkürzen:

❶ Berühren und halten Sie das Buchsymbol.

❷ Wählen Sie die gewünschte Option (*Lesezeichen* oder *Zur Leseliste hinzufügen*).

Durch Berühren und Halten des Buchsymbols lassen sich Lesezeichen blitzschnell anlegen.

34 So bestimmen Sie, was Ihre Favoriten sind

Bei der Anzeige der Lesezeichen werden Ihre Favoriten an oberster Stelle angezeigt. Sie können natürlich bestimmen, welcher Ordner in Ihren Lesezeichen diese herausgehobene Position bekommt:

❶ Wählen Sie *Einstellungen –> Safari*.

❷ Tippen Sie im Abschnitt *Allgemein* auf *Favoriten*.

❸ Wählen Sie den Ordner aus, der in den Favoriten gezeigt werden soll.

35 Adressen den Favoriten hinzufügen

Wenn Sie auf eine besonders interessante Webseite stoßen, die Sie Ihren Favoriten einverleiben möchten, dann können Sie das natürlich über das Teilen-Menü (also das Rechteck mit dem Pfeil nach oben) und dort über *Lesezeichen* tun. Das geht aber auch sehr viel schneller:

❶ Tippen Sie in die Eingabezeile von Safari.

❷ Ziehen Sie die Bildschirmseite nach unten.

❸ Tippen Sie auf *Als Favorit sichern*.

Eine Webseite lässt sich sehr schnell den Favoriten hinzufügen.

36 Häufig besuchte Seiten löschen

Tippen Sie in die Adresszeile von Safari, sehen Sie Ihre Favoriten, gleichzeitig wird die Tastatur eingeblendet. Ziehen Sie die Seite nach oben, verschwindet die Tastatur und gibt den Blick auf den unteren Bereich frei, in dem Safari die häufig besuchten Seiten eingetragen hat. Diese Einträge können Sie löschen:

❹ Berühren und halten Sie die Adresse, die Sie löschen möchten. Das Symbol wird kurz vergrößert

❺ Lassen Sie das Symbol los.

❻ Tippen Sie auf *Löschen*.

*Die Einträge der häufig besuchten Seiten sind ein wenig verräterisch,
lassen sich aber leicht entfernen.*

37 Schnelle Tab-Übersicht (iPad)

Mit einem Tipp auf das Seitensymbol oben rechts öffnen Sie die Übersicht über
alle geöffneten Tabs. Beim iPad geht das aber auch etwas bequemer – besonders
dann, wenn Sie Ihr iPad in beiden Händen halten: Schieben Sie einfach Ihre
beiden Daumen von den Rändern in das Display.

38 So verschärfen Sie die Cookie-Kontrolle

Viele Webseiten hinterlassen in Safari kleine Datenspuren, die sogenannten
„Cookies". Diese Datenschnipsel sind im Prinzip hilfreich, können aber auch
dazu benutzt werden, Ihre Surftour im Netz auszuspionieren. Das können Sie
zumindest teilweise einschränken, indem Sie Safari anweisen, keine Cookies
von Dritten anzunehmen. Sie können Cookies auch komplett ausschalten, aber
dann kann es Ihnen passieren, dass so manche Webseite nicht mehr funktioniert. Die Cookie-Einstellungen nehmen Sie folgendermaßen vor:

❶ Wählen Sie *Einstellungen –> Safari*.

❷ Im Abschnitt *Datenschutz & Sicherheit* wählen Sie *Cookies blockieren*.

❸ Wählen Sie hier *Nur von aktueller Website erlauben*.

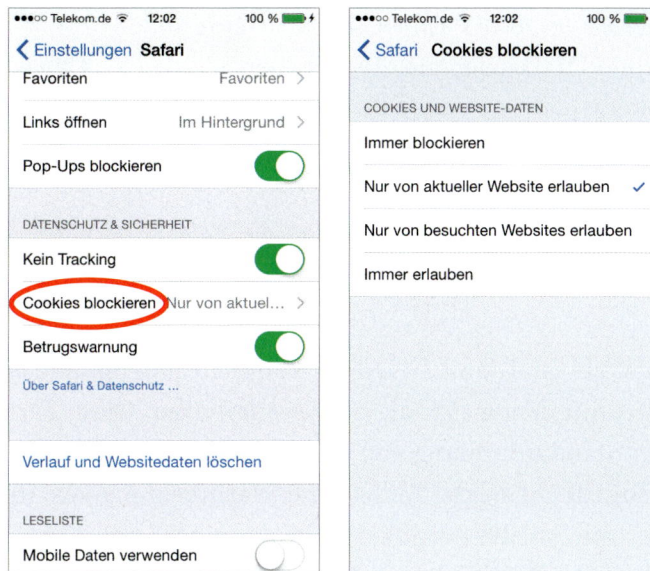

Verschärfen Sie die Cookie-Kontrolle, um Datenspionen die Arbeit etwas schwerer zu machen.

39 Betrugswarnung kontrollieren

Nicht alles, was im Internet verlockend und schön ist, ist auch gut für Sie – manchmal stolpert man auch über betrügerische Webseiten, die es darauf angelegt haben, Ihnen Ihre Zugangsdaten zu Ihrem Online-Konto und ähnlichen Seiten abzuluchsen. Standardmäßig warnt Safari Sie vor solchen Seiten. Aber es schadet nichts, diese Standardeinstellung zu kontrollieren:

❶ Wählen Sie *Einstellungen –> Safari*.

❷ Achten Sie darauf, dass unter *Datenschutz & Sicherheit* die Option *Betrugswarnung* aktiviert ist.

40 PDF-Dateien von Webseiten speichern

Tippen Sie auf einen Link zu einer PDF-Datei, dann zeigt Safari Ihnen diese PDF-Datei an. Damit Sie diese Seite dauerhaft auf dem iOS-Gerät speichern können, müssen Sie sie allerdings an eine andere App übergeben. Standardmäßig ist das iBooks. Um eine PDF-Datei an iBooks zu übergeben, gehen Sie folgendermaßen vor:

❶ Öffnen Sie einen Link zu einer PDF-Datei in Safari.

❷ Tippen Sie in das Dokument, um das Menü einzublenden.

❸ Wählen Sie *In „iBooks" öffnen*. (Falls Sie eine andere App zur Verwaltung von PDF-Dateien installiert haben, wählen Sie *Öffnen in ...* und anschließend die gewünschte App.)

Die PDF-Datei wird nun an iBooks übergeben und dort dauerhaft Ihrer Bibliothek hinzugefügt.

41 SSL-Zertifikate installieren

Bei manchen Web- und Mail-Lösungen kommen individuelle SSL-Zertifikate zum Einsatz, mit denen sich die Server ausweisen. Diese Zertifikate gehören nicht zum Standardumfang von iOS, und iPhone & Co geben beim SSL-geschützten Zugriff auf solche Server eine Warnmeldung aus. In diesem Fall muss man das individuelle Zertifikat (etwa das eines Unternehmens) manuell nachinstallieren. Die Zertifikate werden häufig auf Webseiten zum Download bereitgestellt.

❶ Tippen Sie in Safari auf den Download-Link des Zertifikats.

❷ Das Zertifikat wird als „nicht überprüftes" Profil gezeigt.

❸ Tippen Sie auf *Mehr Details*, um das Zertifikat zu überprüfen.

❹ Wenn Sie sicher sind, dass alles korrekt ist, tippen Sie auf *Installieren*.

Das Zertifikat wird installiert und kann anschließend unter *Einstellungen –> Allgemein –> Profile* eingesehen (und gegebenenfalls auch gelöscht) werden.

Unternehmen und Institutionen setzen häufig eigene SSL-Zertifikate ein, die Safari von Haus aus nicht akzeptiert und die manuell installiert werden müssen.

> **Zertifikat per Mail**
>
> Zertifikate können auch als Dateianhang per Mail verschickt werden. In diesem Fall öffnen Sie den Dateianhang mit einem Fingertipp. Sie sehen nun zuerst ein „nicht vertrauenswürdiges Zertifikat". Nach einem Tipp auf **Vertrauen** können Sie das Zertifikat wie mit Safari installieren.

42 Für Entwickler: Webinformationen abrufen

Wer als Web- und iOS-Entwickler ganz genau wissen will, wie Safari mit dem Quellcode einer Webseite umgeht, der findet die gewünschten Daten in den Webinformationen. Der Haken: An die kommen Sie nur heran, wenn Sie Ihr iOS-Gerät an einen Mac-Computer anschließen.

❶ Wählen Sie *Einstellungen –> Safari –> Erweitert –> Webinformationen*.

❷ Öffnen Sie in Safari auf dem iOS-Gerät die Webseite, die Sie analysieren wollen.

❸ Schließen Sie Ihr iOS-Gerät an Ihren Mac an.

❹ Starten Sie auf dem Mac Safari.

❺ Aktivieren Sie unter *Safari –> Einstellungen –> Erweitert* den Punkt *Menü „Entwickler" in der Menüleiste anzeigen*.

❻ Nun finden Sie unter *Entwickler* einen Eintrag mit dem Namen Ihres iOS-Geräts, unter dem Sie die Webseiteninformationen von diesem Gerät an die Entwicklertools von Safari auf dem Mac übergeben können.

Wenn in iOS die „Webinformationen" aktiviert sind, können Sie via Safari auf dem Mac die Webseiten auf dem iPhone analysieren.

27 Tipps zu Mail

1 | Mails zusammen mit Ihren Antworten anzeigen

Wenn Sie auf eine Mail geantwortet haben, dann landet Ihre Antwort im Postfach *Gesendet* und die Ausgangsmail bleibt im Posteingang. Dort sehen Sie zwar an der Pfeilmarkierung, dass Sie darauf geantwortet haben – aber Ihre Antwortmail selbst sehen Sie nicht. Das lässt sich ändern:

❶ Wischen Sie im Posteingang über die entsprechende Mail von rechts nach links.

❷ Tippen Sie auf *Mehr*.

❸ Wählen Sie *Zugehörige E-Mails einblenden*.

2 | So lassen Sie sich durch Nachrichten über Antworten informieren

Sie schreiben eine besonders wichtige Mail und möchten eine Antwort auf diese Mail nicht verpassen? Kein Problem – lassen Sie sich per SMS darüber informieren, wenn eine Antwort eintrifft:

❶ Tippen Sie in die Betreffzeile.

❷ Tippen Sie auf das Glocken-Symbol.

❸ Bestätigen Sie mit einem Tipp auf *Mitteilung*.

Das funktioniert natürlich auch bei E-Mails, die Sie in Ihrem Posteingang haben:

❶ Wischen Sie im Posteingang über die entsprechende Mail von rechts nach links.

❷ Wählen Sie *Mehr*.

❸ Tippen Sie auf *Mitteilung*.

❹ Bestätigen Sie Ihre Wahl mit einem erneuten Tipp auf *Mitteilung*.

E-Mails, die Sie mit einer Mitteilungsfunktion versehen haben, werden im Postfach mit einer kleinen Glocke markiert. Um die Mitteilungen auszuschalten, rufen Sie mit der Wischgeste von rechts nach links erneut das Kontextmenü auf, tippen auf *Mehr* und hier auf *Mitteilungen stoppen*.

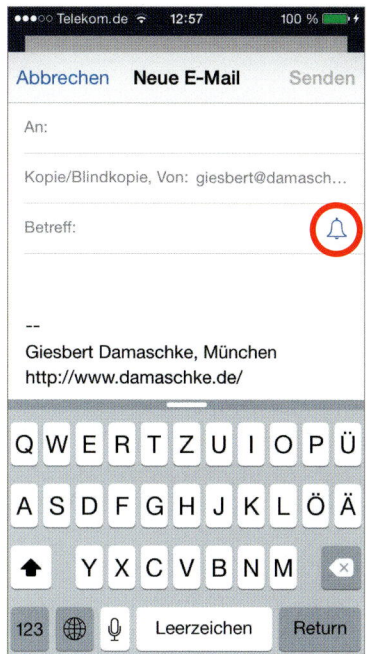

Bei wichtigen Mails können Sie sich auch mithilfe von Nachrichten über eine Antwort informieren lassen.

3 Löschen blitzschnell widerrufen

Mit einem raschen Wischer von rechts nach links löschen Sie eine E-Mail aus dem Posteingang (oder archivieren sie – je nach Einstellung). So kann man schnell für Ordnung im Posteingang sorgen, aber genauso schnell eine Mail versehentlich löschen. Doch keine Sorge, das lässt sich blitzschnell wieder rückgängig machen:

❶ Schütteln Sie Ihr iOS-Gerät einmal kräftig durch.

❷ Es erscheint der Dialog *Löschen widerrufen*.

❸ Tippen Sie auf *Widerrufen*.

Versehentlich gelöschte Mails lassen sich durch kräftiges Schütteln zurückholen.

4 So legen Sie eine eigene Signatur fest

Standardmäßig hängt iOS an jede ausgehende Mail eine kleine Werbebotschaft wie „Von meinem iPhone gesendet" an. Das muss aber nicht sein, Sie können hier natürlich auch Ihre eigene Signatur eintragen:

❶ Wählen Sie *Einstellungen –> Mail, Kontakte, Kalender*.

❷ Tippen Sie auf *Signatur*.

❸ Tippen Sie in das Textfeld, und geben Sie hier den gewünschten Text ein.

❹ Falls Sie mehrere Mail-Accounts eingerichtet haben, können Sie zudem festlegen, ob Sie eine Signatur für *Alle Accounts* oder *Pro Account* eine eigene Signatur festlegen möchten.

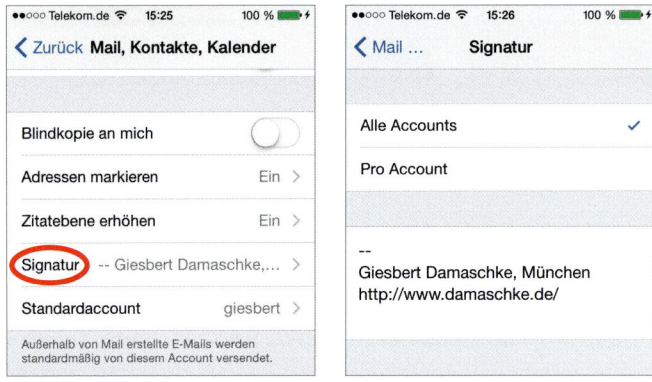

Die Signatur in Mail lässt sich problemlos ändern. Falls Sie mehrere Accounts benutzen, können Sie für jeden Account eine eigene Signatur definieren.

5 Mehrere Signaturen

Mail unterstützt leider nur eine Signatur pro Account. Es ist also nicht von Haus aus möglich, verschiedene Signaturen für einen Account zu benutzen. Allerdings gibt es hier zwei kleine Workarounds.

– *Alles in einem:* Geben Sie alle gewünschten Signaturen in das Signaturen-Feld ein. Bei einer Mail müssen Sie dann allerdings die nicht gewünschten Signaturen manuell löschen.

– *Signatur als Kurzbefehl:* Weisen Sie den Signaturen einen Kurzbefehl zu. In diesem Fall müssen Sie allerdings die Zeilenumbrüche in der Signatur bei jeder Mail manuell vornehmen. (Wie Sie einen Kurzbefehl definieren, erfahren Sie in Kapitel 4).

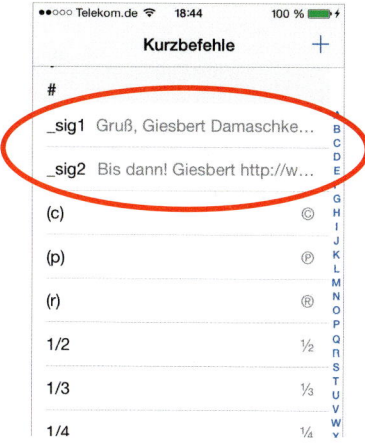 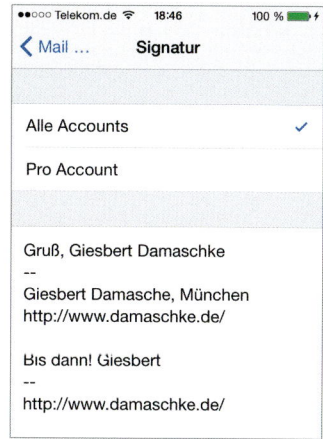

Möchten Sie verschiedene Signaturen für ein und denselben Account einsetzen, müssen Sie mit den kleinen Unannehmlichkeiten eines Workarounds leben.

> **!** **Signaturen-Apps**
> Es gibt im App Store verschiedene kostenpflichtige Apps, die es Ihnen erlauben, verschiedene Signaturen einzusetzen.

6 Mail-Adressen schneller eingeben

Bei der manuellen Eingabe einer E-Mail-Adresse können Sie sich die Eingabe der Domain-Endung wie „.de" oder „.com" erleichtern:

➊ Berühren und halten Sie die Punkt-Taste.

➋ Ziehen Sie Ihren Finger zur gewünschten Endung, und heben Sie ihn vom Display.

Die Top-Level-Domain einer Mail-Adresse lässt sich durch Berühren und Halten der Punkt-Taste schneller eingeben.

7 Alle Mails auf einmal als gelesen/ungelesen markieren

Mitunter kommt es vor, dass man alle Mails in einem Postfach auf einen Schlag als gelesen oder ungelesen markieren möchte. Das dauert genau drei Fingertipps:

❶ Tippen Sie im entsprechenden Postfach auf *Bearbeiten*.

❷ Wählen Sie *Alle markieren*.

❸ Wählen Sie die gewünschte Aktion.

8 Zwischen einer neuen Mail und dem Postfach wechseln

Sie schreiben eine neue Mail und wollen mittendrin rasch in einer anderen Mail etwas nachlesen? Das geht so:

❶ Ziehen Sie die Mail von der Titelleiste aus nach unten. Die neue Mail wird mit ihrer Titelleiste am unteren Rand des Displays abgelegt.

❷ Sie haben nun normalen Zugriff auf Ihre gesamten Mails und können das nachlesen, was Sie nachlesen wollten, oder auch Texte aus anderen Mails kopieren.

❸ Tippen Sie unten auf die abgelegte Titelleistee um zu Ihrem Entwurf zurückzukehren.

Sie können mehrere Entwürfe auf diese Art gleichzeitig ablegen. In diesem Fall werden die Entwürfe wie bei Safari in einem Tabview angezeigt. Hier können Sie Entwürfe auch löschen – aber Vorsicht: Es gibt keine Nachfrage, ob Sie einen Entwurf speichern möchten.

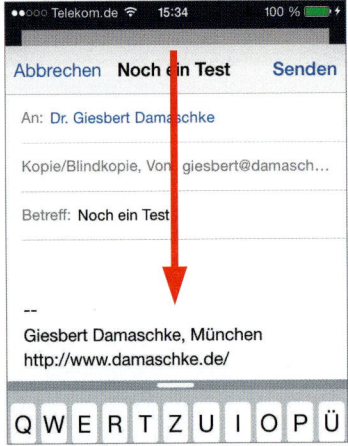 

Entwürfe lassen sich mit einer Wischgeste zwischendurch ablegen und mit einem Fingertipp anzeigen. Das funktioniert auch mit mehreren Entwürfen gleichzeitig.

9 Rasch zu den Entwürfen wechseln

Alle Mails, deren Bearbeitung Sie abbrechen, können Sie im Postfach *Entwürfe* speichern und später weiterschreiben. Sie müssen sich aber nicht extra zu diesem Postfach durchhangeln, um zu Ihren Entwürfen zu gelangen – das geht auch schneller:

❶ Berühren und halten Sie das Symbol für eine neue E-Mail. (Das ist das Rechteck mit dem stilisierten Bleistift.)

❷ Es erscheint eine Liste aller aktuell gespeicherten E-Mails.

❸ Tippen Sie den gewünschten Entwurf an, um ihn zu öffnen.

❹ Möchten Sie einen Entwurf löschen, streichen Sie ihn von rechts nach links durch.

❺ Falls Sie doch lieber eine neue Mail schreiben möchten, tippen Sie auf *Neue E-Mail*.

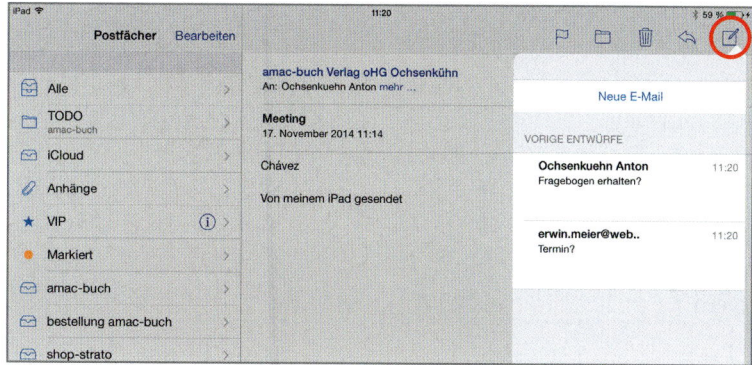

Berühren und halten Sie das Symbol für eine neue E-Mail, um sich alle gespeicherten Entwürfe anzeigen zu lassen.

10 So rücken Sie Zitate ein und aus

Zitate aus anderen Mails werden in einer Mail üblicherweise farblich markiert und mit einem senkrechten Strich am linken Rand versehen. Ein Zitat in einem Zitat bekommt eine andere Farbe und zwei Striche – und so weiter. Diese automatische Einrückung führt bei intensivem Mailwechsel mitunter dazu, dass vor lauter Strichen und Farben der Text nicht mehr so recht lesbar ist. Hier können Sie mit einem einfachen Trick für mehr Übersicht sorgen:

❶ Markieren Sie den Bereich, den Sie um eine Zitatebene ein- oder ausrücken möchten.

❷ Tippen Sie im Kontextmenü so lange auf den Pfeil nach rechts, bis der Punkt *Zitatebene* erscheint.

❸ Wählen Sie nun *Verringern* oder *Erhöhen*.

❹ Die markierte Passage wird nun entweder um eine Ebene aus- oder eingerückt, wobei Farbe und Strichmarkierung angepasst werden.

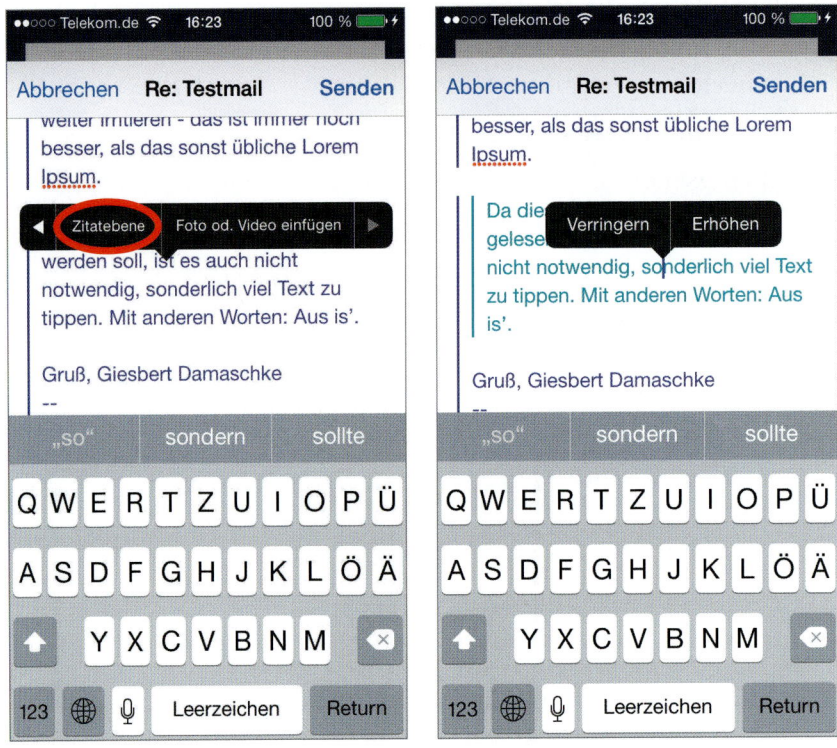

Die Zitatebene in einer Mail kann von Ihnen problemlos angepasst werden.

11 Nur bestimmte Teile in einer Antwort zitieren

Standardmäßig wird die Mail, auf die Sie antworten, im Volltext als Zitat unter Ihrer Antwort angeführt. Das ist nicht immer sinnvoll, denn mitunter möchte man nur auf eine bestimmte Passage kurz reagieren. Dann sollte man auch nur den Teil zitieren, auf den man sich bezieht. Das geht so:

❶ Markieren Sie den Bereich, auf den Sie antworten möchten.

❷ Tippen Sie auf den Pfeil, und wählen Sie *Antworten*.

❸ Es wird nun nur noch der markierte Bereich als Zitat in die Antwort übernommen.

Wenn Sie einen Textabschnitt markieren, bevor Sie eine Mail beantworten, dann wird auch nur die Markierung in die Antwort übernommen.

12 So lassen Sie sich die Adressierungsart einer Mail anzeigen

Eine Mail kann Sie auf drei verschiedene Wegen erreichen:

– *Direkte Adressierung:* Ihre Adresse steht im *An*-Feld der Mail.
– *In Kopie:* Ihre Adresse steht im *Kopie*-Feld einer Mail.
– *Als Blindkopie:* Der Absender hat Ihre Mail in das *Blindkopie*-Feld der Mail eingetragen.

Normalerweise sehen Sie einer Mail nicht auf Anhieb an, welche der drei möglichen Adressierungen der Absender gewählt hat. Das können Sie ändern:

❶ Wählen Sie *Einstellungen –> Mail, Kontakte, Kalender.*

❷ Aktivieren Sie den Schalter *An/Kopie zeigen.*

Nun wird bei jeder Mail im Posteingang ein kleines Label *An* oder *Kopie* eingeblendet. Falls nichts angezeigt wird, dann haben Sie die Mail als Blindkopie bekommen.

Ein Schalter – und schon wissen Sie, auf welchem Weg eine Mail Sie erreicht hat.

! Was ist eine Blindkopie?

Normalerweise stehen alle Empfänger einer E-Mail im Adressfeld. So kann jeder Empfänger sehen, an wen außer ihm die Mail zusätzlich geschickt wurde. Das ist normalerweise erwünscht, aber nicht immer, etwa dann, wenn eine Rundmail an mehrere Personen gehen soll und man nicht möchte, dass alle Empfänger auch gleich die Namen und Mail-Adressen aller anderen Empfänger bekommen. In diesem Fall werden die Adressaten in das Adressfeld **Blindkopie** eingetragen. Die hier eingetragenen Adressen werden beim Empfänger nicht angezeigt. Das Feld **Blindkopie** wird auch als BCC bezeichnet.

---

13   So schicken Sie sich Ihre eigenen Mails als Blindkopie

Zur Kontrolle, ob eine Mail auch tatsächlich verschickt wurde und wie sie beim Empfänger angekommen ist, kann es sinnvoll sein, sich seine eigenen Mails zusätzlich als Blindkopie (BCC) schicken zu lassen. Dazu müssen Sie Ihre eigene Adresse nicht jedes Mal in das entsprechende Adressfeld eingeben – das kann iOS für Sie übernehmen:

❶ Wählen Sie *Einstellungen –> Mail, Kontakte, Kalender.*

❷ Aktivieren Sie den Schalter *Blindkopie an mich.*

14 Zwischen Löschen und Archivieren umschalten

Standardmäßig werden Mails bei vielen Accounts – etwa bei Google Mail – nicht gelöscht, sondern archiviert, also in den Archiv-Ordner verschoben (der bei Google *Gesamte E-Mail* heißt). Aber Sie können natürlich festlegen, dass eine Mail, die Sie löschen möchten, auch gelöscht und nicht archiviert wird:

❶ Wählen Sie *Einstellungen –> Mail, Kontakte, Kalender.*

❷ Tippen Sie den Account an, den Sie konfigurieren möchten.

❸ Tippen Sie erneut auf *Account.*

❹ Wählen Sie *Erweitert.*

❺ Legen Sie im Abschnitt *Gelöschte E-Mails bewegen nach* fest, ob die Mail *Gelöscht* oder ins *Archiv* verschoben werden soll.

Bei einem iCloud-Account ist der Weg ein wenig anders, hier müssen Sie nach der Auswahl des Accounts im Abschnitt *Erweitert* zusätzlich auf *Mail* tippen. Je nachdem, welche Einstellung Sie hier vorgenommen haben, sehen Sie im Menü einer Mail einen Papierkorb (= Löschen) oder einen Karton (= Archivieren).

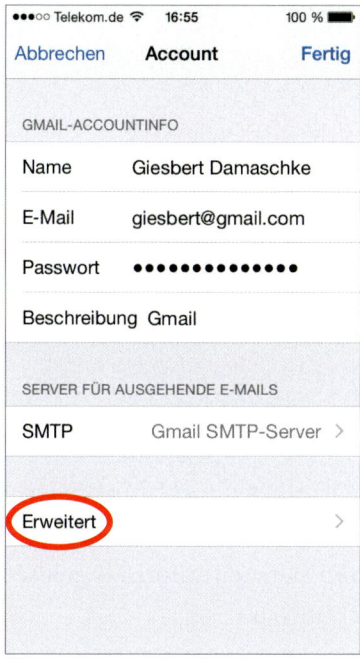

Tief verborgen in den erweiterten Einstellungen von Mail legen Sie fest, ob eine gelöschte Mail in den Papierkorb oder ins Archiv verschoben werden soll.

15 Löschen trotz Archivierung

Standardmäßig ist bei Anbietern wie Google Mail die Archivieren-Option akti-viert. Das heißt aber natürlich nicht, dass Sie eine Mail nicht trotzdem löschen können:

❶ Berühren und halten Sie das Karton-Symbol in der Mail.

❷ Wählen Sie nun *E-Mail löschen* oder *E-Mail archivieren*.

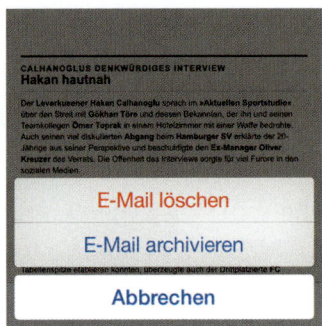

Wenn Sie eine Mail standardmäßig archivieren, können Sie sie trotzdem immer noch gezielt löschen.

16 Mails im Posteingang schnell archivieren/löschen

Eine Mail im Posteingang lässt sich ruckzuck archivieren oder löschen: Strei-chen Sie den entsprechenden Eintrag im Posteingang schwungvoll von rechts nach links durch.

17 So archivieren/löschen Sie blitzschnell eine neue Mail

Wenn eine neue Mail eintrifft, dann werden Sie standardmäßig über einen ein-geblendeten Hinweis am oberen Rand des Displays darauf hingewiesen. Sie können nun den Hinweis antippen, um die Mail zu öffnen. Nicht immer ist eine Mail allerdings so wichtig; mitunter kann man sie auch sofort als gelesen mar-kieren oder archivieren. Und das geht blitzschnell so:

❶ Ziehen Sie den Hinweis nach unten. Es werden jetzt zwei Tasten eingeblendet.

❷ Wählen Sie die gewünschte Aktion, also entweder *Als gelesen markieren* bzw. *Archiv* oder, je nach Einstellung, *Löschen*.

Neue Mails lassen sich direkt von der Mitteilung aus beantworten, markieren oder archivieren.

---

18   Einen Absender als VIP markieren

Manche Absender sind Ihnen wichtiger als andere, und Sie hätten gern einen raschen Überblick über alle Mails dieser „very important persons"? Kein Problem – genau dafür hat Mail ein eigenes VIP-Postfach. Fragt sich nur, wie Sie einen Absender in den erlauchten VIP-Kreis aufnehmen:

❶ Lassen Sie sich eine Mail des entsprechenden Absenders anzeigen.

❷ Tippen Sie auf den Absender, und scrollen Sie nach unten.

❸ Wählen Sie *Zu VIP hinzufügen*.

❹ Das VIP-Postfach wird automatisch in der Postfachliste eingeblendet. (Falls das nicht der Fall sein sollte, müssen Sie dem System ein wenig unter die Arme greifen – wie das geht, lesen Sie in Tipp 21.)

---

19   Falsch adressierte E-Mails vermeiden

Oha, das ist ärgerlich: Die interne Firmen-Mail wurde versehentlich an einen völlig Unbeteiligten geschickt, weil sein Name so ähnlich war wie der des eigentlich gemeinten Empfängers. Dagegen ist auch iOS machtlos, aber es kann Ihnen helfen, solche peinlichen Pannen in Zukunft zu vermeiden:

❶ Wählen Sie *Einstellungen –> Mail, Kontakte, Kalender*.

❷ Tippen Sie im Abschnitt *Mail* auf *Adressen markieren*.

❸ Geben Sie nun die Mail-Domain Ihrer Firma ein. Wenn die Adressen etwa „f_mueller@firma.tld", „g_meier@firma.tld" und „einkauf@firma. tld" lauten, dann tippen Sie hier „firma.tld" ein.

❹ Wenn Sie nun Adressaten eintragen, dann werden alle Adressaten, deren Mail-Adresse nicht auf „firma.tld" endet, rot markiert. So sehen Sie bei einer neuen Mail, die Sie an Ihre Kollegen schreiben, sofort, wenn sich eine falsche Adresse eingeschlichen hat.

 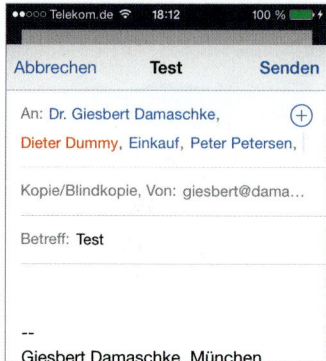

Adressen, die nicht auf eine bestimmte Domain enden, können Sie sich von Mail rot markieren lassen.

20 Den Absender rasch ändern

Sobald Sie mehr als einen E-Mail-Account aktiviert haben, greift Mail bei einer neuen E-Mail standardmäßig auf den Account zu, dessen Postfach gerade angezeigt wird. Falls Sie in der generellen Postfach-Übersicht sind, nimmt Mail den Account, der unter *Einstellungen –> Mail, Kontakte, Kalender –> Standardaccount* angegeben ist. Bei einer Antwort wird generell der Account benutzt, bei dem die Mail eingetroffen ist. Aber Sie können natürlich auch jederzeit einen anderen Absender wählen und zum Beispiel Ihre Antwort von einem anderen Account aus versenden. Das geht direkt im Formular für eine neue Mail:

❶ Tippen Sie auf die Zeile *Kopie/Blindkopie, Von: ...*

❷ Tippen Sie auf die Adresse, die in der Zeile *Account* angezeigt wird.

❸ Wählen Sie den gewünschten Absendereintrag.

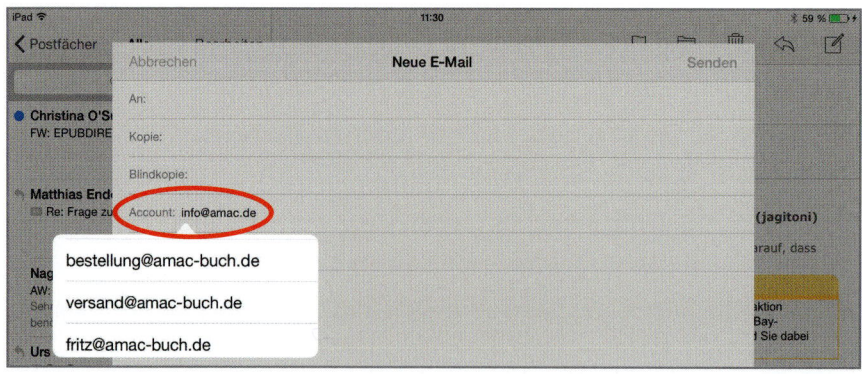

Der Absender einer neuen Mail oder einer Antwort lässt sich jederzeit direkt im Mailformular wählen.

21 So blenden Sie jedes Postfach in der Postfachliste ein

Standardmäßig zeigt die Postfachliste nur die wichtigsten Postfächer an. Doch Mail hat mehr zu bieten als diese Auswahl – wie wäre es mit einem eigenen Postfach, das alle Mails mit Dateianhängen sammelt? Oder alle Mails, die Sie heute bekommen haben? Oder Sie möchten einen bestimmten Ordner aus Ihrem Postfach im schnellen Zugriff auf der obersten Ebene haben? Alles kein Problem:

❶ Wechseln Sie in Mail zur Übersicht *Postfächer.*

❷ Tippen Sie oben rechts auf *Bearbeiten.*

❸ Wählen Sie das gewünschte Postfach mit einem Fingertipp aus.

❹ Möchten Sie einen beliebigen Mail-Ordner aus einem Ihrer Accounts ebenfalls auf der obersten Ebene angezeigt bekommen, tippen Sie auf *Postfach hinzufügen* und wählen den gewünschten Ordner aus.

❺ Schließen Sie die Bearbeitung mit einem Tipp auf *Fertig* ab.

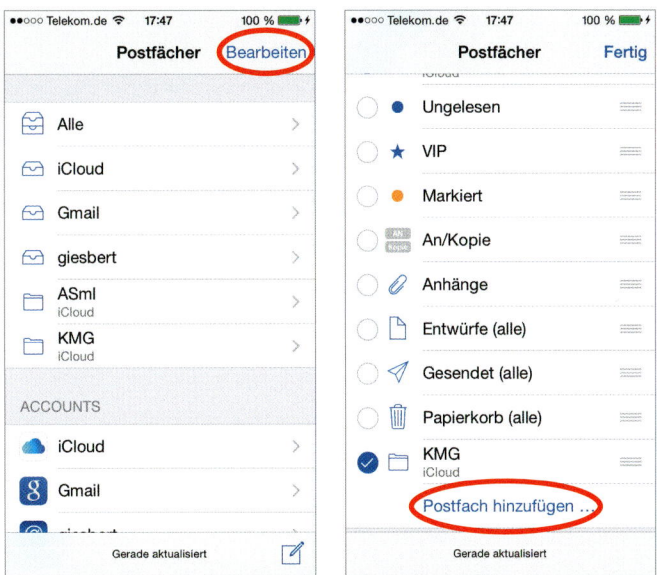

Neben den vorkonfigurierten Postfächern können Sie auch jedes beliebige andere Postfach in die Anzeige aufnehmen.

22 So fügen Sie Videos und Fotos in Ihre Mail ein

Fotos und Videos können Sie von der *Fotos*-App aus an Mail durchreichen. Das geht aber auch umstandslos beim Schreiben einer Mail und ohne Umweg über *Fotos*:

❶ Berühren und halten Sie bei einer neuen Mail das Display. Es erscheint ein Kontextmenü.

❷ Tippen Sie auf den Pfeil nach rechts.

❸ Tippen Sie auf *Foto od. Video einfügen*.

❹ Wählen Sie die gewünschten Dateien aus.

Sie können in jede Mail blitzschnell Fotos und Videos einfügen.

23 | Konfigurieren Sie die Streichgeste

Wenn Sie im Posteingang eine Mail von rechts nach links schieben, wird ein Kontextmenü eingeblendet. Beim Verschieben von links nach rechts erscheint standardmäßig *Als gelesen markieren* bzw. *Als ungelesen markieren*. Dieses Menü lässt sich anpassen, sodass Sie etwa mit einer Streichgeste von links nach rechts eine Mail als „wichtig" markieren. Und das geht so:

❶ Wählen Sie *Einstellungen –> Mail, Kontakte, Kalender*.

❷ Tippen Sie auf *Streichgesten*.

❸ Tippen Sie auf *Nach links*, und wählen Sie *Keine*.

❹ Kehren Sie mit einem Tipp auf *Streichgesten* zum vorherigen Menü zurück.

❺ Wählen Sie nun *Nach rechts*, und wählen Sie *Markieren*.

❻ Kehren Sie wieder zum vorherigen Menü zurück, und legen Sie für *Nach links* die nun mögliche Aktion *Als gelesen markieren* fest.

24 | So archivieren oder löschen Sie Mails direkt auf dem Sperrbildschirm

Neue Mails werden standardmäßig mit einer kleinen Vorschau auf dem Sperrbildschirm angezeigt. Oft reicht diese Vorschau schon aus, um zu wissen, dass man die Mail als gelesen markieren oder auch gleich löschen bzw. archivieren kann. Dazu müssen Sie aber nicht extra zum Mail-Programm wechseln – das geht direkt auf dem Sperrbildschirm:

➊ Schieben Sie die Mitteilung über eine neue Mail von rechts nach links.

➋ Wählen Sie die gewünschte Aktion: *Als gelesen markieren* oder *Archivieren* bzw. *Löschen*.

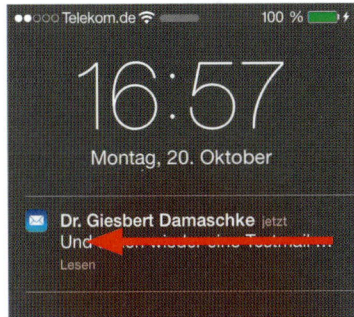 

E-Mails lassen sich auch direkt vom Sperrbildschirm aus archivieren bzw. löschen.

25 Text einer Mail formatieren

Sie können Ihre E-Mails auch auf dem iPhone mit einigen Formatierungen besser lesbar machen und etwa wichtige Passagen *fetten*, *kursivieren* oder *unterstreichen*, und zwar so:

➊ Markieren Sie den Bereich, den Sie formatieren möchten.

➋ Tippen Sie im Kontextmenü auf den Pfeil nach rechts.

➌ Tippen Sie auf *BIU*.

➍ Wählen Sie nun die gewünschte Formatierung: *Fett*, *Kursiv* oder *Unterstrichen*. Sie können mehrere Formatierungen kombinieren.

Die Formatierungsoptionen für fett, kursiv und unterstrichen sind ein wenig versteckt.

26 So schalten Sie Bilder in E-Mails aus – und warum Sie das tun sollten

Viele E-Mails sind heute keine normalen Mails mehr – also reiner Text –; sondern komplette Webseiten mit Farben, Fonts und Grafiken. Dabei sind die Bilder üblicherweise keine festen Bestandteile einer E-Mail, sondern Sie werden von einem Webserver nachgeladen, sobald die E-Mail geöffnet wird. So lassen sich zwar aufgehübschte E-Mails erstellen, doch die Sache hat zwei Haken:

– *Datenverbrauch:* Das Nachladen von Grafiken belastet Ihr mobiles Datenbudget.

– *Sicherheit:* Beim Nachladen eines Bildes wird der Server kontaktiert, auf dem die Bilddateien liegen. Damit erfährt der Absender solcher Mails zum einen, dass Sie die Mail geöffnet haben und wann Sie dies taten.

Es empfiehlt sich also, den automatischen Download von Bildern in E-Mails auszuschalten und die Dateien nur bei Bedarf gezielt nachzuladen:

❶ Wählen Sie *Einstellungen –> Mail, Kontakte, Kalender.*

❷ Schalten Sie bei *Mail* die Option *Bilder von Webservern laden* aus.

❸ Möchten Sie in einer Mail doch einmal Bilder angezeigt bekommen, scrollen Sie ans Ende der Mail und tippen auf *Alle Bilder laden.*

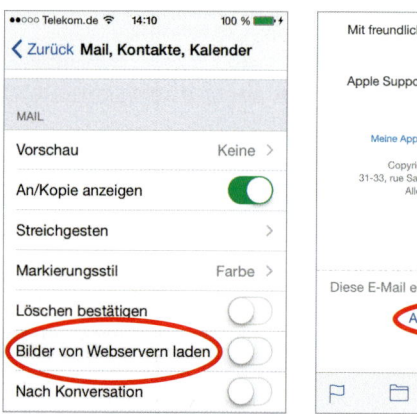 

Bilder in Mails sind häufig nur überflüssige Datensauger – schalten Sie sie einfach ab. Falls Sie doch einmal die Bilder sehen möchten, lassen sie sich jederzeit nachladen.

27 ZIP-Archive in Mail öffnen

Auf den ersten Blick kann iOS mit ZIP-Archiven nichts anfangen. Aber das täuscht – das System beherrscht das sehr wohl, aber nur Mail macht davon ein wenig Gebrauch. Damit können Sie nämlich ZIP-Archive, die Sie als Datei-Anhang bekommen, öffnen und sich den Inhalt anzeigen lassen oder an andere Apps weiterreichen:

❶ Tippen Sie das Symbol für das angehängte ZIP-Archiv an.

❷ Mail öffnet nun das Archiv und zeigt Ihnen die erste Datei. Mit einer horizontalen Wischbewegung blättern Sie durch die einzelnen Dateien, die im Archiv enthalten sind.

❸ Über die Teilen-Taste links unten lässt sich jede Datei an andere Apps durchreichen.

❹ Ein Tipp auf das Ordnersymbol rechts unten zeigt eine Liste aller im Archiv enthaltenen Dateien, auf die Sie hier gezielt zugreifen können.

❺ Mit einem Tipp auf *E-Mail* kehren Sie zur Anzeige der Mail zurück.

Die Liste aller Dateien kann Ihnen auch verraten, wie groß ein Foto in einem ZIP-Archiv ist:

❶ Tippen Sie auf das Ordnersymbol.

❷ Wählen Sie das gewünschte Bild aus.

❸ Tippen Sie erneut auf das Ordnersymbol. Der Eintrag des Bildes ist nun um eine Größenangabe erweitert worden.

Mail kann ZIP-Archive öffnen und Ihnen Zugriff auf die einzelnen Dateien im Archiv geben.

Kapitel 3 Kommunikation

Ob iPhone oder iPad – jedes iOS-Gerät ist eine durchdachte Kommunikationsmaschine: Telefon, SMS, Nachrichten, Gruppengespräche und obendrauf kostenlose Videotelefonie via Internet. Die Tipps in diesem Kapitel helfen Ihnen, die erstaunlichen Möglichkeiten, die iOS hier zu bieten hat, zu entdecken und zu nutzen.

Telefon & FaceTime

25 Tipps   ab Seite 106

Nachrichten

24 Tipps   ab Seite 122

25 Tipps zu Telefon & FaceTime

1   So leiten Sie einen Anrufer auf die Mailbox um (iPhone)

Nicht immer kommt ein Anruf zur rechten Zeit herein, manchmal stört er nur. In diesem Fall leiten Sie den Anrufer einfach auf die Mobilbox um. Dazu müssen Sie noch nicht einmal Ihr iPhone komplett aus der Tasche ziehen – es genügt ein etwas längerer Druck auf die Standby-Taste.

2   Einen Anruf mit einer Nachricht beantworten

Einen Anruf, den Sie just nicht entgegennehmen, aber auch nicht auf die Mailbox umleiten wollen, können Sie mit einer Nachricht bzw. SMS beantworten, etwa »Rufe gleich zurück«. Dazu tippen Sie beim Anruf einfach auf die Taste *Nachricht* und wählen die gewünschte Nachricht aus. Welchen Text Ihr iPhone schicken soll, definieren Sie selbst:

❶ Wählen Sie *Einstellungen –> Telefon*.

❷ Tippen Sie im Abschnitt *Anrufe* auf *Mit Nachricht antworten*.

❸ Tippen Sie in das Feld, dessen Text Sie ändern möchten.

❹ Um zum Standardtext zurückzukehren, löschen Sie Ihre Eingabe.

 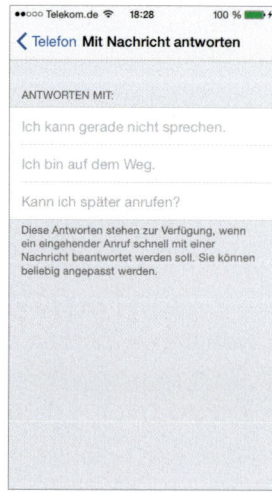

Sie können bis zu drei Nachrichten festlegen, mit denen Sie auf einen Anruf antworten.

3   Lassen Sie sich an einen Anruf erinnern

An Anrufe, die zwar wichtig sind, aber zur Unzeit hereinkommen, können Sie sich später erinnern lassen, damit Sie den Rückruf nicht vergessen:

❶ Tippen Sie beim Anruf auf den kleinen Wecker *Erinnerung*.

❷ Wählen Sie die gewünschte Option, etwa *In 1 Stunde*.

❸ Der Anrufer wird auf die Mobilbox umgeleitet – und Sie werden in einer Stunde an Ihren Rückruf erinnert.

❹ Die Erinnerung enthält bereits die Telefonnummer, Sie müssen zum gegebenen Zeitpunkt also nur noch auf *Anruf* tippen.

Die Erinnerung an den Rückruf ist übrigens ein normaler Eintrag in der App *Erinnerungen* und kann dort auch gelöscht werden.

4   So schicken Sie Ihren Gesprächspartner in die Warteschleife

Es gibt zwei Arten, einen Gesprächspartner während eines Telefonats kurz beiseite zu legen, ohne die Verbindung zu unterbrechen: *Stumm schalten* und *Halten*.

– *Stumm schalten:* Tippen Sie auf die Taste *Stumm*. Nun hören Sie zwar immer noch, was Ihr Gesprächspartner sagt – aber er hört Sie nicht mehr.

– *Halten:* Berühren und halten Sie die Taste *Stumm* für vier Sekunden; die Anzeige ändert sich auf *Anruf halten*. Die Sprachverbindung wird auf beiden Seiten auf stumm geschaltet, Ihr Gesprächspartner hört nun die Warteschleife Ihres Telefonanbieters, also etwa „Bitte warten – Ihr Gespräch wird gehalten". Mit einem erneuten Tipp auf die Taste setzen Sie das Gespräch fort.

Sie können ein Gespräch entweder stumm schalten oder halten.

5   So nehmen Sie einen Anrufer in die Kontakte auf

Sie haben einen Anruf von einer bislang unbekannten Nummer erhalten und möchten diese nun in Ihre Kontakte übernehmen, damit Sie beim nächsten Anruf den Namen sehen? Kein Problem:

❶ Wechseln Sie in der Telefon-App zum Register *Anrufliste*.

❷ Tippen Sie auf das *i* neben dem entsprechenden Eintrag.

❸ Wählen Sie *Neuen Kontakt erstellen*, um aus der Telefonnummer einen neuen Kontakt zu erzeugen; tippen Sie auf *Zu Kontakt hinzufügen*, wenn Sie die Nummer einem bereits vorhandenen Kontakt als weitere Telefonnummer hinzufügen möchten.

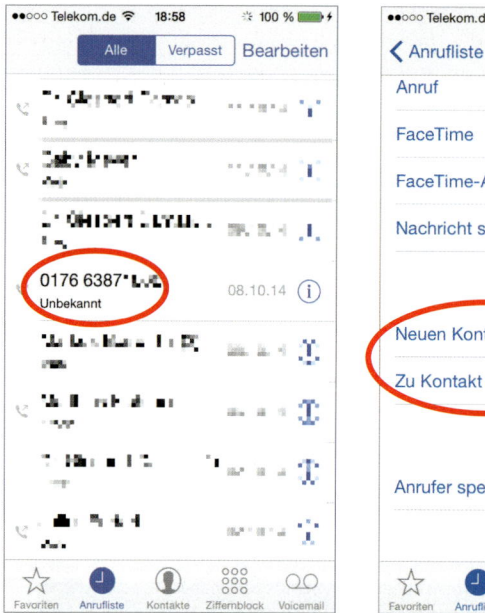

Bislang unbekannte Anrufer lassen sich problemlos in die Kontakte übernehmen.

6   Die Wahlwiederholung

Auch wenn es nicht so aussieht – aber das iPhone besitzt eine Wahlwiederholung:

❶ Tippen Sie im Register *Ziffernblock* auf den Telefonhörer. Die zuletzt gewählte Nummer wird angezeigt.

❷ Tippen Sie erneut auf den Telefonhörer, wird die Nummer angerufen.

7   So unterdrücken Sie kurzfristig das Klingeln

Sie sitzen in einem Vortrag, in einer Konferenz oder auch nur mit netten Freunden zusammen. Sie erwarten einen dringenden Anruf und können Ihr iPhone daher nicht komplett stumm schalten. Was tun? Ganz einfach: Sie drücken einmal kurz auf die Standby-Taste. Das iPhone verstummt – aber der Anrufer klingelt weiter bei Ihnen an. Nun können Sie sich kurz entschuldigen, eine ruhige Ecke aufsuchen und das Gespräch entgegennehmen.

8   So verhindern Sie die versehentliche Änderung der Klingellautstärke

Die Lautstärke, mit der das iPhone Töne abspielt, wird über die Regler am Rand festgelegt. Da kann es schon einmal passieren, dass Sie etwa den Ton bei einem Spiel reduzieren – und den nächsten Anruf nicht mitbekommen, weil das iPhone nur noch sehr dezent klingelt. Dem können Sie aber vorbeugen, indem Sie die Lautstärke für Klingeltöne und Hinweise unabhängig von der eingestellten Lautstärke festlegen:

❶ Rufen Sie *Einstellungen –> Töne* auf.

❷ Legen Sie unter *Klingel- und Hinweistöne* die gewünschte Lautstärke fest.

❸ Schalten Sie die Option *Mit Tasten ändern* aus.

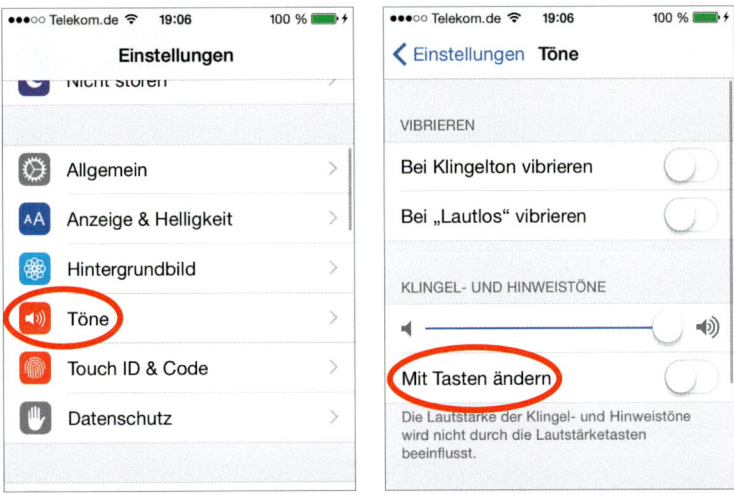

Damit Ihr iPhone immer mit der gleichen Lautstärke klingelt, trennen Sie die Klingeltonlautstärke vom Lautstärkeregler.

9   Sprachnachrichten löschen – aber richtig

Alle Sprachnachrichten, die Ihnen Anrufer auf Ihrer Mailbox hinterlassen haben, finden Sie in der Telefon-App im Register *Voicemail*. Wenn Sie nach dem Abhören einer Nachricht diese löschen wollen, dann machen Sie Folgendes:

❶ Streichen Sie den entsprechenden Eintrag von rechts nach links durch.

❷ Tippen Sie auf *Löschen*. Damit landet die Nachricht im Papierkorb, ist aber immer noch auf Ihrem iPhone gespeichert.

❸ Scrollen Sie ans Ende der Liste, und tippen Sie auf *Gelöscht*.

❹ Tippen Sie auf *Alle entfernen*, um den Papierkorb zur leeren.

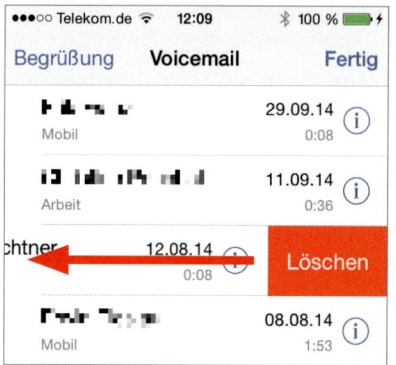

Gelöschte Sprachnachrichten werden erst dann wirklich gelöscht,
wenn Sie den Papierkorb leeren.

10   Gelöschte Sprachnachrichten zurückholen

Wenn Sie eine Sprachnachricht gelöscht haben, landet sie zuerst im Papierkorb. Aus ihm können Sie versehentlich gelöschte Nachrichten auch wieder hervorholen, und zwar so:

❶ Wechseln Sie in der Telefon-App zum Register *Voicemail*.

❷ Scrollen Sie ans Ende der Liste, und tippen Sie auf *Gelöscht*.

❸ Tippen Sie auf den Eintrag, den Sie aus dem Papierkorb zurückholen möchten.

❹ Wählen Sie nun *Widerrufen*. Die Sprachnachricht landet wieder in der Übersicht.

Eine versehentlich gelöschte Sprachnachricht lässt sich jederzeit wiederherstellen.

11 Ausnahmsweise: So telefonieren Sie anonym

Üblicherweise wird bei einem Anruf die Telefonnummer des Anrufers übertragen. Das ist auch gut und richtig so, aber manchmal möchte man nicht, dass der Angerufene sofort weiß, wer am anderen Ende ist. In diesem Fall tun Sie Folgendes:

❶ Wählen Sie *Einstellungen –> Telefon*.

❷ Tippen Sie auf *Meine Rufnummer senden*.

❸ Schalten Sie *Rufnummer senden* aus.

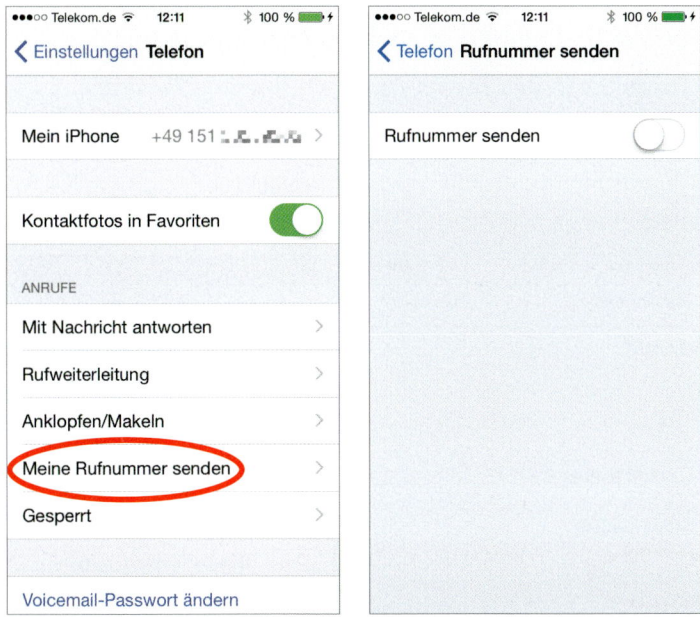

Sie können die übliche Übertragung Ihrer Rufnummer auch unterdrücken – aber das sollten Sie wirklich nur ausnahmsweise tun.

12   So ändern Sie den PIN-Code Ihrer SIM-Karte

Der PIN-Code Ihrer SIM-Karte, den Ihnen Ihr Mobilfunkanbieter nennt, ist nicht in Stein gemeißelt, sondern kann von Ihnen natürlich geändert werden. Und das geht so:

❶ Wählen Sie *Einstellungen –> Telefon –> SIM-PIN*.

❷ Wählen Sie *PIN ändern*.

❸ Geben Sie nun die alte PIN und anschließend die neue PIN ein.

13   Schnellzugriff auf wichtige Kontakte mit den Favoriten

In den Favoriten der *Telefon*-App können Sie wichtige Kontakte ablegen, damit Sie sie immer schnell im Zugriff haben. Um einen Kontakt als Favorit zu markieren, gehen Sie folgendermaßen vor:

❶ Tippen Sie in der *Telefon*-App auf *Kontakte*.

❷ Wählen Sie den Kontakt, den Sie den Favoriten hinzufügen möchten.

❸ Scrollen Sie ans Ende des Eintrags, und wählen Sie *Zu Favoriten*.

❹ Falls Sie mehrere Telefonnummern für den Kontakt gespeichert haben, legen Sie nun fest, welche der Nummern den Favoriten einverleibt werden soll.

Und so entfernen Sie einen Eintrag wieder aus den Favoriten:

❶ Wechseln Sie in der *Telefon*-App zum Register *Favoriten*.

❷ Streichen Sie den entsprechenden Eintrag von rechts nach links durch.

❸ Bestätigen Sie mit einem Tipp auf *Löschen*.

Die Telefonnummern Ihnen wichtiger Personen können Sie für die Schnellwahl markieren.

14 So telefonieren Sie mit mehreren Personen

Normalerweise ist ein Telefongespräch eine Sache zwischen zwei Personen: dem Anrufer und dem Angerufenen. Manchmal möchte man aber auch zwei oder drei Gespräche parallel führen oder sich in einer Telefonkonferenz mit mehreren Leuten unterhalten. Das ist mit dem iPhone natürlich kein Problem:

❶ Während des Telefonats mit dem ersten Teilnehmer tippen Sie auf das Pluszeichen *Anruf hinzufügen*.

❷ Wählen Sie aus den Kontakten den nächsten Gesprächspartner.

❸ Sobald die neue Verbindung steht, wird der erste Kontakt in eine Warteschleife gelegt, ohne dass die Verbindung unterbrochen wird.

❹ Tippen Sie auf *Wechseln*, um zwischen Ihren Gesprächspartnern hin- und herzuschalten.

❺ Tippen Sie auf *Konferenz*, um alle Gesprächspartner gleichberechtigt zusammenzulegen.

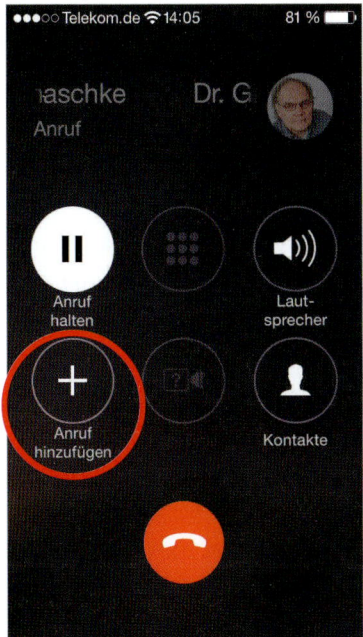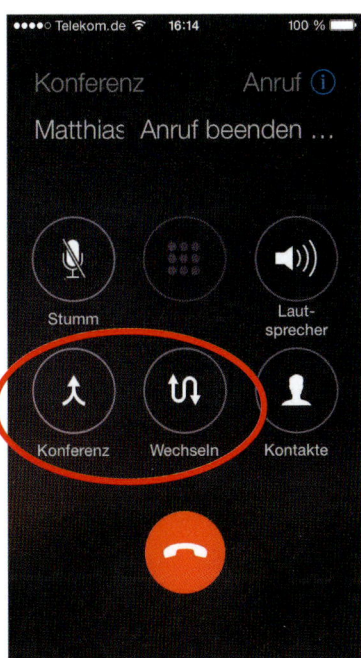

Mit dem iPhone können Sie problemlos zwischen mehreren Gesprächsteilnehmern wechseln oder eine Konferenzschaltung organisieren.

15 So telefonieren Sie via Internet

Normalerweise werden Telefonate über das Mobilfunknetz Ihres Anbieters geführt. Das kann bei Gesprächen ins Ausland richtig teuer werden. Hier gibt es eine preiswerte Alternative: die Videotelefonie-App *FaceTime*. Klingt absurd, ist aber ganz einfach – denn FaceTime kann auch normale Audiotelefonate aufbauen. Das läuft dann via Internet über Apples Server. Wenn Sie Ihre Telefonate via WLAN führen, schaut Ihr Mobilfunkanbieter in die Röhre:

❶ Wählen Sie in der *Kontakte*-App den gewünschten Eintrag.

❷ Tippen Sie im Abschnitt *FaceTime* auf den Telefonhörer.

Jede Audioverbindung wird von FaceTime gespeichert. So rufen Sie einen Kontakt erneut über *FaceTime Audio* an:

❶ Wählen Sie in der *FaceTime*-App das Register *Audio*.

❷ Tippen Sie auf den gewünschten Eintrag.

Der einzige Haken an dieser praktischen Einrichtung: Es funktioniert nur von Apple-Gerät zu Apple-Geräte und nur dann, wenn Ihr Gegenüber FaceTime auf seinem Gerät aktiviert hat.

16 So erfahren Sie alle Details eines Anrufs

Wann hat doch gleich der Chef angerufen? Und wie lange dauerte das letzte Telefonat mit dem Kumpel? Diese und andere Fragen beantwortet Ihnen die *Telefon*-App auf Fingertipp – und zwar ganz gleich, ob Sie ein normales Telefonat oder einen Videoanruf via FaceTime gemacht haben. Dabei werden die Anrufe eines Tages zusammengefasst:

❶ Tippen Sie in der *Telefon*-App auf *Anruferliste*.

❷ Tippen Sie beim gewünschten Eintrag auf das *i*.

❸ Nun sehen Sie sämtliche Telefonate, die Sie an diesem Tag geführt haben – fein säuberlich mit Uhrzeit, Dauer und Vermerk, ob Sie angerufen haben oder angerufen wurden.

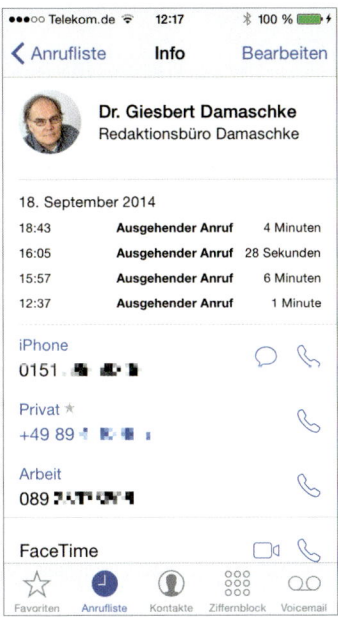

Zu jedem Anrufer können Sie sich eine Übersicht der geführten Telefonate anzeigen lassen.

17 Während eines Telefonats andere Dinge tun

Eine sehr angenehme Eigenschaft der *Telefon*-App besteht darin, dass Sie die App während des Telefonats verlassen können, ohne Ihr Gespräch zu verlieren. So können Sie etwa während eines Telefonats etwas in der Notizen-App notieren, im Internet nachschlagen oder auch Ihre Mails lesen:

❶ Verlassen Sie die *Telefon*-App mit einem Druck auf die Home-Taste.

❷ Am oberen Rand des Displays wird der Text *Zum Anruf zurück? Hier tippen* und die aktuelle Verbindungszeit eingeblendet.

❸ Sie können mit dem iPhone nun normal arbeiten, ohne Ihren Gesprächspartner zu verlieren.

❹ Ein Tipp auf den eingeblendeten Text bringt Sie zurück zur Telefon-App.

18 So nehmen Sie eine eigene Begrüßung auf

Üblicherweise hört ein Anrufer bei Ihrer Mailbox eine langweilige Standardbegrüßung. Die lässt sich natürlich durch eine persönlichere Version ersetzen:

❶ Wählen Sie in der *Telefon*-App das Register *Voicemail*.

❷ Tippen Sie auf *Begrüßung*.

❸ Wählen Sie *Eigene*.

❹ Warten Sie einen kurzen Moment, bis die Verbindung zu Ihrem Telefonanbieter aufgebaut wurde.

❺ Tippen Sie nun auf *Aufnehmen*, und sprechen Sie Ihre Begrüßung.

❻ Zur Kontrolle hören Sie sich Ihre Begrüßung mit *Abspielen* an.

❼ Wenn Sie zufrieden sind, speichern Sie die Begrüßung mit *Sichern*.

19 So blockieren Sie nervige Anrufe

Selbst der kommunikativste und gesprächsfreudigste Mensch hat ein paar Kontakte, mit denen er eher ungern telefoniert und deren Anrufe oft nur stören – und dann gibt es da ja auch noch die ärgerlichen Werbeanrufe. Diese Kandidaten können Sie auf eine Sperrliste setzen. Die Anrufer landen dann sofort auf der Mailbox, und Sie erhalten in der Mitteilungszentrale einen Hinweis über einen verpassten Anruf und können selbst entscheiden, ob Sie zurückrufen möchten – oder lieber nicht.

❶ Lassen Sie sich in der *Telefon*-App die *Anrufliste* zeigen.

❷ Tippen Sie bei dem Anrufer, den Sie sperren möchten, auf das blaue *i*.

❸ Scrollen Sie bis ganz nach unten, und wählen Sie *Anrufer sperren*.

❹ Bestätigen Sie die Sperrung mit einem Tipp auf *Kontakt sperren*.

Die Sperre gilt übrigens nicht nur für *Telefon*, sondern auch für *FaceTime* und *Nachrichten*. Und so heben Sie die Sperre wieder auf:

❶ Wählen Sie *Einstellungen –> Telefon*.

❷ Tippen Sie auf *Gesperrt*.

❸ Tippen Sie auf *Bearbeiten*.

❹ Tippen Sie auf das Minuszeichen, um einen Eintrag von der Sperrliste zu entfernen.

Störende Zeitgenossen lassen sich problemlos sperren – dann werden Telefonate, Nachrichten und FaceTime-Anrufe nicht mehr durchgestellt.

20 Sonderzeichen in Telefonnummern

Manchmal enthalten Telefonnummern nicht nur Ziffern, sondern Sonderzeichen wie ein Pluszeichen, ein Komma oder ein Semikolon. Um dergleichen über den Ziffernblock einzugeben, machen Sie Folgendes:

- *Pluszeichen:* Berühren und halten Sie die Taste *0*, bis ein + erscheint,
- *Komma:* Berühren und halten Sie die Taste ***, bis ein , erscheint.
- *Semikolon:* Berühren und halten Sie die Taste *#*, bis ein ; erscheint.

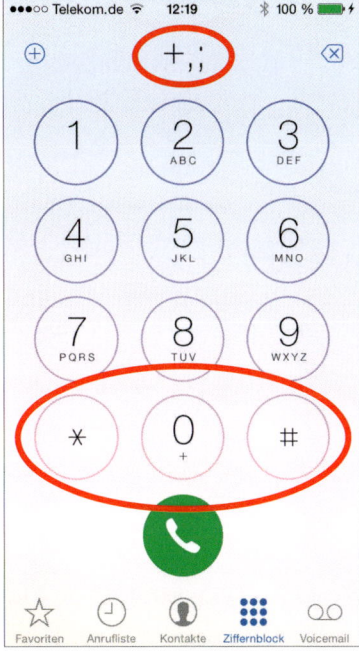

Die Sonderzeichen geben Sie durch einen längeren Druck auf die Tasten 0, * und # ein.

> **21** Eine Telefonnummer mit Copy & Paste in den Ziffernblock übernehmen

Eigentlich soll iOS automatisch erkennen, ob in einem Dokument eine Telefonnummer steht, und diese Telefonnummer automatisch als Link anzeigen. Tippen Sie auf diesen Link, können Sie die entsprechende Nummer anrufen. Wie gesagt: eigentlich. Denn das funktioniert nicht immer zuverlässig. In diesem Fall können Sie eine Telefonnummer auch über die Zwischenablage an die Telefon-App übergeben:

❶ Markieren Sie die Telefonnummer, und übernehmen Sie sie in die Zwischenablage.

❷ Wechseln Sie zur *Telefon*-App.

❸ Wechseln Sie hier zum Register *Ziffernblock*.

❹ Berühren und halten Sie den Bereich oberhalb der Zifferntasten.

❺ Wählen Sie *Einfügen*.

Auch wenn es nicht so aussieht – aber Sie können in den leeren Bereich oberhalb des Ziffernblocks eine Telefonnummer mit Copy & Paste übernehmen.

22 Ihre eigene Telefonnummer (iPhone)

Nicht jeder hat seine eigene Telefonnummer des iPhones im Kopf parat. Warum auch, sie lässt sich schließlich im iPhone jederzeit nachschlagen. Die Nummer ist an verschiedenen Orten hinterlegt. So finden Sie sie am schnellsten:

❶ Wechseln Sie in der Telefon-App zum Register *Kontakte*.

❷ Falls Sie aktuell die Details eines Kontakts sehen, wischen Sie vom linken Displayrand nach rechts aufs Display, um zur Übersicht der Kontakte zurückzukehren.

❸ Tippen Sie auf die Statuszeile, um in der Liste ganz nach oben zu springen.

❹ Sie sehen nun den obersten Eintrag *Mein iPhone* und die Telefonnummer.

23 Wann soll Voicemail starten? (iPhone)

Standardmäßig haben Sie 15 Sekunden Zeit, um einen Anruf entgegenzunehmen, bevor Voicemail – also der Anrufbeantworter des iPhones – startet. Wenn Ihnen das zu knapp oder im Gegenteil zu lang ist, dann können Sie das ändern. Dazu schicken Sie einen bestimmten sogenannten GSM-Code an den Mobilfunkanbieter. Der Code wird im *Ziffernblock* der *Telefon*-App wie eine normale Telefonnummer eingegeben und durch einen Tipp auf den Telefonhörer an den Anbieter geschickt. Der Code unterscheidet sich je nach Anbieter ein wenig. Mit den folgenden Codes wird etwa die Zeitspanne bis zur Aktivierung des Anrufbeantworters auf 30 Sekunden gesetzt:

– *O2:* **61*333**30#
– *Telekom:* **61*3311*11*30#
– *Vodafone:* **61*5500*11*30#

Die letzten Ziffern – hier: 30 – geben an, wie lange es dauert, bis ein Anrufer zur Voicemail umgeleitet wird. Gültige Werte sind auch 5, 10, 15, 20 und 25.

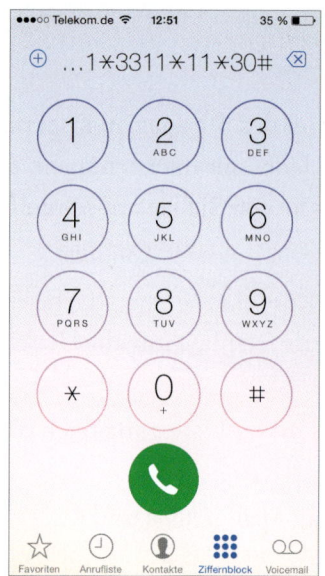 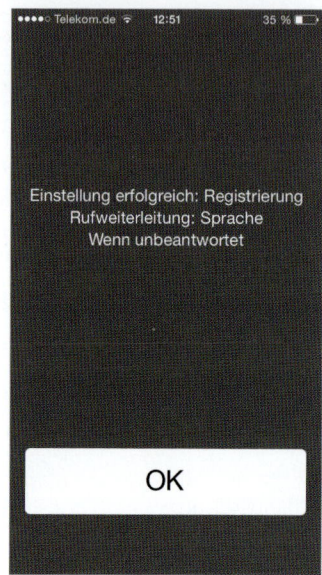

Über einen GSM-Code können Sie bestimmen, wie viele Sekunden es dauern soll, bis der Anrufbeantworter aktiv wird.

24 Mit dem iPad und Mac via iPhone telefonieren

Wenn Sie ein iPhone und ein iPad oder einen Mac mit Mac OS X Yosemite besitzen, sind Sie fein raus: Sie können nämlich auch mit Ihrem iPad oder Mac über das iPhone telefonieren – und zwar zu jedem beliebigen Anschluss, etwa auch ins Festnetz. Sie müssen nur einige Voraussetzungen beachten:

- *Account:* Auf allen Geräten muss der gleiche iCloud-Account aktiv sein, und alle Geräte müssen mit der gleichen Apple-ID verknüpft sein.
- *Verbindungen:* iPhone und iPad oder Mac müssen im gleichen WLAN angemeldet sein.
- *Bluetooth:* Auf allen Geräten muss Bluetooth aktiviert sein.

Und natürlich müssen Sie die Funktion auf dem iPhone bzw. iPad aktivieren. Das geht so:

❶ Wählen Sie auf dem iPhone und iPad *Einstellungen –> FaceTime.*

❷ Aktivieren Sie hier den Schalter *iPhone-Mobilanrufe.*

❸ Wenn Sie auch am Mac telefonieren wollen, dann aktivieren Sie es über *FaceTime –> Einstellungen –> iPhone-Funknetzanrufe.*

Das war's bereits.

- *Mit iPad oder Mac anrufen:* Starten Sie FaceTime, wechseln Sie in das Register *Audio,* und geben Sie die Nummer ein, die Sie anrufen möchten.

Der Anruf läuft dann via Internet über die Server von Apple. Von dort wird das iPhone kontaktiert, das über seine Mobilfunkverbindung den Anruf startet. Dem Angerufenen wird also als Anruferkennung die Nummer des iPhones angezeigt.

– *Mit iPad oder Mac einen iPhone-Anruf entgegennehmen:* Werden Sie auf dem iPhone angerufen, wird Ihr iPad oder Mac automatisch aktiv. Sie können das Telefonat dann auf dem iPad oder Mac via *FaceTime Audio* führen.

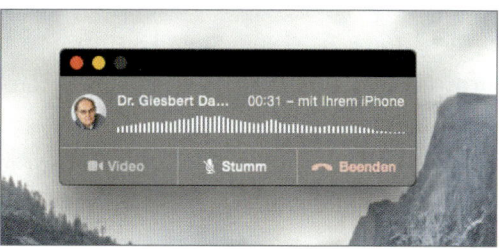

Es ist problemlos möglich, mit dem Mac oder einem iPad ein ganz normales Telefonat bia iPhone zu führen – vorausgesetzt, Sie schalten diese Funktion auf dem iPhone frei.

25 Nur im Ausnahmefall: Abfrage der SIM-PIN ausschalten (iPhone)

Üblicherweise muss die SIM-Karte durch Eingabe der PIN entsperrt werden. Diese Abfrage ist gut und richtig, da Sie so verhindern, dass jemand auf Ihre Kosten telefoniert oder ins Internet geht. In manchen seltenen Fällen – etwa in Testszenarien für Entwickler, bei denen das iPhone häufiger ein- und ausgeschaltet werden muss – ist die immer neue Eingabe der PIN allerdings auch lästig. Hier kann man die Abfrage der SIM-PIN ausnahmsweise auch einmal ausschalten:

❶ Wählen Sie *Einstellungen –> Telefon.*

❷ Scrollen Sie nach unten. und tippen Sie auf *SIM-PIN.*

❸ Deaktivieren Sie hier *SIM-PIN.*

Doch Vorsicht! Das ist eine Einstellung für den Sonderfall und sollte nur vorübergehend benutzt werden. Andernfalls ist es etwa problemlos möglich, die SIM-Karte aus Ihrem iPhone zu stibitzen und sie in ein anderes iPhone einzusetzen.

24 Tipps zu Nachrichten

> **!** **Nur von Apple zu Apple**
>
> Viele Funktionen der **Nachrichten**-App, wie etwa das Versenden von Sprachnachrichten oder Fotos, stehen nur dann zur Verfügung, wenn Sie eine Nachricht an einen Bekannten schicken, der ebenfalls ein iOS-Gerät oder einen Mac benutzt.

1   So erfahren Sie das genaue Datum einer Nachricht

Die *Nachrichten*-App speichert Datum und Uhrzeit nur für die erste Nachricht einer Konversation. Wann genau die weiteren Nachrichten verschickt wurden, scheint nicht verzeichnet zu sein. Doch keine Sorge, das täuscht: Wenn Sie Ihre Nachrichten nach links schieben, kommt am rechten Rand eine Zeitleiste in Sicht, die für jede einzelne Nachricht den genauen Zeitpunkt vermerkt.

Schieben Sie die Nachrichten nach links, wird am rechten Rand die genaue Uhrzeit eingeblendet.

2   So schicken Sie rasch ein Selfie

Mit der *Nachrichten*-App können Sie blitzschnell ein Selfie verschicken, ohne erst zur Kamera wechseln zu müssen:

❶ Berühren und halten Sie das Kamerasymbol links neben der Eingabezeile.

❷ Die Frontkamera wird aktiviert. Sie sehen sich nun selbst auf dem Display.

❸ Ziehen Sie Ihren Finger auf das Kamerasymbol, um ein Foto aufzunehmen und abzuschicken.

❹ Das Foto wird sofort verschickt.

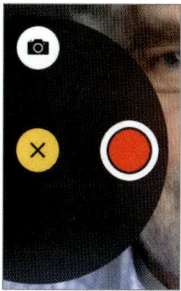

Berühren und halten Sie das Kamerasymbol, können Sie rasch ein Selfie verschicken.

3   Tastatur ausblenden

Sie beginnen auf dem iPhone oder iPad eine neue Nachricht, aber möchten doch noch mal rasch einen Blick auf die aktuelle Konversation werfen. Dummerweise verdeckt aber nun die Tastatur den halben Bildschirm. Was tun? Ganz einfach:

❶ Wischen Sie von oberhalb der Tastatur nach unten in die Tastatur.

❷ Die Tastatur wird ausgeblendet; Ihre bisherige Texteingabe bleibt in der Eingabezeile natürlich erhalten.

❸ Tippen Sie in die Eingabezeile, um Ihre Nachricht fortzusetzen.

4   Sprachnachricht schicken

Mit *Nachrichten* können Sie nicht nur Text und Bilder, sondern auch eine Sprachnachricht verschicken:

❶ Berühren und halten Sie das Mikrofonsymbol rechts neben der Eingabezeile.

❷ Solange Sie das Symbol gedrückt halten, zeichnet iOS alles auf, was es zu hören bekommt.

❸ Ziehen Sie den Finger nach oben auf den Pfeil, um die Aufnahme zu beenden und die Audiodatei zu verschicken.

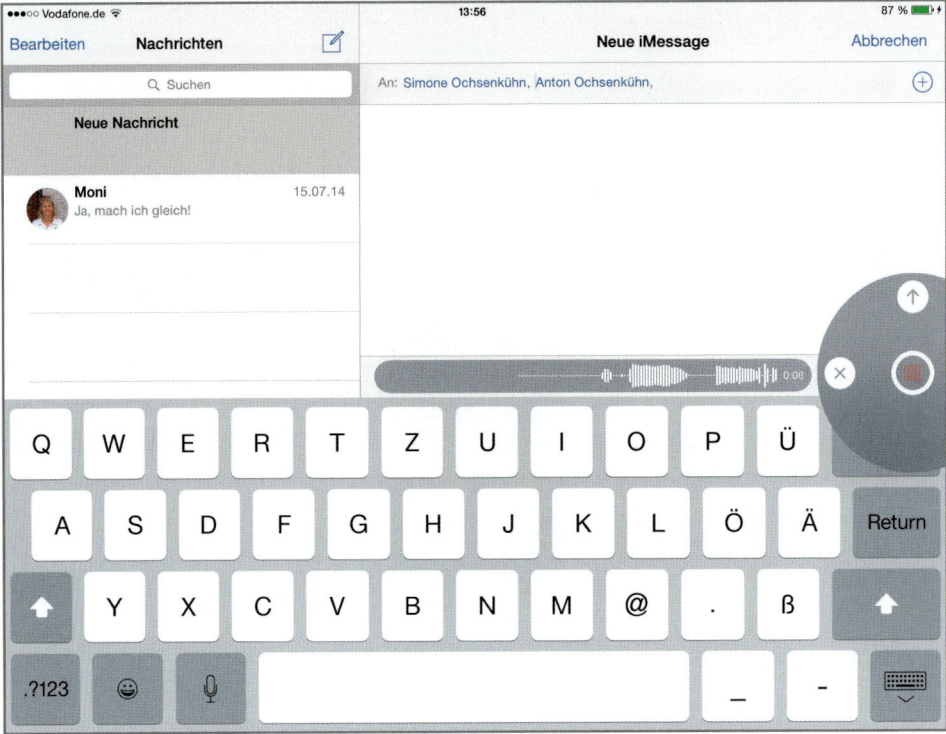

Solange Sie das Mikrofonsymbol gedrückt halten, zeichnet iOS Ihre Sprachnachricht auf.

5 Schnell auf eine Nachricht antworten

Oft braucht es nicht viele Worte für einen Nachrichtenwechsel. Für eine rasche Verabredung auf einen Kaffee brauchen Sie schließlich nicht viel Text. In diesem Fall müssen Sie nicht die *Nachrichten*-App öffnen, um zu antworten – das geht auch direkt von der Mitteilung aus, dass eine neue Nachricht eingetroffen ist:

❶ Ziehen Sie die Mitteilung über eine neue Nachricht nach unten.

❷ Sie können nun sofort Ihre Antwort tippen und abschicken.

Ziehen Sie die Mitteilung nach unten, um rasch auf eine Nachricht zu antworten.

6   So lassen Sie sich die Zeichenzahl anzeigen (iPhone)

Solange Sie eine Nachricht an einen anderen Apple-Account schicken, müssen Sie sich über die Länge der Nachricht keine Gedanken machen. Das ändert sich natürlich sofort, wenn Sie über *Nachrichten* eine SMS senden. Denn eine SMS darf nicht länger als 160 Zeichen sein. Schreiben Sie mehr, wird die Nachricht üblicherweise auf zwei (oder mehrere) SMS aufgeteilt. Nur gut, dass Ihnen *Nachrichten* verraten kann, wie viele Zeichen Sie schon getippt haben:

❶ Wählen Sie *Einstellungen –> Nachrichten*.

❷ Aktivieren Sie den Schalter *Zeichenanzahl*.

Die Zeichenanzahl wird nur angezeigt, wenn Sie eine normale SMS schicken, also zum Beispiel eine Nachricht an einen Bekannten, der kein iOS-Gerät benutzt.

Die Zeichenzahl einer SMS auf Wunsch dezent eingeblendet.

---

7   Mehrere Fotos mit „Nachrichten" verschicken

Mit *Nachrichten* lassen sich nicht nur einzelne Fotos, sondern auch mehrere Bilder auf einen Streich verschicken. Allerdings nur, wenn es sich dabei um die rund 20 zuletzt aufgenommenen Bilder handelt:

❶ Tippen Sie auf das Kamerasymbol links neben der Eingabezeile.

❷ Sie sehen nun Miniaturen der zuletzt aufgenommenen Bilder.

❸ Tippen Sie die Fotos an, die Sie versenden möchten.

❹ Möchten Sie die Fotos sofort verschicken, tippen Sie auf *X Fotos senden* (*X* steht für die Anzahl der markierten Bilder).

❺ Wollen Sie den Bildern einen Text mit auf den Weg geben, tippen Sie auf *Kommentar hinzufügen*.

Es ist problemlos möglich, mehrere Fotos als Dateianhang einer Nachricht zu verschicken.

8 Mehrere Bilder auf einen Streich sichern oder löschen

Im Laufe der Zeit sammeln sich in einer Konversation jede Menge Dateianhänge an. Möchten Sie mehrere Anhänge auf einmal auswählen – zum Beispiel, um mehrere Fotos auf einen Schwung zu speichern oder um eine Reihe von Anhängen mit einem Fingertipp zu löschen –, dann geht das so:

❶ Öffnen Sie die Konversation, deren Anhänge Sie speichern oder löschen möchten.

❷ Tippen Sie oben rechts auf *Details*. Es werden nun alle Anhänge angezeigt.

❸ Berühren und halten Sie einen Anhang, also etwa ein Foto.

❹ Es erscheint ein Kontextmenü. Tippen Sie hier auf *Mehr*.

❺ Sie können nun per Fingertipp beliebige Anhänge markieren.

Nun können Sie alle markierten Bilder sichern oder löschen:

– *Bilder in der Fotos-App speichern:* Tippen Sie unten links auf *X Bilder sichern* (*X* steht dabei für die Anzahl der markierten Bilder).

– *Bilder/Anhänge löschen:* Tippen Sie auf den Papierkorb rechts unten, um alle markierten Bilder oder Anhänge zu löschen.

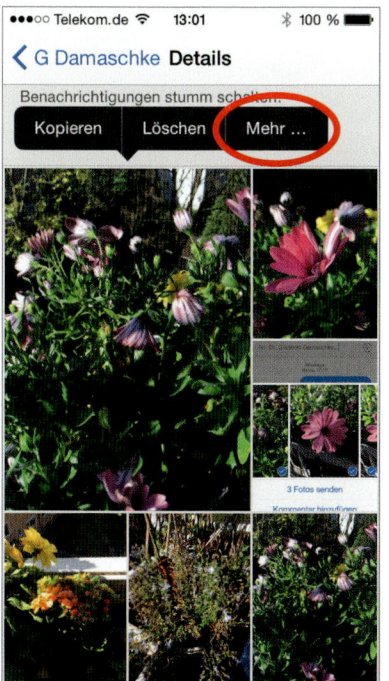 

Mehrere Fotos lassen sich auf einen Streich in der „Fotos"-App sichern oder auch löschen.

9 | So löschen Sie eine Konversation

Konversationen in Nachrichten sind meist eher kurzlebige Dinge und müssen nicht auf immer und ewig gespeichert werden – das frisst auf Dauer einfach zu viel Speicherplatz. Eine komplette Konversation mit sämtlichen Nachrichten und Dateianhängen löschen Sie mit einem Fingerstreich:

❶ Wechseln Sie zur Übersicht aller Konversationen.

❷ Streichen Sie die betreffende Konversation von rechts nach links durch.

❸ Bestätigen Sie die Aktion mit einem Tipp auf *Löschen*.

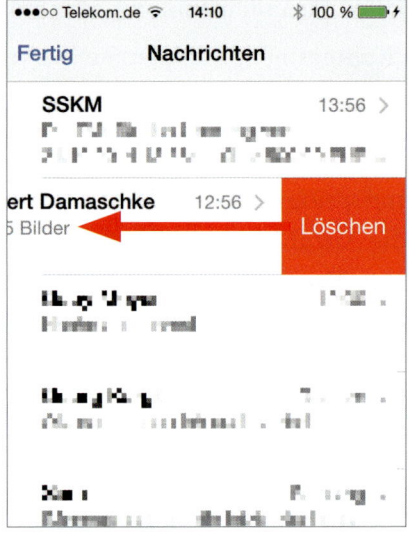

Eine komplette Konversation löschen Sie, indem Sie sie einfach durchstreichen.

10 | Einzelne Nachrichten gezielt löschen

Auf den ersten Blick scheinen Sie in *Nachrichten* nur komplette Konversationen löschen zu können – das Löschen einzelner Nachrichten innerhalb einer Konversation scheint nicht vorgesehen zu sein. Doch das täuscht:

❶ Berühren und halten Sie die Nachricht, die Sie löschen möchten.

❷ Es erscheint ein Kontextmenü, in dem Sie auf *Mehr* tippen.

❸ Jetzt können Sie mit einem Tipp auf den Papierkorb links unten die markierte Nachricht löschen.

❹ Möchten Sie mehrere Nachrichten innerhalb einer Konversation löschen, wählen Sie sie zuvor mit einem Fingertipp aus.

Das Löschen einzelner Nachrichten hat Apple ein wenig versteckt.

11 So kontrollieren Sie die Lesebestätigung

Standardmäßig informiert *Nachrichten* den Empfänger darüber, dass Sie seine Nachricht gelesen haben. Das ist normalerweise sinnvoll, mitunter möchte man das aber nicht. Dann schalten Sie diese Funktion einfach aus:

❶ Wählen Sie *Einstellungen –> Nachrichten*.

❷ Schalten Sie die Option *Lesebestätigung* aus.

12 So schalten Sie den LED-Blitz bei einer neuen Nachricht ein

Wenn Sie über eine neue Nachricht nicht nur per Tonsignal und eingeblendetem Hinweis auf dem Bildschirm, sondern auch über ein kurzes Blinken des LED-Blitzes informiert werden möchten, dann geht das so:

❶ Wählen Sie *Einstellungen –> Allgemein –> Bedienungshilfen*.

❷ Aktivieren Sie die Option *LED-Blitz bei Hinweisen*.

Nun werden Sie bei einer neuen Nachricht kurz angeblitzt. Das gilt übrigens auch für alle anderen Hinweise, also etwa bei einer neuen E-Mail.

13 So leiten Sie eine Nachricht weiter

Einzelne Nachrichten lassen sich problemlos als neue Nachrichten an andere Empfänger weiterleiten:

❶ Berühren und halten Sie die Nachricht, die Sie weiterleiten möchten.

❷ Tippen Sie im Kontextmenü auf *Mehr*.

❸ Tippen Sie auf den geschwungenen Pfeil rechts unten.

❹ Die markierte Nachricht wird in eine neue Nachricht übernommen und kann nun an einen anderen Empfänger geschickt werden.

❺ Wenn Sie mehrere Nachrichten weiterleiten möchten, markieren Sie zuvor die entsprechenden Nachrichten in der Konversation. Die Nachrichten werden »am Stück«, also als fortlaufender Text in die neue Nachricht eingefügt.

14   So führen Sie ein Gruppengespräch

Wenn alle Teilnehmer einer Gruppe mit der *Nachrichten*-App arbeiten, dann können Sie problemlos einen Gruppenchat starten:

❶ Tippen Sie bei einer neuen Nachricht auf das Pluszeichen, um einen Empfänger hinzuzufügen.

❷ Wiederholen Sie diesen Schritt für alle Empfänger.

❸ Wenn alle Empfängernamen blau (!) markiert werden, dann wird die Nachricht an alle Empfänger geschickt.

❹ Antwortet einer der Empfänger auf Ihre Nachricht, geht seine Antwort automatisch an alle Beteiligten.

15   So speichern Sie Audio- und Videonachrichten

Audio- und Video-Anhänge sind oft recht speicherintensiv und belegen unnötig Speicherplatz auf dem iPhone oder iPad. Aus diesem Grund löscht *Nachrichten* diese Anhänge nach der Wiedergabe standardmäßig nach zwei Minuten. Möchten Sie eine Audio- oder Videonachricht dauerhaft speichern, dann geht das so:

❶ Berühren und halten Sie die Audio- bzw. Videonachricht.

❷ Wählen Sie im Kontextmenü den Punkt *Sichern*.

❸ Audionachrichten finden Sie anschließend in den Sprachmemos, die Videos landen in der *Fotos*-App.

16   Verfallsdatum für Audio- und Videonachrichten setzen

Nanu, da war doch gerade noch ein Video? Und wo ist denn die Audionachricht von gestern abgeblieben? Die Antwort auf diese und ähnliche Fragen lautet: iOS hat diese Nachrichten kurzerhand gelöscht, sobald Sie sie abgespielt haben.

Das geschiet üblicherweise nach zwei Minuten. Das ist angesichts des knappen Speicherplatzes auf dem iPhone und iPad zwar keine schlechte Idee, kann aber zu unverhofftem Verlust von Nachrichten führen. So schalten Sie das Verfallsdatum der Nachrichten aus:

❶ Wählen Sie *Einstellungen –> Nachrichten*.

❷ Tippen Sie im Abschnitt Audionachrichten bzw. Videonachrichten auf *Löschen*.

❸ Tippen Sie auf *Nie*.

17 So blenden Sie einzelne Konversationen aus

Manche Gespräche sind nicht so wichtig wie andere, und man möchte nicht sofort per Tonsignal über neue Beiträge informiert werden. In diesem Fall schalten Sie diese Benachrichtigungen einfach aus:

❶ Lassen Sie sich die betreffende Konversation anzeigen.

❷ Tippen Sie auf *Details*.

❸ Aktivieren Sie hier den Schalter *Nicht stören*.

❹ Die Benachrichtigungen werden stumm geschaltet; Sie erhalten aber nach wie vor Hinweise auf dem Display eingeblendet.

Akustische Hinweise auf neue Nachrichten einer Konversation lassen sich ausschalten.

18 Teilen Sie Freunden Ihren Standort mit

Haben Sie sich mit Freunden zum Konzert verabredet und möchten ihnen mitteilen, wo Sie sich aktuell befinden? Oder haben Sie Ihre Freunde beim Stadtbummel aus den Augen verloren und möchten sie wiederfinden? Kein Problem, benutzen Sie einfach die *Standortfreigabe*.

Damit das funktioniert, müssen Sie zuerst kontrollieren, ob die Freigabe in Ihren iCloud-Einstellungen aktiviert ist:

❶ Wählen Sie *Einstellungen –> iCloud*.

❷ Tippen Sie auf *Standortfreigabe*

❸ Falls es noch nicht geschehen ist, aktivieren Sie die Freigabe für Ihr aktuelles Gerät.

Nach dieser Vorbereitung steht der Freigabe innerhalb einer Konversation nichts mehr im Wege:

❶ Wechseln Sie zur Übersicht der entsprechenden Konversationen.

❷ Tippen Sie auf *Details*.

❸ Wählen Sie *Meinen aktuellen Standort senden*.

❹ Ihre aktuelle Position wird als Nachricht an Ihre Freunde geschickt.

Wenn Sie möchten, dass Ihre Freunde jederzeit nachschauen können, wo Sie denn bleiben, geht das so:

❶ Aktivieren Sie in den Details einer Konversation die *Standortfreigabe*.

❷ Legen Sie fest, wie lange die Freigabe gültig sein soll.

❸ Ihre Freunde können nun ihrerseits in den Details jederzeit nachsehen, wo Sie sich gerade befinden.

 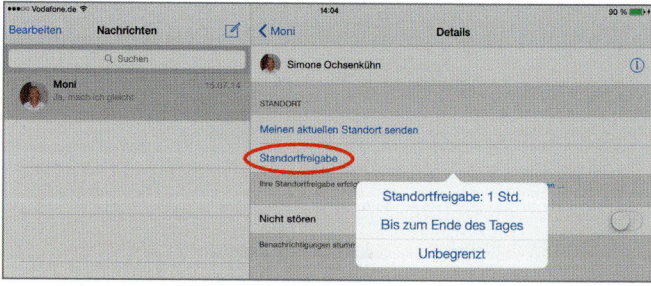

Sobald Sie die Standortfreigabe aktiviert haben, können Sie Ihre Freunde mit einer Nachricht über Ihren aktuellen Aufenthaltsort informieren.

19 Audionachrichten rasch abhören bzw. erstellen

Sie erhalten eine Audionachricht und wollen sie anhören? Kein Problem, dafür müssen Sie nicht extra die *Nachrichten*-App öffnen: Halten Sie Ihr iPhone einfach ans Ohr, und die Wiedergabe beginnt. Möchten Sie direkt antworten, sprechen Sie einfach wie bei einem normalen Telefonat.

Falls das nicht funktioniert, ist diese Option deaktiviert. So schalten Sie sie wieder ein:

❶ Tippen Sie auf *Einstellungen –> Nachrichten*.

❷ Aktivieren Sie im Abschnitt **Audionachrichten** den Schalter *Zum Hören ans Ohr.*

20 Speicherzeitraum für Nachrichten bestimmen

Üblicherweise speichert die *Nachrichten*-App alle Konversationen und Nachrichten für einen unbegrenzten Zeitraum. Das ist zwar sehr praktisch, wenn Sie einmal in alten Nachrichten stöbern möchten – aber das führt bei regem Nachrichtenaustausch auch zu ellenlangen Konversationen und frisst Speicherplatz. Falls Sie das nicht möchten, passen Sie die Zeitraum einfach an:

❶ Tippen Sie *Einstellungen –> Nachrichten*.

❷ Wählen Sie unter *Nachrichtenverlauf* den Eintrag *Nachricht behalten*.

❸ Nun haben Sie die Wahl, ob die Nachrichten für *30 Tage, 1 Jahr* oder *Unbegrenzt* aufbewahrt werden sollen.

21 Als SMS/MMS senden (iPhone)

Üblicherweise verschicken iPhone und iPad die Nachrichten via Internet und über Apples Server. Nun kann es natürlich passieren, dass die Server nicht verfügbar sind und Sie daher keine Nachrichten schicken können. In diesem Fall kann das iPhone eine Nachricht auch über den traditionellen Weg als SMS schicken. In diesem Fall sind Sie allerdings auf die üblichen Möglichkeiten von SMS/MMS beschränkt; die speziellen *Nachrichten*-Funktionen stehen dann nicht zur Verfügung. Aber besser als gar nichts ist diese Option natürlich trotzdem:

❶ Wählen Sie *Einstellungen –> Nachrichten*.

❷ Aktivieren Sie den Schalter *Als SMS senden*.

22 So verschicken Sie eine Videonachricht

Um Ihren Freunden rasch ein kleines Video von sich zu schicken, machen Sie Folgendes:

❶ Berühren und halten Sie das Kamerasymbol links neben der Eingabezeile. Die Frontkamera Ihres iPhones oder iPads wird aktiviert. Lassen Sie den Finger auf dem Display!

❷ Ziehen Sie den Finger auf das rote Aufnahmesymbol.

❸ Lassen Sie den Finger so lange auf dem Symbol, wie Sie das Video aufzeichnen.

❹ Beenden Sie die Aufnahme, indem Sie den Finger vom Display heben.

❺ Kontrollieren Sie die Aufnahme durch einen Tipp auf den Play-Button (das Dreieck).

❻ Wenn Sie mit der Aufnahme zufrieden sind, tippen Sie auf den Pfeil nach oben, um das Video abzuschicken.

23 So beantworten Sie eine Nachricht direkt vom Sperrbildschirm

Auf neue Nachrichten weist Sie Ihr iOS-Gerät mit einer Mitteilung auf dem Sperrbildschirm hin. Ein Tipp auf diese Mitteilung öffnet die *Nachrichten*-App. Doch Sie müssen diesen kleinen Umweg gar nicht gehen, wenn Sie auf eine Nachricht rasch antworten möchten. Das geht auch direkt vom Sperrbildschirm aus, ohne dass Sie Ihr iPhone oder iPad entsperren müssen:

❶ Streichen Sie von rechts nach links über die Mitteilung auf dem Sperrbildschirm.

❷ Tippen Sie auf *Antworten*.

❸ Schreiben Sie Ihre Nachricht.

❹ Tippen Sie auf *Senden*.

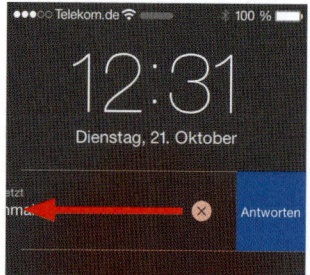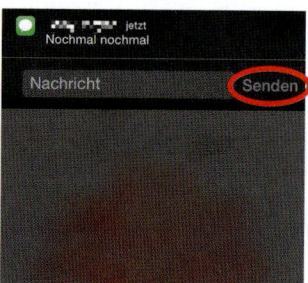

Eine Nachricht lässt sich auch direkt vom Sperrbildschirm beantworten – und zwar ohne dass das iOS-Gerät entsperrt werden müsste.

24 Eine SMS vom iPad oder Mac aus verschicken

Wenn Sie ein iPhone und zusätzlich ein iPad oder einen Mac mit OS X Yosemite besitzen, dann können Sie auch vom iPad oder Mac aus eine normale SMS verschicken. Dabei muss auf allen Geräten die gleiche Apple- bzw. iCloud-ID aktiv sein. Diese Funktion müssen Sie auf dem iPhone lediglich einmal aktivieren, und zwar so:

❶ Rufen Sie *Einstellungen –> Nachrichten* auf.

❷ Tippen Sie auf *Weiterleitung von SMS*.

❸ Aktivieren Sie hier das gewünschte Gerät. Das iPhone erwartet nun zur Bestätigung die Eingabe eines Codes aus sechs Ziffern.

❹ Auf dem Gerät, das zur Weiterleitung von SMS ausgewählt wurde, erscheint nun eine Nachricht mit dem benötigten Code. Diesen Code geben Sie auf dem iPhone ein.

Schreiben Sie nun auf dem iPad oder Mac eine SMS an einen Empfänger, der Apples iMessage nicht benutzt. Die Nachricht geht nun zuerst – wie jede Nachricht – via Internet an die Server von Apple. Dort wird sie umgehend – immer noch via Internet – an das iPhone durchgereicht. Das iPhone nimmt die Nachricht nun entgegen und verschickt sie als SMS an den Empfänger. Als Absender der SMS erscheint beim Empfänger also die Telefonnummer Ihres iPhones. Anders als beim Einsatz von Nachrichten innerhalb des Apple-Universums fallen für diese SMS allerdings unter Umständen Kosten bei Ihrem Mobilfunkanbieter an.

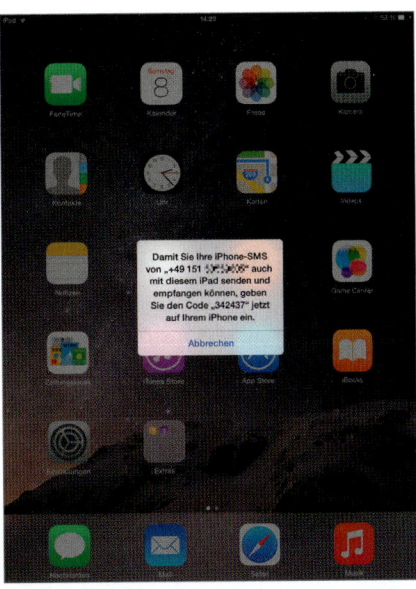

Sobald Sie die Weiterleitungsfunktion auf dem iPhone eingeschaltet und mit dem Bestätigungscode aktiviert haben, können Sie via iPad (oder auch Mac) normale SMS an beliebige Empfänger verschicken.

Kapitel 4 | Office

Mit Apps wie Kalender, Kontakte, Erinnerungen, Notizen und ähnlichen mehr werden iPhone und das iPad zu leistungsfähigen Arbeitscomputern, mit denen Sie Ihre beruflichen und natürlich auch privaten Aktivitäten organisieren können. Auch hier hat Apple viele Funktionen in den Untiefen der Menüführung vergraben; manches ist überhaupt nur durch Zufall zu entdecken. In diesem Kapitel helfen wir dem Zufall mit 77 Tipps zu Kalender, Kontakte, Notizen & Co auf die Sprünge.

Kalender, Kontakte, Erinnerungen
25 Tipps   ab Seite 138

Programme
28 Tipps   ab Seite 154

Tastatur
18 Tipps   ab Seite 170

Diktierfunktion
10 Tipps   ab Seite 180

25 Tipps zu Kalender, Kontakte, Erinnerungen

1 So lassen Sie sich eine Liste aller Termine anzeigen

Die Listenansicht aller Termine hat Apple in iOS ein wenig versteckt – aber sie ist da. Auf dem iPad tippen Sie in der App *Kalender* einfach auf das Lupensymbol, beim iPhone ist das etwas vertrackter. Hier verwenden Sie entweder das Symbol **Ⓐ** in der Wochenansicht oder **Ⓑ** in der Tagesansicht.

Die Listenansicht aller anstehenden Termine ist übersichtlich und praktisch.

2 Kalenderwochen einblenden

Standardmäßig zeigt der Kalender von iOS keine Kalenderwochen an. Das ist im Alltag ein wenig unpraktisch, lässt sich aber rasch ändern:

❶ Rufen Sie *Einstellungen –> Mail, Kontakte, Kalender* auf.

❷ Aktivieren Sie im Abschnitt *Kalender* die Option *Kalenderwochen*.

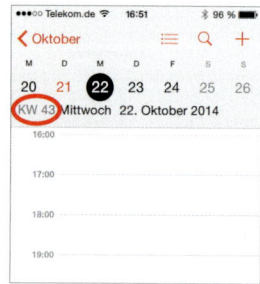

Die Anzeige von Kalenderwochen müssen Sie explizit einschalten.

3 | Einen Termin minutengenau eingeben

Wenn Sie einen Termin auf dem iPhone oder iPad eintragen, dann bietet Ihnen iOS nur die Möglichkeit, Termine in einem Fünf-Minuten-Raster einzutragen, also etwa „11:35 bis 12:15". Das ist im Alltag oft ausreichend, aber eine exakte Eingabe, etwa von Abfahrts-/Ankunftszeiten („11:37 bis 12:14"), ist so nicht möglich. Hier hilft ein einfacher Trick:

1. Legen Sie mit einem Tipp auf das Pluszeichen einen neuen Termin an.
2. Tippen Sie auf *Beginn* – es wird das vertraute Fünf-Minuten-Raster angezeigt.
3. Schalten Sie nun *Ganztägig* ein und wieder aus.
4. Nun bietet Ihnen der Kalender ein Minutenraster an.

Hinweis: Dieses etwas seltsame Verhalten zeigt der Kalender seit iOS 6. Gut möglich, dass es sich dabei um einen Bug in der Software handelt, der bei einem der nächsten Updates verschwindet. Nutzen Sie diesen Trick also aus, solange es geht ;-).

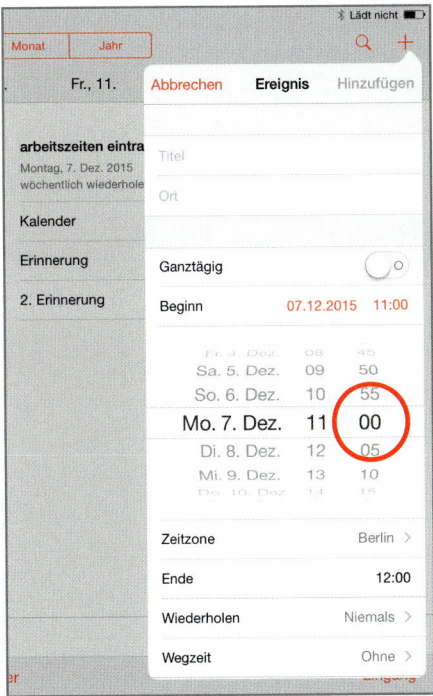 

Schalten Sie „Ganztägig" ein und wieder aus, lassen sich Termine minutengenau eingeben.

4 So geben Sie schnell einen weit entfernten Termin ein

Wenn Sie auf dem iPhone oder iPad einen Termin eintragen möchten, der in ferner Zukunft liegt – zum Beispiel erst in mehreren Monaten oder gar im nächsten Jahr fällig wird –, dann haben Sie ein kleines Problem. Die Eingabe ist auf Termine in den nächsten Tagen, maximal Wochen ausgelegt und zeigt standardmäßig nur Wochentage und Uhrzeit. Damit wird die Eingabe eines Termins, der erst in ein paar Monaten fällig wird, zu einer sehr langwierigen Aufgabe. Doch keine Angst, Sie müssen sich nicht den Finger wundscrollen, um einen Termin im übernächsten Monat einzutragen. Da geht auch sehr viel schneller:

❶ Legen Sie mit einem Tipp auf das Pluszeichen einen neuen Termin an.

❷ Aktivieren Sie den Schalter *Ganztägig.* Die Anzeige der Wochentage und Uhrzeiten wird durch die Anzeige von Datum, Monat und Jahr ersetzt.

❸ Wechseln Sie nun zum gewünschten Termin in der Zukunft.

❹ Schalten Sie anschließend *Ganztägig* wieder aus.

❺ Nun können Sie die Uhrzeit des Termins eintragen.

Bei „Ganztägig" können Sie bei der Anlage eines Termins rasch weit in die Zukunft springen.

5 Termine mit eigenen Wiederholungen

Standardmäßig bietet Ihnen der Kalender für regelmäßig wiederkehrende Termine nur eine arg dünne Auswahl an: *Täglich*, *Wöchentlich*, *Alle 2 Wochen*, *Monatlich* und *Jährlich*. Was aber ist mit Terminen, die etwa alle drei Tage fällig sind, jeden zweiten Dienstag und Mittwoch oder alle zwei Monate? Kein Problem, die können Sie auch anlegen, nämlich so:

➊ Legen Sie mit einem Tipp auf das Pluszeichen einen neuen Termin an.

➋ Wählen Sie *Wiederholen –> Eigene*.

➌ Legen Sie nun zuerst die Häufigkeit fest, also etwa *Wöchentlich*.

➍ Wählen Sie dann unter *Wiederholung* den gewünschten Rhythmus, zum Beispiel *Alle 2 Wochen*.

➎ Anschließend können Sie, je nach gewähltem Rhythmus, weitere Details bestimmen, in diesem Beispiel etwa die Tage *Dienstag* und *Mittwoch*.

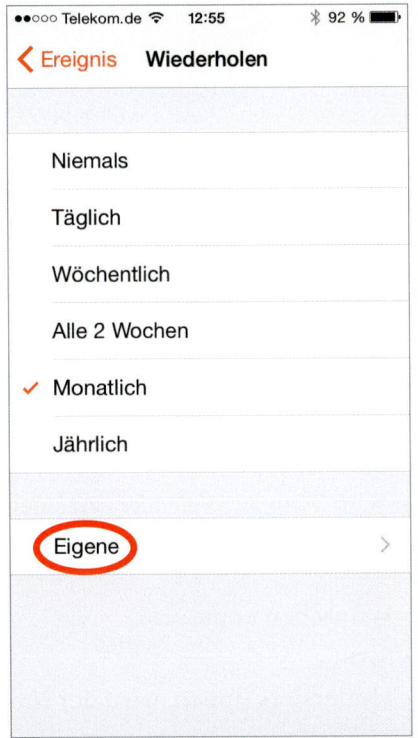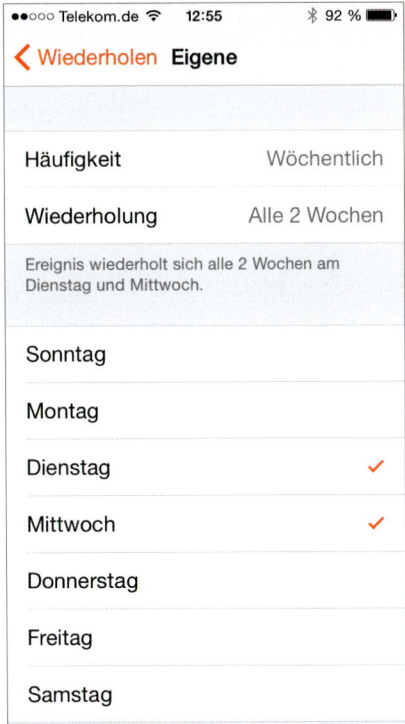

Im Kalender lassen sich wiederkehrende Termine mit eigenen Wiederholungsmustern anlegen.

6   So tragen Sie in der Wochenansicht einen Termin ein

Die Wochenansicht des Kalenders wird auf dem iPhone angezeigt, wenn Sie das iPhone im Querformat halten. Praktisch. Weniger praktisch ist es allerdings, dass das Menü und mit ihm die Plustaste zum Anlegen eines neuen Termins verschwindet. Sie können aber trotzdem einen Termin eintragen:

❶ Berühren und halten Sie das Display an der ungefähren Stelle, an der Sie einen Termin eintragen möchten.

❷ Es erscheint das Formular zum Eintragen eines neuen Termins.

Im Querformat können Sie einen Termin eintragen, indem Sie das Display berühren und halten.

7   Den Standard-Kalender anpassen

Von Haus aus bietet die *Kalender*-App einen Kalender, der schlicht „Kalender" heißt. Das ist natürlich ein wenig einfallslos, lässt sich aber schnell ändern. Sie können Kalender jederzeit hinzufügen, umbenennen, löschen oder ihre Farbe ändern. Das geht so:

❶ Starten Sie die *Kalender*-App.

❷ Lassen Sie sich alle Kalender mit einem Tipp auf *Kalender* anzeigen.

❸ Tippen Sie nun auf *Bearbeiten*.

Sie können den Kalender nun nach Ihren Wünschen anpassen:

– *Neuer Kalender:* Tippen Sie auf *Hinzufügen*.
– *Name:* Wenn Sie auf den Namen eines Kalenders tippen, wird der Name zu einem Eingabefeld und Sie können ihm einen neuen Namen geben.
– *Farbe:* Tippen Sie die Farbe an, die der Kalender bekommen soll.
– *Löschen:* Scrollen Sie ans Ende der Anzeige, und tippen Sie auf *Kalender löschen*. Nach einer Sicherheitsabfrage wird der Kalender gelöscht. Doch

denken Sie daran: Mit dem Löschen eines Kalenders löschen Sie automatisch auch alle in ihm gespeicherten Einträge!

8 | Einen Kalender gemeinsam nutzen

Möchten Sie Ihre Termine mit mehreren Personen abstimmen, dann arbeiten Sie am besten mit einem gemeinsamen Kalender, in den jeder Mitarbeiter – oder auch jedes Familienmitglied – seine Termine einträgt und die auch Termine aller anderen sehen kann, wenn alle Beteiligten mit iCloud arbeiten Das funktioniert dank iCloud sehr einfach, nämlich so:

❶ Tippen Sie in der *Kalender*-App auf *Kalender*, um eine Liste aller Kalender zu sehen.

❷ Tippen Sie auf das *i* rechts neben dem Kalender, den Sie mit mehreren Personen nutzen möchten.

❸ Wählen Sie *Personen hinzufügen*.

❹ Tippen Sie auf das Pluszeichen, um eine Person aus Ihren Kontakten hinzuzufügen. Wiederholen Sie diesen Schritt für jede weitere Person. Es ist nicht möglich, jemanden hinzuzufügen, dessen Daten nicht in Ihren Kontakten stehen.

❺ Tippen Sie auf *Fertig*, um den Dialog zu schließen, und erneut auf *Fertig*, um zum Kalender zurückzukehren.

❻ Alle eingeladenen Personen bekommen nun eine Kalendereinladung und können den Kalender auf ihren Geräten hinzufügen.

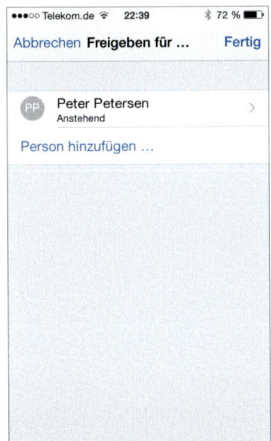 

Sie können jeden Kalender zur gemeinsamen Nutzung mit anderen Personen via iCloud freigeben.

9	Die Zugriffsrechte bei gemeinsamen Kalendern kontrollieren

Standardmäßig hat jede Person, die Sie einladen, Schreib- und Leserechte im Kalender, kann also Termine eintragen und Termine löschen. Möchten Sie die Zugriffsrechte anpassen oder die Freigabe für den Kalender zurückziehen, dann geht das so:

❶ Tippen Sie in der *Kalender*-App auf *Kalender*, um eine Liste aller Kalender zu sehen.

❷ Tippen Sie auf das *i* rechts neben dem Kalender, dessen Zugriffsrechte Sie ändern möchten.

❸ Tippen Sie die gewünschte Person an.

❹ Über den Schalter *Bearbeitung* zulassen können Sie Schreibrechte im Kalender erteilen oder widerrufen.

❺ Mit einem Tipp auf *Freigabe stoppen* entziehen Sie der Person sämtliche Rechte.

Die Zugriffsrechte einer Person auf einen Kalender lassen sich jederzeit ändern, und Sie können eine Freigabe auch wieder rückgängig machen.

10 | Einen Kalender im Internet freigeben

Jeden Kalender, den Sie auf einem iOS-Gerät verwalten, können Sie via iCloud im Internet freigeben. Auf diesen Kalender kann dann jedermann zugreifen und ihn über den passenden Link abonnieren. So können Sie etwa einen Kalender für Ihren Verein, einen Kalender mit Konzertterminen oder einen Veranstaltungskalender für Ihr Unternehmen öffentlich machen. Das geht sehr einfach, nämlich so:

❶ Tippen Sie in der *Kalender*-App auf *Kalender*, um eine Liste aller Kalender zu sehen.

❷ Tippen Sie beim entsprechenden Kalender rechts auf das *i*.

❸ Aktivieren Sie hier den Schalter *Öffentlicher Kalender.*

❹ Tippen Sie anschließend auf *Link freigeben*. Nun können Sie den Link als Nachricht oder Mail verschicken, bei Twitter oder Facebook veröffentlichen oder auch einfach kopieren, um ihn in eine Notiz oder ein beliebiges Dokument zu übernehmen.

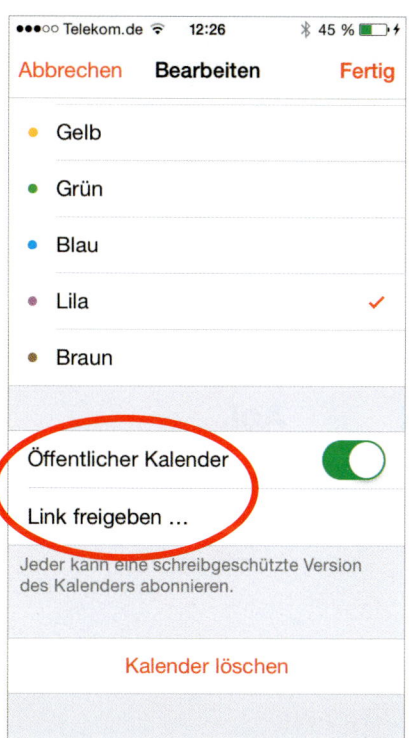 

Sie können problemlos einen Kalender im Internet veröffentlichen und so etwa Veranstaltungen Ihres Sportclubs oder Ihres Unternehmens bekannt machen.

11   Einen Kalender abonnieren

Ob Feiertage oder Sportereignisse, Konzertpläne oder Veranstaltungen aller Art – es gibt zahlreiche Kalender im Internet, die Sie mit der *Kalender*-App abonnieren können. Dabei wird der Kalender automatisch aktualisiert. Alles, was Sie dazu benötigen, ist die Internetadresse des Kalenders. Die finden Sie entweder auf den Webseiten des Anbieters oder Sie bekommen sie vom Anbieter des Kalenders per Mail zugeschickt.

Am einfachsten ist es, eine solche Adresse in Safari aufzurufen. Sie werden gefragt, ob Sie den Kalender abonnieren möchten. Nach einem Tipp auf *Abonnieren* wird der Kalender hinzugefügt. Es geht aber auch anders:

❶ Wählen Sie *Einstellungen –> Mail, Kontakte, Kalender*.

❷ Tippen Sie auf *Account hinzufügen* und dort den Eintrag *Andere*.

❸ Wählen Sie *Kalenderabo hinzufügen*.

❹ Fügen Sie unter *Server* die Adresse des Kalenders ein.

❺ Bestätigen Sie mit einem Tipp auf *Weiter*.

❻ Speichern Sie den Kalender mit einem Tipp auf *Sichern*.

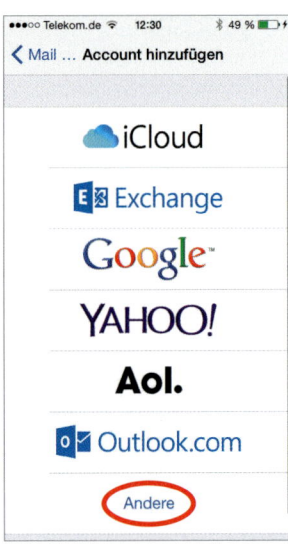

Ein abonnierter Kalender wird unter iOS als eigener Account verwaltet.

12   Einen abonnierten Kalender löschen

Ein abonnierter Kalender wird in der *Kalender*-App angezeigt. Dort können Sie zwar den Namen und die Farbe des Kalender ändern, aber löschen lässt er sich

dort nicht. Um einen abonnierten Kalender wieder loszuwerden, gehen Sie folgendermaßen vor:

❶ Wählen Sie *Einstellungen —> Mail, Kontakte, Kalender.*

❷ Tippen Sie auf *Kalenderabonnements* und dort auf den abonnierten Kalender.

❸ Tippen Sie auf *Account löschen.*

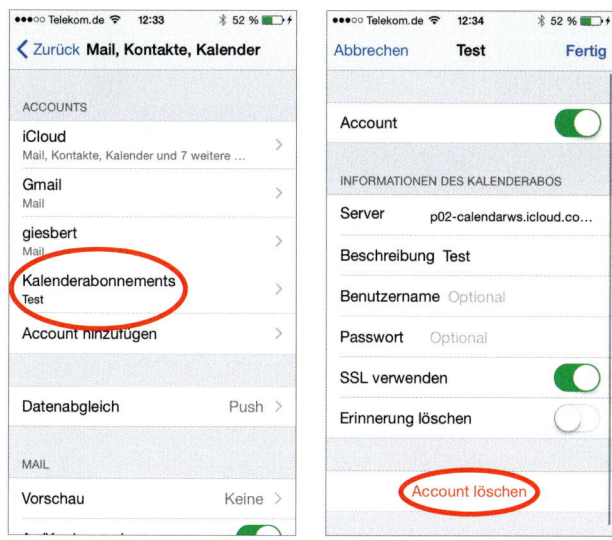

Um einen abonnierten Kalender wieder loszuwerden, müssen Sie seinen Account löschen.

13 Schneller Zugriff auf die letzten Kontakte

Oft ist es so, dass man im Verlauf des Tages mit einer Handvoll Personen immer wieder telefoniert, mailt oder simst. Da ist es praktisch, dass sich iOS Ihre letzten Kontakte merkt und Sie mit wenigen Klicks einen neuen Anruf starten oder eine Nachricht schicken können:

❶ Drücken Sie doppelt auf die Home-Taste.

❷ Es erscheint der App-Umschalter. Darüber sehen Sie die Personen, mit denen Sie zuletzt Kontakt hatten bzw. die Sie in den Kontakten als *Favorit* markiert haben.

❸ Tippen Sie den gewünschten Kontakt an, und wählen Sie die gewünschte Aktion (*Anruf*, *Nachricht* oder *FaceTime*).

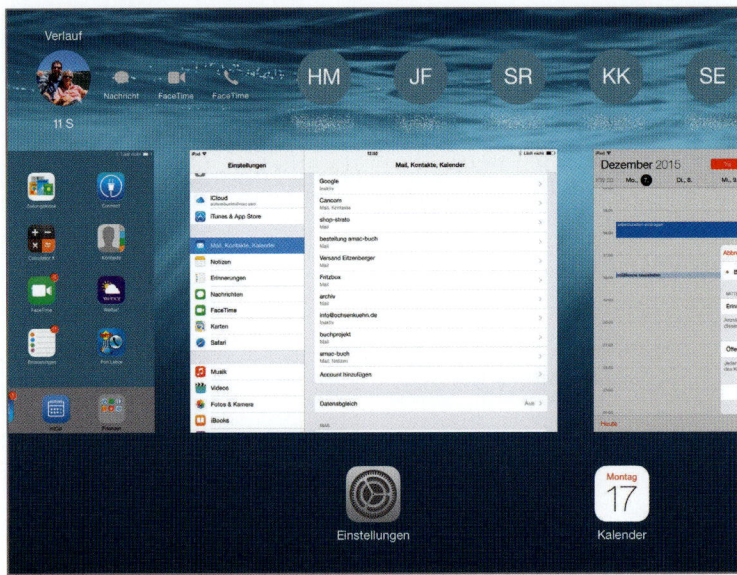

Im App-Umschalter haben Sie schnellen Zugriff auf Ihre letzten Kontakte und die Favoriten.

14   So schalten Sie den Schnellzugriff aus

Der Schnellzugriff auf die letzten Kontakte ist zwar praktisch, aber auch verräterisch? Und Sie möchten nicht, dass jeder mal eben sehen kann, mit wem Sie
kommunizieren oder wer Ihre Favoriten sind? Dann schalten Sie den Schnellzugriff einfach aus:

① Wählen Sie *Einstellungen –> Mail, Kontakte, Kalender.*

② Im Abschnitt *Kontakte* tippen Sie auf *Im App-Umschalter.*

③ Schalten Sie hier die beiden Optionen *Favoriten (Telefon)* und *Letzte
Kontakte* aus.

15   So fügen Sie einen neuen Kontakt einer Gruppe hinzu

Die *Kontakte*-App von iOS übernimmt beim Sync auch die Gruppen, die Sie
in der iCloud, im Adressbuch auf dem Mac oder bei Outlook angelegt haben.
Allerdings ist es nicht möglich, unter iOS eine neue Gruppe anzulegen oder
einen Kontakt einer Gruppe zuzuweisen. Aber es gibt einen kleinen Trick, um
zumindest Kontakte, die Sie unterwegs auf dem iPhone oder iPad neu erfassen,
einer bereits bestehenden Gruppe zuzuordnen:

① Tippen Sie in der *Kontakte*-App oben links auf *Gruppen*.

② Blenden Sie mit einem Tipp auf *Alle Kontakte* alle Kontakte aus.

❸ Aktivieren Sie die Gruppe, der Sie einen neuen Kontakt hinzufügen möchten.

❹ Tippen Sie auf *Fertig*.

❺ Wenn Sie nun einen neuen Kontakt anlegen, wird er automatisch zur gewählten Gruppe hinzugefügt.

❻ Blenden Sie anschließend alle Kontakte wieder ein.

16   Familie, Freunde und Bekannte schneller finden

Damit Sie bei der Suche nach einer Telefonnummer oder einer E-Mail-Adresse nicht immer den vollen Namen einer Person eintragen müssen, empfiehlt es sich, guten Freunden oder Familienmitgliedern eine nSpitznamen zu verpassen. Der lässt sich rascher eintippen, wird blitzschnell gefunden, und auch Siri kommt damit zurecht:

❶ Wählen Sie in der *Kontakte*-App den Eintrag, den Sie um einen Spitznamen erweitern möchten.

❷ Tippen Sie auf *Bearbeiten*.

❸ Scrollen Sie bis ans Ende des Eintrags, und wählen Sie *Feld hinzufügen*.

❹ Tippen Sie auf *Spitzname*.

❺ Geben Sie den Spitznamen ein, und speichern Sie die Eingabe mit *Fertig*.

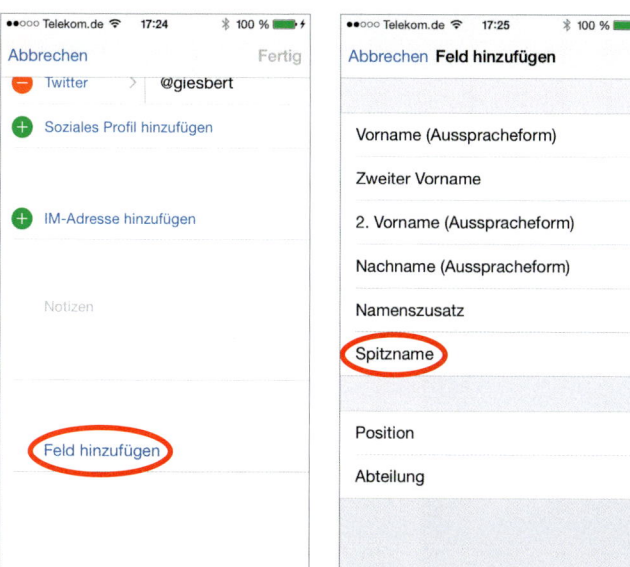

Geben Sie einem Kontakt einen Spitznamen, um ihn schneller aufrufen zu können.

17   Notizen in Kontakten rasch bearbeiten

Möchten Sie einen Eintrag in den Kontakten bearbeiten, müssen Sie normalerweise in der Anzeige des Kontakts auf *Bearbeiten* tippen. Nicht so, wenn Sie einen Kontakteintrag um eine Notiz ergänzen oder eine vorhandene Notiz bearbeiten möchten: In diesem Fall tippen Sie einfach in das Feld *Notiz*.

18   Reihenfolge der Erinnerungslisten ändern

In den *Erinnerungen* werden Ihre Aufgabenlisten in der Reihenfolge angezeigt, in der Sie sie hinzugefügt haben. Das ist natürlich nicht immer sinnvoll und lässt sich daher auch ändern:

❶ Berühren und halten Sie die Liste, die Sie verschieben möchten.

❷ Ziehen Sie sie an die gewünschte Position.

19   Regelmäßige Erinnerungen anzeigen

Es ist kein Problem, eine regelmäßig wiederkehrende Aufgabe in der *Erinnerungen*-App anzulegen. Anscheinend gibt es dann aber keine Möglichkeit, diese sich wiederholenden Aufgaben aus den verschiedenen Listen „am Stück" anzeigen zu lassen. Doch das täuscht:

❶ Ziehen Sie die Anzeige aller Listen nach unten.

❷ Tippen Sie auf das Uhren-Symbol oben rechts bzw. *Planmäßig* auf dem iPad.

❸ Sie sehen nun alle Aufgaben, die Sie mit einem regelmäßigen Termin versehen haben.

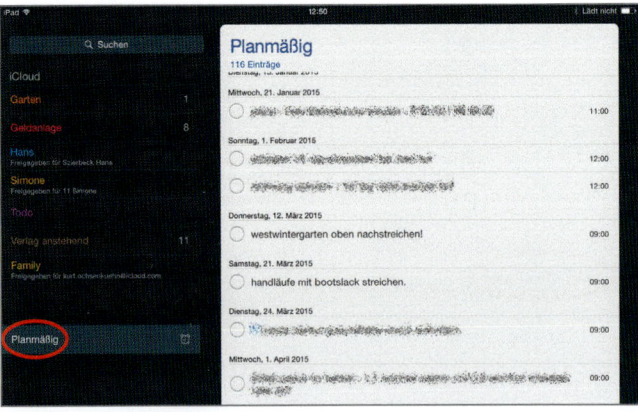

Alle wiederkehrenden Einträge können Sie sich in einer eigenen Ansicht anzeigen lassen.

20 Alle erledigten Aufgaben anzeigen

Sie können sich in jeder Liste eine Aufstellung aller erledigten Aufgaben in dieser Liste anzeigen lassen. Aber was machen Sie, wenn Sie alle erledigten Aufgaben aus allen Listen sehen möchten? Das hier:

❶ Ziehen Sie die Anzeige aller Listen nach unten, und tippen Sie auf das Uhren-Symbol oben rechts bzw. *Planmäßig* auf dem iPad.

❷ Tippen Sie auf *Erledigte Einträge zeigen*.

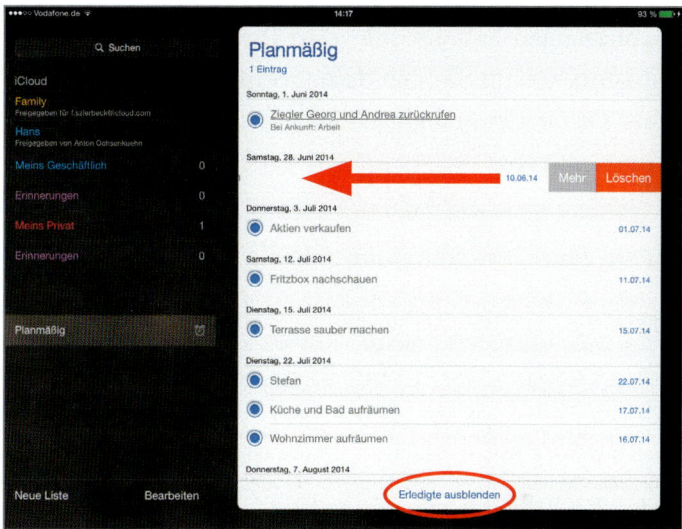

Die Liste aller erledigten Aufgaben verbirgt sich in der Aufstellung aller „planmäßigen" Einträge. Einträge lassen sich mit einer Wischgeste löschen.

21 Erledigte Aufgaben löschen

Erledigte Aufgaben verschwinden aus einer Liste und werden nicht mehr angezeigt. Das ist natürlich sinnvoll, führt aber dazu, dass sich im Laufe der Zeit unbemerkt zahlreiche erledigte Einträge ansammeln, die im Verborgenen Speicher auf dem iPhone oder iPhone beanspruchen. Das muss nicht sein. So löschen Sie erledigte Aufgaben:

❶ Lassen Sie sich die *Erledigten Einträge* einer oder aller Listen anzeigen.

❷ Streichen Sie die Einträge durch, die Sie löschen möchten.

22 Zeit, Ort und Prioritäten einer Aufgabe setzen

Der Eintrag einer Aufgabe ist schnell erledigt: Sie tippen in eine leere Zeile, geben Ihre Aufgabe ein und tippen auf *Fertig*. Aber die App kann noch mehr:

❶ Legen Sie eine neue Aufgabe an.

❷ Tippen Sie auf das *i* rechts außen.

❸ Nun können Sie weiter Details zur Aufgabe eintragen, etwa ein Fällig-keitsdatum oder einen Ort, bei dessen Erreichen Ihr iOS-Gerät Sie an eine Aufgabe erinnern soll, und vieles mehr.

23   Distanz bei ortsabhängigen Erinnerungen festlegen

Bei einer ortsabhängigen Erinnerung weist Ihr iOS-Gerät Sie auf die entspre-chende Aufgabe hin, sobald Sie sich dem Ort nähern bzw. sich von ihm entfer-nen. Bei welcher Distanz zum angegebenen Ort iOS Sie erinnern soll, können Sie festlegen, und zwar so:

❶ Legen Sie eine neue Aufgabe mit ortsabhängiger Erinnerung an.

❷ Ziehen Sie den schwarzen Punkt auf die gewünschte Distanz.

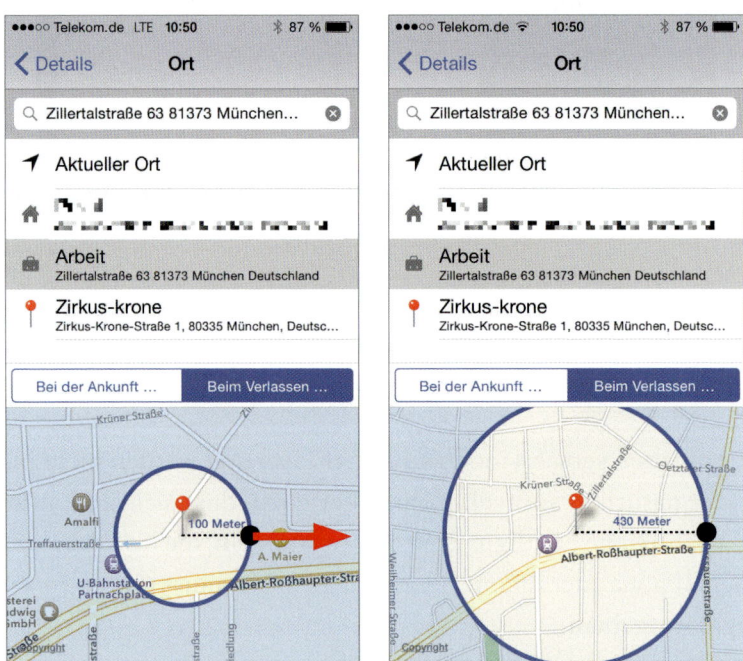

Bei welcher Distanz zum Ziel eine ortsabhängige Erinnerung aktiv werden soll, legen Sie über den Kreis um die Stecknadel fest.

24 Aktualisierung der Erinnerungen anstoßen

Wenn Sie Ihre Erinnerungen via iCloud verwalten, dann werden alle Einträge über alle angemeldeten Geräte hinweg synchron gehalten. Jedenfalls sollte das so sein – so ist es mitunter aber nicht. Denn manchmal weigert sich iOS beharrlich, Änderungen automatisch zu übernehmen, die Sie etwa im Browser oder auf einem anderen Gerät vorgenommen haben. In diesem Fall müssen Sie dem System einen kleinen Stups geben, und zwar so:

1. Starten Sie die *Kalender*-App.
2. Tippen Sie dort auf *Kalender*.
3. Ziehen Sie die Liste der verschiedenen Kalender nach unten.
4. Die Kalendereinträge – und mit ihnen auch die Erinnerungen – werden aktualisiert.

25 Erinnerungsliste gemeinsam nutzen

Eine Aufgaben- oder Erinnerungsliste lässt sich problemlos in einem Team benutzen. Richten Sie die gemeinsame Nutzung wie folgt ein:

1. Öffnen Sie die Liste, die Sie zur gemeinsamen Nutzung freigeben möchten, und tippen Sie auf *Bearbeiten*.
2. Wählen *Freigabe –> Person hinzufügen*.
3. Wählen Sie über das Pluszeichen die gewünschten Personen aus Ihren Kontakten, und tippen Sie auf *Hinzufügen*. Sie können mehrere Personen eintragen.
4. Schließen Sie das Freigaben-Menü mit *Fertig*. (Solange Sie nicht auf *Fertig* getippt haben, wird keine Einladung verschickt.)
5. Alle eingeladenen Personen bekommen nun einen Hinweis und können die Liste ihren Erinnerungen hinzufügen.

28 Tipps zu den kleinen Programmen

Aktien: Mehr Informationen (iPhone)

Neben jedem Aktienkurs zeigt *Aktien* rechts ein rotes bzw. grünes Feld mit der aktuellen Kursentwicklung. Das Feld kann drei verschiedene Informationen anzeigen, zwischen denen Sie mit einem Fingertipp wechseln:

- Prozentuale Entwicklung der Aktie (etwa: + 1,3 %)
- Entwicklung in absoluten Zahlen (etwa: + 34,34)
- Marktkapitalisierung des jeweiligen Unternehmens (etwa: 368,3 Mrd)

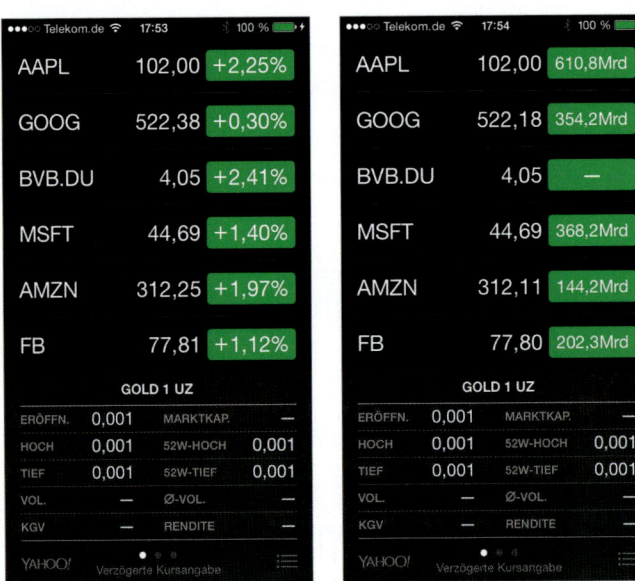

Mit einem Fingertipp auf den Kurs ändert sich die Anzeige.

2   Aktien: Wechselkurse anzeigen (iPhone)

Die *Aktien*-App kann mehr als das, was ihr Name verspricht, nämlich die Aktienkurse von Unternehmen anzeigen. Es ist auch möglich, sich etwa den Wechselkurs von Euro in Dollar oder die aktuellen Preise für Gold und Silber anzeigen zu lassen. Das funktioniert immer gleich:

❶ Tippen Sie in der *Aktien*-App auf das Listensymbol unten rechts.

❷ Tippen Sie auf das Pluszeichen.

❸ Nun können Sie eine der genannten Formeln eingeben.

Formel	Ergebnis
EURUSD = X	Kurs Euro / US-Dollar
EURGBP = X	Kurs Euro / Britisches Pfund
EURJPY = X	Kurs Euro / Japanischer Yen
EURCHF = X	Kurs Euro / Schweizer Franken
EURAUD = X	Kurz Euro / Australischer Dollar

3 Aktien: Mehr Überblick (iPhone)

Wenn Sie das iPhone ins Querformat drehen, zeigt die Aktien-App Ihnen die Kursentwicklung der aktuell gewählten Aktie über einen Zeitraum zwischen einem Tag und zehn Jahren:

❶ Tippen Sie in das Display, um den Kurs zu einem bestimmten Datum abzufragen.

❷ Mit zwei Fingern können Sie den Start- und Endkurs eines beliebigen Zeitraums ermitteln.

❸ Mit einer horizontalen Wischgeste wechseln Sie zwischen den verschiedenen Aktien.

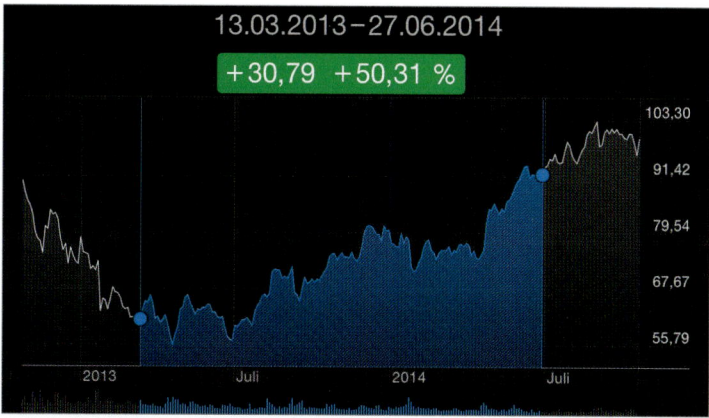

Im Querformat bietet die „Aktien"-App Informationen zur langfristigen Kursentwicklung.

---

4   Wetter: Rasch zwischen Städten wechseln (iPhone)

Sie müssen nicht erst zur Übersicht der Städte zurückkehren, um das Wetter für eine andere Stadt abzurufen – wischen Sie einfach horizontal über das Display, um zwischen den verschiedenen Städten zu wechseln.

---

5   Wetter: Reihenfolge der Städte festlegen (iPhone)

Die *Wetter*-App listet die Städte in der Reihenfolge auf, in der Sie sie eingetragen haben. Aber natürlich können Sie die Reihenfolge auch Ihren Wünschen anpassen: Berühren und halten Sie einen Eintrag, und schieben Sie ihn an die gewünschte Position.

Wenn Sie einen Eintrag berühren und halten, lässt er sich beliebig platzieren.

---

6   Rechner: Jetzt wird's wissenschaftlich (iPhone)

Die *Rechner*-App scheint ein kleiner, simpler Taschenrechner zu sein. Stimmt. Aber sie ist auch mehr: Drehen Sie das iPhones ins Querformat, verwandelt sie sich in einen veritablen wissenschaftlichen Taschenrechner.

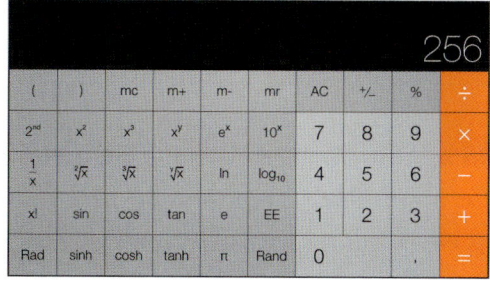

Im Querformat hat die unscheinbare „Rechner"-App sehr viel mehr zu bieten.

7 Rechner: Eingaben korrigieren (iPhone)

Sie haben sich bei der Eingabe einer Zahl vertippt? Keine Sorge, Sie müssen nicht ganz von vorn anfangen. Wischen Sie einfach von rechts nach links über die Eingabezeile. Dann wird die letzte Ziffer gelöscht.

8 Rechner: Daten mit anderen Apps austauschen (iPhone)

Eine kleine Berechnung in der *Rechner*-App ist ja schön und gut – aber manchmal möchte man das Ergebnis nicht nur im Rechner sehen, sondern in ein Dokument übernehmen. Oder Sie haben etwa in den Notizen eine kleine Berechnung notiert, die Sie im Taschenrechner ausführen möchten. Kein Problem:

– *Zahlen einfügen:* Um Werte aus anderen Dokumenten in den Taschenrechner zu übernehmen, kopieren Sie den Wert im entsprechenden Dokument, berühren und halten im Rechner das Anzeigefeld und wählen *Einsetzen.*

– *Ergebnisse kopieren:* Berühren und halten Sie das Ergebnis, und wählen Sie *Kopieren*. Das Ergebnis steht nun in der Zwischenablage und kann in andere Dokumente eingefügt werden.

Das Ergebnis einer Berechnung lässt sich kopieren und in andere Dokumente übernehmen.

<table>
<tr><td>**9**</td><td>**Uhr: Zwischen analoger und digitaler Anzeige wechseln (iPhone)**</td></tr>
</table>

Die *Uhr*-App von iOS zeigt im Register *Weltuhr* die Uhrzeit üblicherweise mit einem analogen Ziffernblatt. Dabei zeigt ein schwarzes Ziffernblatt an, dass es Abend oder Nacht ist, damit man 5.22 Uhr morgens nicht mit 17.22 Uhr am Nachmittag verwechselt. Beim raschen Vergleich von Uhrzeiten in Städten auf verschiedenen Kontinenten ist die analoge Darstellung allerdings ein wenig hinderlich. Kein Problem: Tippen Sie eine Uhr oder einen Städtenamen an, wechselt die Anzeige zur digitalen 24-Stunden-Anzeige und ermöglicht so eine rasche Übersicht. Mit einem erneuten Tipp kehren Sie zur analogen Anzeige zurück.

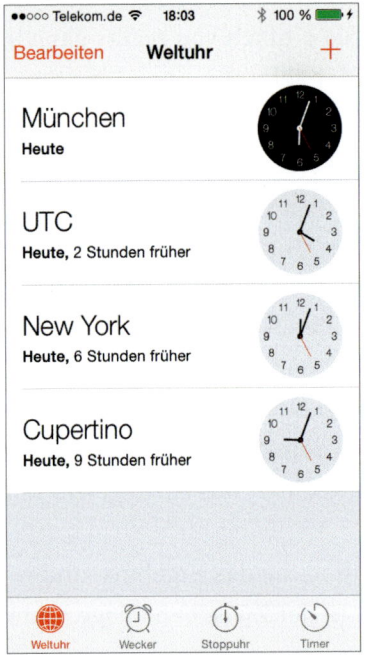 

Bei der Uhr können Sie zwischen analogem Ziffernblatt und digitaler Anzeige wechseln.

<table>
<tr><td>**10**</td><td>**Uhr: Nur ein Viertelstündchen …**</td></tr>
</table>

Die *Wecker* bei iOS besitzen eine Schlummerfunktion, mit der der Wecker für neun Minuten Ruhe gibt, bevor er Sie erneut ans Aufstehen erinnert. Um diese Schlummerfunktion zu aktivieren, sollen Sie auf den Text *Zum Schlummern antippen* tippen. Aber wer trifft den im schlaftrunkenen Zustand schon genau? Glücklicherweise geht das auch anders: Drücken Sie die Standby- oder die Lautstärketaste, wechselt der Wecker ebenfalls in den Schlummermodus.

11 Uhr: Ausgeschlummert!

Haben Sie die Schlummerfunktion benutzt, dann weckt iOS Sie erneut nach 8 Minuten. Sind Sie derweil schon munter geworden, können Sie den Wecker ganz ausschalten, ohne erst das iPhone zu entsperren und zur Uhr zu wechseln:

❶ Streichen Sie die *Schlummern*-Anzeige von rechts nach links durch.

❷ Tippen Sie auf das kleine *x* in der Anzeige.

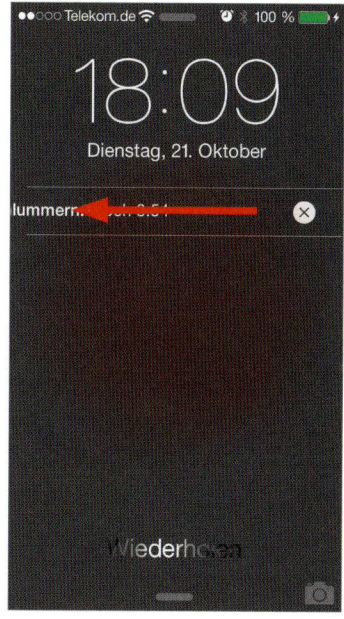

Der „Schlummern"-Modus lässt sich direkt auf dem Sperrbildschirm beenden.

12 Uhr: Die koordinierte Weltzeit anzeigen

Wer viel unterwegs ist und dabei verschiedene Zeitzonen durchquert oder wer in der See-, Luft- oder Raumfahrt, beim Militär oder der Wetterforschung tätig ist oder an internationalen Projekten mitarbeitet, der ist daran gewöhnt, dass sich Zeitangaben auf einen weltweiten Standard beziehen, die sogenannten „Koordinierte Weltzeit". Das internationale Kürzel lautet „UTC". Diese Uhrzeit lässt sich auch in der Uhren-App von iOS auswählen:

❶ Wechseln Sie in der Uhren-App zu *Weltuhr*.

❷ Tippen Sie auf das *Pluszeichen*.

❸ Geben Sie als Ort „UTC" ein.

13   Health: So richten Sie einen Notfallpass ein (iPhone)

Die *Health*-App ist nicht nur für Fitnessfreunde, Sportler oder zur Beobachtung verschiedener Vitalwerte sinnvoll. Selbst wer mit Joggen oder Radfahren so gar nichts am Hut hat, kann diese App sinnvoll nutzen: Als Notfallpass, in dem alle wichtigen Daten gespeichert sind.

❶ Tippen Sie auf das Register *Notfallpass* und anschließend auf *Notfallpass erstellen*.

❷ Achten Sie darauf, dass die Option *Im Sperrzustand zeigen* aktiviert ist. So kann ein Notfallhelfer auch dann auf Ihren Notfallpass zugreifen, wenn das iPhone gesperrt ist.

❸ Tragen Sie hier nun alle Werte ein, die ein Notarzt wissen sollte, also etwa Allergien, Medikamente und eine Adresse, die im Fall eines Falle benachrichtigt werden sollte.

❹ Speichern Sie den Notfallpass mit einem Tipp auf *Fertig*.

So rufen Sie den Notfallpass vom Sperrbildschirm aus auf:

❶ Wischen Sie von links nach rechts über den Sperrbildschirm, um sich die Zifferntasten anzeigen zu lassen.

❷ Tippen Sie hier auf *Notfall*.

❸ Tippen Sie nun auf *Notfallpass*.

Auch wenn Sie „Health" nicht benutzen – einen Notfallpass sollten Sie auf jeden Fall einrichten.

14 „Health" als Schrittzähler (iPhone)

Selbst wenn Sie die *Health*-App nicht mit Daten füttern, gibt es doch etwas, was *Health* auswerten kann: die Daten des Schrittzählers (iPhone 5s, iPhone 6/6 Plus) und des Barometers (nur iPhone 6/6 Plus). Diese Daten werden auf dem iPhone auf jeden Fall erhoben und gespeichert, sodass *Health* in der Lage ist, daraus zu ermitteln, welche Strecken Sie zurücklegen und wie viele Stockwerke Sie steigen. Damit Sie das zu sehen bekommen, müssen Sie die Anzeige der Daten in *Health* aktivieren:

1. Tippen Sie in der *Health*-App unten auf *Daten*.
2. Wählen Sie *Fitness*.
3. Tippen Sie auf *Schritte*.
4. Aktivieren Sie hier die Option *In der Übersicht anzeigen*.
5. Wiederholen Sie diese Aktion mit allen Daten, die Sie in Health angezeigt bekommen möchten, etwa *Treppensteigen* oder *Strecke (Gehen und Laufen)*.

> **! Der Motion-Prozessor**
>
> Im Innern des iPhones ermittelt ein spezieller Motion-Prozessor alle Bewegungen des iPhones (M7 beim iPhone 5s, M8 beim iPhone 6/6+). So ist es etwa möglich, dass **Health** die Schritte abfragen und speichern kann. An der Erfassung dieser Daten können Sie **Health** nicht hindern, sie erfolgt auf jeden Fall im Hintergrund. Sie können die Daten allerdings regelmäßig löschen.

15 Health: Daten löschen (iPhone)

Alle Daten, die *Health* anzeigt, können von Ihnen gelöscht werden, und zwar so:

1. Tippen Sie in der Übersicht auf den Eintrag, dessen Daten Sie löschen möchten (etwa: *Schritte*).
2. Tippen Sie auf *Alle Daten anzeigen*.
3. Einen einzelnen Eintrag löschen Sie, indem Sie ihn von rechts nach links durchstreichen.
4. Um alle Daten zu löschen, tippen Sie auf *Bearbeiten* und wählen anschließend *Alle löschen*.

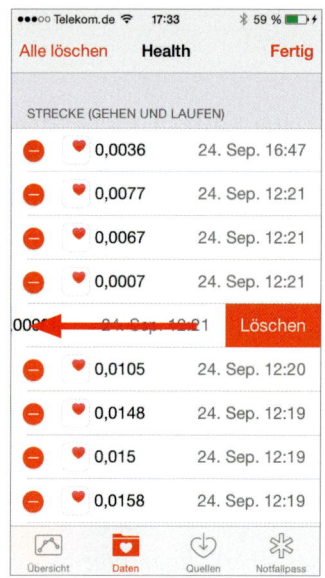 

Alle Daten, die Sie in „Health" eingeben oder die „Health" automatisch erfasst, können Sie jederzeit löschen.

16   Health: Anzeigereihenfolge festlegen (iPhone)

Health zeigt in der Übersicht die gewählten Daten in der Reihenfolge, in der Sie sie der Übersicht hinzugefügt haben. Um diese Reihenfolge zu ändern, berühren und halten Sie einen Eintrag und ziehen ihn an die gewünschte Position.

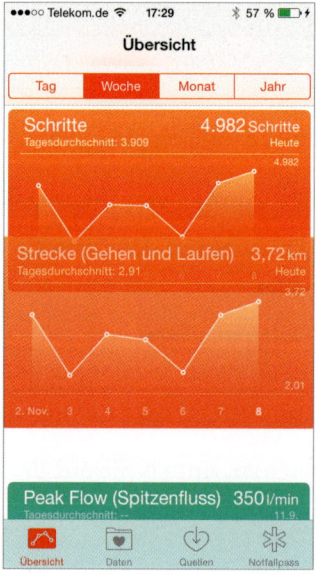

Die Reihenfolge in der Übersicht von „Health" wird durch Berühren und Halten festgelegt.

17 Sprachmemos: So kürzen Sie eine Aufnahme (iPhone)

Nicht alles, was mit einem Sprachmemo aufgezeichnet wird, muss auch unbedingt im Memo erhalten bleiben. Oft braucht man nur einen bestimmten Ausschnitt oder möchte am Anfang und Ende störende Geräusche wegschneiden. Das funktioniert sowohl vor dem Speichern als auch nachträglich bei bereits gespeicherten Aufnahmen, und zwar so:

❶ Öffnen Sie das Memo, und tippen Sie auf das Rechteck mit den beiden längeren Seitenleisten.

❷ Markieren Sie mit den roten Linien den Anfang und das Ende der Stelle, auf die Sie die Aufnahme kürzen möchten.

❸ Tippen Sie zur Kontrolle auf die Wiedergabe-Taste (das Rechteck), um sich den Ausschnitt anzuhören.

❹ Tippen Sie auf *Kürzen*.

❺ Nun können Sie entscheiden, ob Sie das *Original kürzen* oder den markierten Ausschnitt *Als neue Aufnahme sichern* möchten.

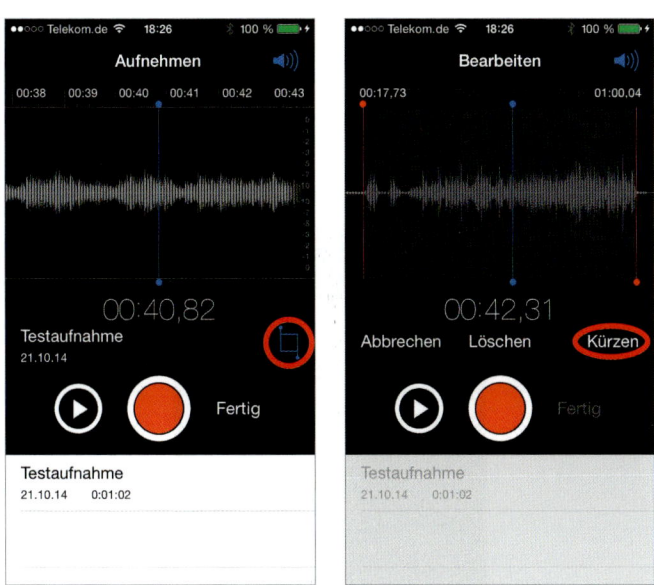

Sprachmemos lassen sich direkt auf dem iPhone zurechtstutzen.

18 Sprachmemos: Teile ausschneiden (iPhone)

Im Bearbeiten-Modus können Sie eine Sprachaufnahme nicht nur zusammenkürzen – Sie können auch Teile aus der Aufnahme herausschneiden:

❶ Markieren Sie (wie im vorherigen Tipp beschrieben) die Passage, die Sie aus einem Memo ausschneiden möchten.

❷ Tippen Sie auf *Löschen*.

❸ Treffen Sie Ihre Wahl, wie das Memo bearbeitet werden soll. Mit *Vom Original löschen* wird der markierte Bereich aus der Originaldatei entfernt, mit *Als neue Aufnahme sichern* wird die geschnittene Version als Kopie angelegt, das Original bleibt also erhalten.

19 Sprachmemos: Gespeicherte Aufnahmen ergänzen (iPhone)

Jede gespeicherte Aufnahme lässt sich jederzeit fortführen und um weitere Teile ergänzen. Es ist auch möglich, bereits bestehende Teile mit neuen Aufnahmen zu überschreiben:

❶ Tippen Sie die Aufnahme an, die Sie ergänzen möchten.

❷ Tippen Sie auf *Bearbeiten*.

❸ Platzieren Sie die blaue Linie an die Stelle, ab der Sie die Aufnahme ergänzen oder überschreiben möchten.

❹ Starten Sie mit einem Tipp auf die rote Aufnahme-Taste die Aufnahme.

❺ Alles, was Sie nun neu aufnehmen, wird rot markiert.

❻ Beenden Sie die Aufnahme mit einem Tipp auf die rote Aufnahme-Taste, und speichern Sie sie mit *Fertig*.

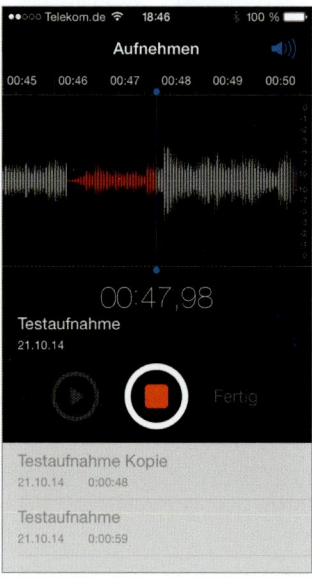

Ein Memo kann an beliebigen Stellen ergänzt bzw. überschrieben werden.

20 Sprachmemos: Aufnahmen umbenennen (iPhone)

Beim Speichern einer Aufnahme geben Sie ihr einen Titel. Der lässt sich später jederzeit ändern:

❶ Tippen Sie die Aufnahme an, die Sie umbenennen möchten.

❷ Tippen Sie auf den Namen, um ihn zu ändern.

21 Notizen: Text formatieren

Eine Notiz ist rasch angelegt: Auf *Neu* tippen, schreiben, fertig. Dabei wird ein Standardfont ohne Besonderheiten benutzt. Doch das täuscht ein wenig, denn Sie können hier auch mit Textauszeichnungen wie *Fett*, *Kursiv* und *Unterstrichen* arbeiten:

❶ Markieren Sie den Text, den Sie formatieren möchten. (Falls Sie den Text einer Notiz nachträglich formatieren möchten, tippen Sie zuerst in die Notiz, um in den Schreibmodus zu gelangen.)

❷ Tippen Sie im Kontextmenü auf den Pfeil nach rechts.

❸ Wählen Sie *BIU*.

❹ Wählen Sie die gewünschte Formatierung: *Fett*, *Kursiv* oder *Unterstrichen*. Die Formatierungen können auch kombiniert werden.

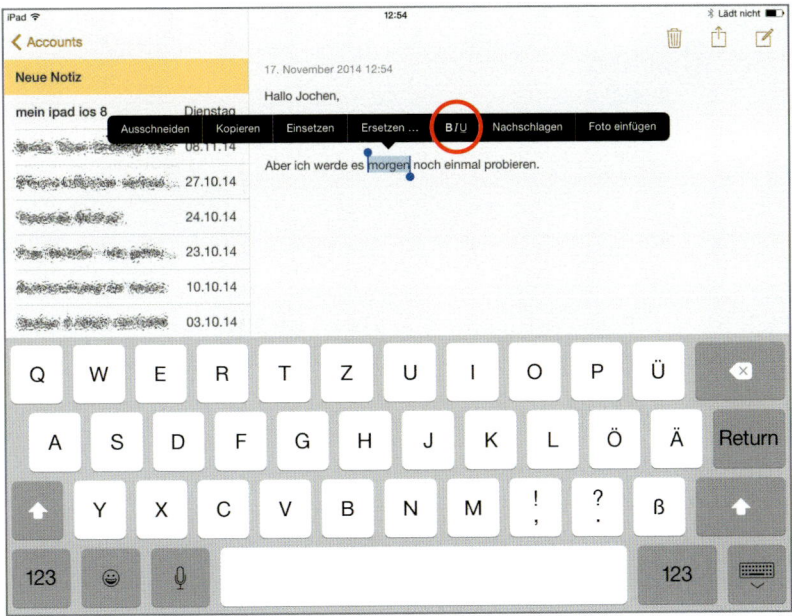

Das Menü für fett, kursiv und unterstrichen ist ein wenig versteckt.

22   Notizen: Bilder einfügen

Die *Notizen* sind eigentlich für die rasche Erfassung kurzer Texte gedacht. Doch ein Bild sagt bekanntlich mehr als 1000 Worte. Wenn Sie einer Notiz ein Bild hinzufügen möchten, dann geht das folgendermaßen:

❶ Berühren und halten Sie beim Schreiben einer Notiz die Stelle, an der Sie ein Bild einfügen möchten.

❷ Wählen Sie im Kontextmenü den Punkt *Foto einfügen*.

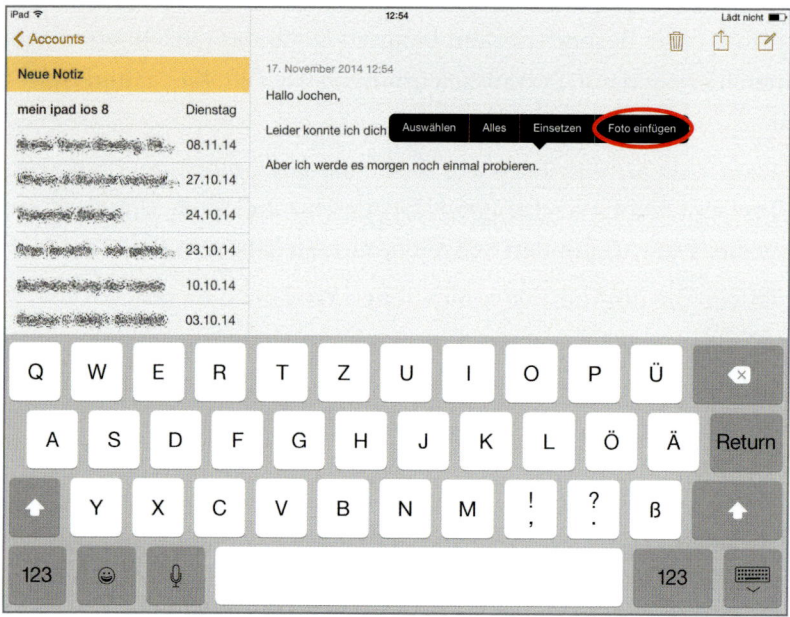

Sie können in den Notizen auch Bilder einfügen.

23   Notizen: Eingefügtes Foto löschen

So einfach Sie ein Foto einfügen – Berühren und Halten, *Foto einfügen* –, so schwierig scheint es, das Foto wieder loszuwerden. Das ist in der Tat ein wenig trickreich und braucht manchmal auch etwas Geduld, bis es funktioniert:

❶ Fügen Sie vor und nach dem Foto durch einen Tipp auf *Return* je ein, zwei Leerzeilen ein.

❷ Tippen Sie doppelt auf das Foto. Das Foto wird markiert. Achten Sie darauf, dass kein anderer Teil der Notiz ausgewählt ist.

❸ Löschen Sie das Foto mit einem Tipp auf die ⟨×⟩-Taste.

24 Notizen: Farben & Fonts benutzen (nur Mac)

Auch wenn iOS jede Menge Fonts und Schriften besitzt – in den Notizen gibt es nur einen Standardfont. Wenn Sie Ihre Notizen mit einem Mac synchronisieren, können Sie das System allerdings austricksen: Schreiben Sie Ihre Notizen auf dem Mac mit den gewünschten Fonts, benutzen Sie auch ruhig verschiedene Größen und Farben. Sobald diese Notiz auf Ihrem iPhone oder iPad gelandet ist, werden Sie feststellen, dass die auf dem Mac gewählten Formatierungen übernommen wurden.

Formate, Fonts und Farben zeigen die Notizen leider nur, wenn sie am Mac erstellt und auf das iOS-Gerät kopiert werden.

25 Kompass: Das iPhone als Wasserwaage

Das iPhone besitzt, ein wenig versteckt, auch eine App names *Kompass* (zu finden im Ordner *Extras*). Der *Kompass* zeigt Ihnen nicht nur die Himmelsrichtungen an, sondern lässt sich auch als Wasserwaage benutzen:

➊ Starten Sie den *Kompass*, und wischen Sie einmal von rechts nach links.

➋ Legen Sie das iPhone mit der Längsseite auf die Fläche, deren Neigung Sie messen möchten.

➌ Tippen Sie einmal auf das Display, wird die aktuelle Neigung als neuer Nullpunkt benutzt, und Sie können Neigungen relativ zueinander messen.

26 iBooks: Text rasch markieren

So markieren Sie blitzschnell einen beliebigen Textbereich in einem E-Book:

➊ Berühren und halten Sie den Startpunkt des gewünschten Bereichs.

❷ Sobald die Lupe erscheint, ziehen Sie den Finger bis zum Ende des Bereichs.

❸ Die entsprechende Passage wird mit einer gelben Markierung hinterlegt.

❹ Um die Markierung zu bearbeiten, tippen Sie sie einmal an und wählen die gewünschte Option im Kontextmenü.

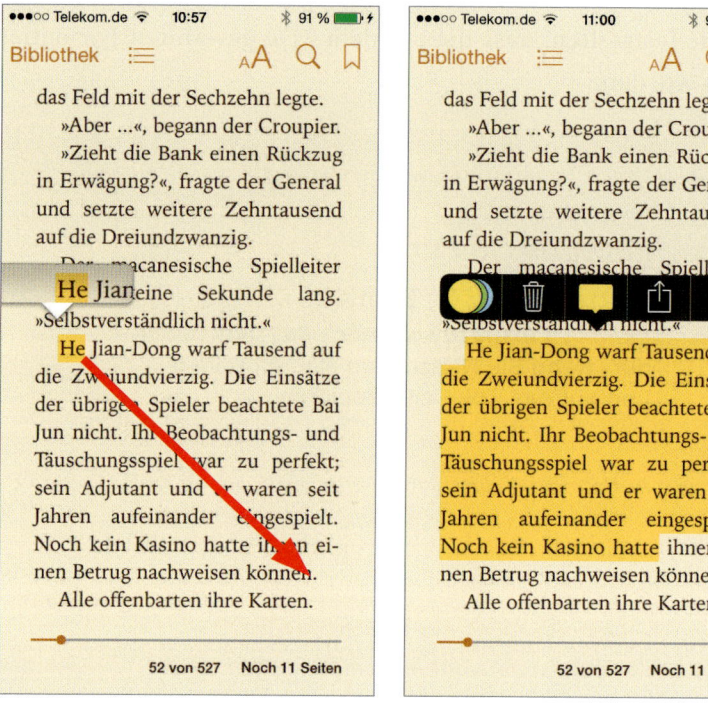

Eine Textstelle auf einer Seite können Sie mit einer fließenden Bewegung schnell markieren.

27   iBooks: Blocksatz und Silbentrennung

Blocksatz, also die gleichmäßige Verteilung der Wörter auf einer Seite bei links- und rechtsbündiger Darstellung, wird von einigen (nicht allen) E-Books unterstützt. Allerdings müssen Sie den Blocksatz in den Einstellungen aktivieren. Damit der Blocksatz keine unschönen Löcher im Text produziert, sollten Sie gleichzeitig die automatische Silbentrennung einschalten. Das geht so:

❶ Wählen Sie *Einstellungen –> iBooks*.

❷ Aktivieren Sie die beiden Schalter *Blocksatz* und *Autom. Silbentrennung*.

28 iBooks: ePub-Dateien aus dem Internet laden

Wenn es nur nach Apple ginge, dann würden Sie Ihren Lesestoff in iBooks ausschließlich aus dem iBookstore von Apple beziehen. Doch das müssen Sie gar nicht, schließlich gibt es im Internet jede Menge – legale! – E-Books im ePub-Format. Und diese E-Books können Sie problemlos von Ihrem iOS-Gerät direkt in iBooks laden. Sie müssen nur einen kleinen Umweg über Safari nehmen:

❶ Steuern Sie die Webseite mit dem ePub-Angebot an; eine umfangreiche Übersicht über legale Quellen finden Sie etwa bei wiki.mobileread. com, wo es zudem zahlreiche deutsch- und englischsprachige Klassiker gibt.

❷ Suchen Sie sich ein Buch aus, und tippen Sie den Link zur ePub-Datei an.

❸ Da Safari diese Dateien nicht anzeigen kann, sehen Sie nun nur eine Seite, auf der lediglich das Symbol, der Name und die Größe der Datei angezeigt werden.

❹ Tippen Sie rechts oben auf *In „iBooks" öffnen*.

❺ Die Datei wird nun in Ihrer Bibliothek gespeichert und in iBooks angezeigt.

 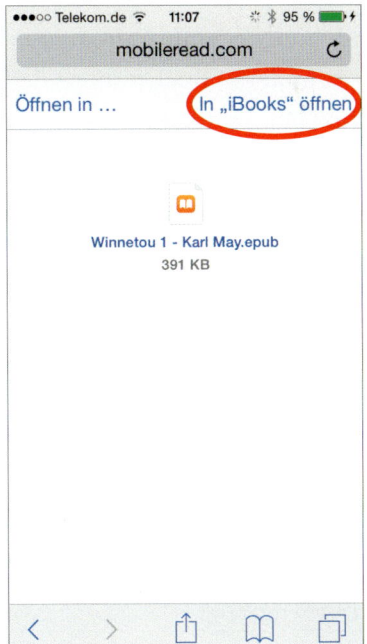

ePub-Dateien können Sie via Safari in iBooks laden.

18 Tipps zur Tastatur & Texteingabe

<table>
<tr><td>1</td><td>Sonderzeichen eingeben</td></tr>
</table>

Über die Tasten *.?123*, #+= und *ABC* wechseln Sie zwischen den drei möglichen Belegungen der Standardtastatur. Damit stehen Ihnen zwar neben Buchstaben und Ziffern eine Reihe von Satz- und Sonderzeichen zur Verfügung, doch einiges fehlt immer noch – etwa Akzente oder typografische Anführungszeichen wie „ " oder » «. Doch die können Sie auch eingeben: Mit Berühren und Halten blenden Sie bei manchen Tasten eine zusätzliche Belegung ein. So geben Sie etwa ein ê ein:

❶ Berühren und halten Sie die *Taste E*. Es werden weitere Zeichen angezeigt.

❷ Ziehen Sie den Finger zum *ê*, und lassen Sie erst jetzt das Display los.

❸ Das Zeichen wird an der Stelle des Cursors eingefügt.

Das funktioniert nicht nur mit dem E, sondern mit allen Vokalen (A, E, I, O, U) und einigen anderen Buchstaben wie S, Y, C und N. Brauchen Sie für einen spanischen Text ein ¿, finden Sie es beim ?, die typografischen Anführungszeichen gibt es bei ' und " und so weiter – probieren Sie es einfach mal aus.

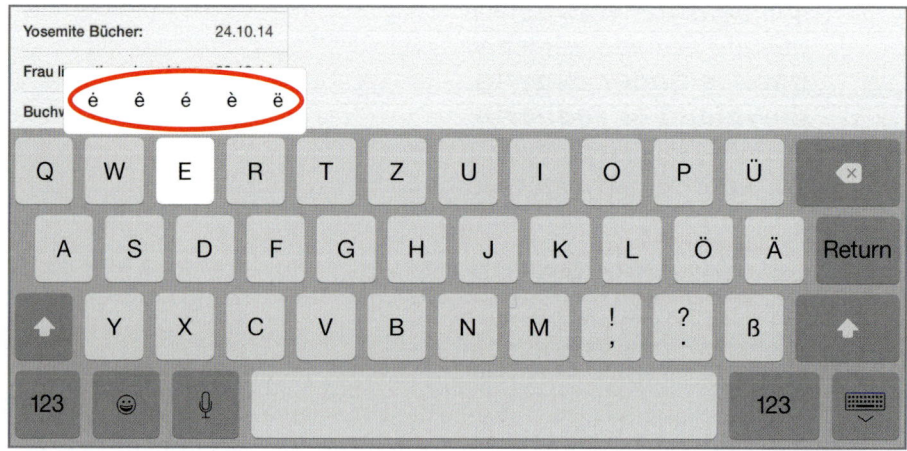

Sonderzeichen geben Sie durch Berühren und Halten der entsprechenden Taste ein.

2   Weitere Tastaturen installieren

Es ist problemlos möglich, auf dem iPhone oder iPad russische, chinesische oder arabische Texte einzugeben. Dazu müssen Sie nur die entsprechende Tastatur aktivieren:

❶ Wählen Sie *Einstellungen –> Allgemein –> Tastatur –> Tastaturen –> Tastatur hinzufügen*.

❷ Tippen Sie die gewünschte Tastatur an.

❸ Aus dem Smiley in der Tastatur wird nun eine Weltkugel. Tippen Sie die Weltkugel an, um zwischen den Tastaturen zu wechseln.

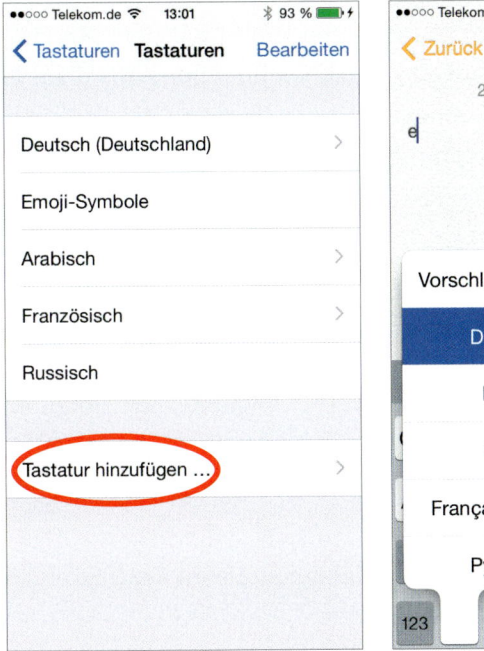

Sie können praktisch beliebig viele Tastaturen installieren und während des Schreibens zwischen ihnen wechseln – so lassen sich problemlos etwa arabische Zitate in einen ansonsten deutschen Text einfügen.

3   Schnell zwischen Tastaturen wechseln

Sie können beliebig viele Tastaturen aktivieren. In diesem Fall ist das Durchblättern der Tastaturen über einen Tipp auf die Weltkugel unter Umständen etwas lästig. Schneller geht's, wenn Sie die Weltkugel berühren und halten und den Finger auf die gewünschte Tastaturbelegung ziehen.

4   Tastaturen entfernen

Möchten Sie eine aktivierte Tastatur entfernen, so geht das mit einer einfachen Wischgeste:

❶ Wählen Sie *Einstellungen –> Allgemein –> Tastatur –> Tastaturen*.

❷ Streichen Sie die Tastatur, die Sie entfernen möchten, von rechts nach links durch.

❸ Tippen Sie auf *Löschen*.

5   Dauerhafte Großbuchstaben aktivieren

Auf der Computertastatur gibt es eine „Feststelltaste", die die Tastatur auf Groß-buchstaben umstellt, damit Sie etwa Wörter UNESCO oder NATO schneller eingeben können. Diese Funktion gibt es auch beim iPhone und iPad: Tippen Sie doppelt auf die Shift-Taste. Mit einem erneuten Tipp auf die Taste schalten Sie die Großschreibung wieder aus. Finden Sie diese Funktion eher störend, können Sie sie unter *Einstellungen –> Allgemein –> Tastatur –> Feststelltaste* auch komplett ausschalten.

6   Den Cursor positionieren

Der Cursor (der blinkende Strich bei der Texteingabe) zeigt Ihnen an, wo das nächste Zeichen eingefügt wird. Diesen Cursor können Sie beim iPhone 6/6 Plus über die Pfeiltasten auf der Tastatur bewegen. Bei älteren Modellen fehlen diese Tasten, aber das macht nichts:

❶ Berühren und halten Sie eine beliebige Stelle im Text. Es erscheint eine Textlupe mit blinkendem Cursor.

❷ Ziehen Sie den Finger an die Stelle, an der Sie den Cursor haben möch-ten, und lassen Sie das Display los.

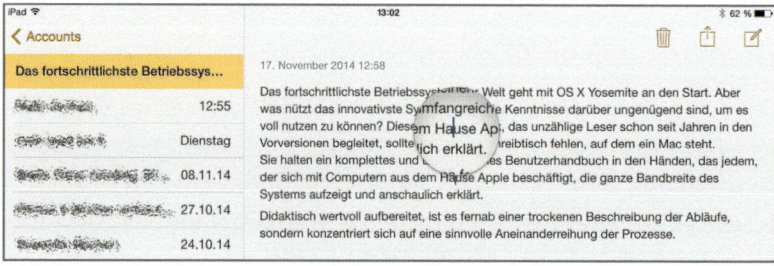

Über die Textlupe lässt sich die Schreibmarke präzise positionieren.

7 So nutzen Sie Textbausteine

Es gibt Redewendungen und Formulierungen, die Sie immer wieder eingeben, etwa „Mit freundlichen Grüßen". Die müssen Sie nicht jedes Mal eingeben, sondern können dafür einen Textbaustein definieren, den Sie über ein Kürzel (etwa „mfg") einfügen:

❶ Wählen Sie *Einstellungen –> Allgemein –> Tastatur –> Kurzbefehle*.

❷ Tippen Sie oben rechts auf das Pluszeichen.

❸ Geben Sie im Feld *Text* die gewünschte Floskel ein, etwa „Mit freundlichen Grüßen".

❹ Im Feld *Kurzbefehl* geben Sie das gewünschte Kürzel ein, also zum Beispiel „mfg".

Wenn Sie nun in einem Text „mfg" eintippen, wird Ihnen „Mit freundlichen Grüßen" als Vorschlag gezeigt, den Sie mit einem Tipp übernehmen. Alternativ dazu können Sie auch einfach ein Leerzeichen eingeben.

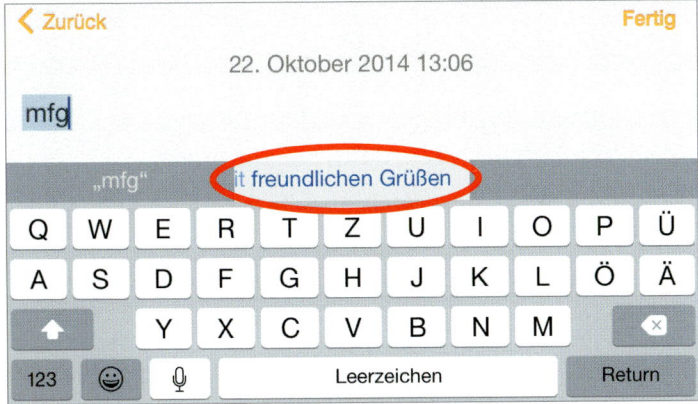

Die von Ihnen definierten Textbausteine werden von iOS automatisch in die Vorschlags- und Korrekturlisten aufgenommen.

8 Tippfehler rasch korrigieren

Sie haben sich vertippt, versehentlich einen Text gelöscht oder an einer falschen Stelle eingefügt? Kein Problem, Fehler passieren – und sie lassen sich rasch korrigieren:

– *iPhone:* Wenn Sie Ihr iPhone schütteln, erscheint ein Dialog, über den Sie Ihre letzte Eingabe widerrufen können. Mit einem erneuten Schütteln widerrufen Sie den Widerruf, stellen die Eingabe also wieder her.

– *iPad:* Beim iPad funktioniert das Schütteln auch, ist aber etwas unhandlich. Einfacher geht's, wenn Sie auf *.?123* tippen und anschließend auf *Widerrufen* tippen.

9 iPad: Tastatur teilen

Beim iPad ist die Tastatur bei der Eingabe längerer Texte mitunter im Weg, denn sie braucht ziemlich viel Platz auf dem Bildschirm. Hier kann es – besonders dann, wenn Sie Ihr iPad im Hochformat halten – helfen, die Tastatur zu teilen.

❶ Aktivieren Sie unter *Einstellungen –> Tastatur* den Schalter *Geteilte Tastatur.*

❷ Ziehen Sie die Tastatur mit den Fingern auseinander, oder berühren und halten Sie die Tastatur-Taste, und wählen Sie *Teilen.*

❸ Um die Teilung aufzuheben, ziehen Sie die beiden Teile wieder zusammen. Alternativ berühren und halten Sie die Tastatur-Taste und wählen *Zusammenführen.*

10 iPad: Tastatur an-/abdocken

Möchten Sie die Tastatur bei längeren Texten vom unteren Bildschirmrand in die Mitte des Bildschirms bewegen, dann geht das so:

❶ Aktivieren Sie unter *Einstellungen –> Tastatur* den Schalter *Geteilte Tastatur.*

❷ Berühren und halten Sie die Tastatur-Taste, und wählen Sie *Abdocken.*

❸ Um die Tastatur wieder an den unteren Rand zu bewegen, berühren und halten Sie die Tastatur-Taste und wählen *Andocken.*

11 So funktioniert Copy & Paste

Von Ihrem Computer kennen Sie „Copy & Paste", also das „Kopieren und Einfügen" von Texten. Das geht natürlich auch unter iOS auf dem iPhone und iPad, und zwar so:

❶ Berühren und halten Sie die ungefähre Textstelle in einem Dokument, die Sie kopieren möchten. Das aktuelle Wort wird markiert.

❷ Erweitern Sie die Markierung über den Anfangs- bzw. Endpunkt auf den gewünschten Bereich.

❸ Tippen Sie auf *Kopieren.*

Der markierte Bereich befindet sich nun in der Zwischenablage. Um ihn in ein neues Dokument – etwa eine Notiz oder E-Mail – zu übernehmen, machen Sie Folgendes:

❶ Starten Sie die *Notizen*-App, und öffnen Sie dort eine Notiz, in der Sie den Inhalt der Zwischenablage einfügen möchten.

❷ Berühren und halten Sie das Display an der Stelle, an der Text eingefügt werden soll. Dabei erscheint eine Textlupe, mit der Sie den Cursor zeichengenau platzieren können.

❸ Tippen Sie auf *Einsetzen*.

12 So nutzen Sie die Korrekturfunktionen bei der Texteingabe

Standardmäßig unterstützt iOS Sie mit einer automatischen Rechtschreibkorrektur, Wortvorschlägen und anderen Hilfestellungen. Sobald Sie Text eingeben, bietet iOS Ihnen folgende Hilfestellungen:

– *Wortvorschläge:* Oberhalb der Tastatur werden drei Felder mit Wortvorschlägen eingeblendet. Tippen Sie einen Vorschlag ein, wird er in den Text übernommen.

– *Auto-Korrektur:* Wenn iOS einen Tippfehler korrigieren möchte, wird das aktuelle Wort markiert. In der Mitte der Wortvorschläge erscheint, blau hervorgehoben, die Korrektur. Tippen Sie nun ein Leerzeichen ein, wird die Korrektur ausgeführt.

– *Automatische Großschreibung:* Nach einem Punkt wird der nächste Buchstabe automatisch großgeschrieben, den Tipp auf die Shift-Taste können Sie sich also sparen.

– *Schnelles Satzende:* Wenn Sie zweimal hintereinander auf die Leertaste tippen, fügt iOS einen Punkt und ein Leerzeichen ein und wechselt zur Großschreibung. So können Sie rasch einen Satz beenden und weiterschreiben.

– *Korrektur:* Sie können jederzeit gespeicherten Text, etwa in den Notizen, nachträglich korrigieren. Unter jedem Wort, das iOS für einen Fehler hält, erscheinen rote Punkte. Tippen Sie das Wort an, blendet iOS Korrekturvorschläge ein, die Sie mit einem Fingertipp übernehmen können.

13 Die Korrekturfunktionen anpassen

So hilfreich die Korrekturvorschläge und -funktionen von iOS auch sind – manchmal stören sie einfach nur. Dann sollten Sie sie ausschalten:

❶ Wählen Sie *Einstellungen –> Allgemein –> Tastaturen*.

❷ Hier finden Sie nun verschiedene Schalter, mit denen Sie jede einzelne Korrekturfunktion gezielt aus- und einschalten können.

Die verschiedenen Hilfestellungen bei der Texteingabe können Sie in den Einstellungen zur Tastatur gezielt ein- und ausschalten.

14   Die Wortvorschläge vorübergehend ausblenden

Die Wortvorschläge oberhalb der Tastatur sind hilfreich – aber manchmal einfach nur störend. Möchten Sie die Vorschläge das eine Mal nutzen, ein anderes Mal aber nicht, dann müssen Sie sie nicht gleich komplett ausschalten. Sie können sie nämlich auch vorübergehend ausblenden. Dazu gibt es gleich zwei Wege:

❶ Berühren und halten Sie die Weltkugel in der Tastatur.

❷ Ziehen Sie den Finger auf *Vorschläge*.

❸ Lassen Sie das Display los.

Die zweite Möglichkeit geht so:

❶ Ziehen Sie die Leiste mit den Wortvorschlägen nach unten.

❷ Die Leiste verschwindet; an ihrer Stelle sehen Sie nun eine dünne, weiße Griffmarkierung.

❸ Ziehen Sie die Markierung nach oben, um die Vorschläge wieder einzublenden.

Die automatisch angezeigten Wortvorschläge lassen sich jederzeit aus- und wieder einblenden.

15 So nutzen Sie Tastaturen anderer Anbieter

Sie sind nicht gezwungen, die Tastatur zu benutzen, die iOS von Haus aus zur Verfügung stellt. Es ist problemlos möglich, Tastaturen anderer Anbieter einzusetzen. Das geht so:

❶ Installieren Sie aus dem App Store eine Tastatur eines Drittanbieters, etwa die populäre Tastatur *SwiftKey*.

❷ Wählen *Sie Einstellungen –> Allgemein –> Tastatur.*

❸ Tippen Sie auf *Tastaturen –> Tastatur hinzufügen.*

❹ Wählen Sie im Abschnitt *Drittanbietertastaturen* die gewünschte Tastatur aus, in diesem Beispiel also *SwiftKey*.

❺ Die Tastatur steht nun wie die Tastaturen von iOS über einen Tipp auf die Weltkugel in der Tastatur zur Verfügung.

16 Eine externe Tastatur anschließen

Die Softwaretastatur von iOS ist ausgesprochen praktisch und flexibel – aber mit einer echten, physischen Tastatur kann man halt doch schneller Text eingeben und Operationen wie Markieren, Kopieren und Einfügen leichter ausführen.

Wenn Sie also auf Ihrem iPhone oder iPad sehr häufig umfangreichere Texte eingeben und bearbeiten, empfiehlt sich der Einsatz einer externen Tastatur, die via Bluetooth mit dem iOS-Gerät verbunden wird. Das geht so:

❶ Wählen Sie *Einstellungen –> Bluetooth*. Falls Bluetooth deaktiviert ist, schalten Sie es ein.

❷ Schalten Sie die Bluetooth-Tastatur ein. Nach kurzer Zeit erscheint die Tastatur im Abschnitt *Geräte*, hier noch unter dem allgemeinen Namen „Keyboard".

❸ Tippen Sie den Eintrag zur Tastatur an. Nun wird eine Verbindungsanforderung vom iOS-Gerät an die Tastatur geschickt.

❹ Zur Bestätigung und zum Aufbau der Verbindung müssen Sie nun den gezeigten Code eingeben.

❺ Sobald die Tastatur verbunden ist, können Sie sie überall dort einsetzen, wo Sie Text eingeben möchten. Die Softwaretastatur von iOS wird dabei ausgeschaltet.

❻ Um die Tastatur wieder zu entkoppeln und für den Einsatz mit anderen Bluetooth-Geräten freizugeben, tippen Sie auf das *i* neben dem Eintrag und wählen *Dieses Gerät ignorieren*.

Eine Bluetooth-Tastatur lässt sich problemlos an einem iPad oder iPhone benutzen.

17 Tipps zur externen Tastatur – Teil 1

– Die *CD-Auswurftaste* blendet die Tastatur ein und aus.

– *F10* stellt den Ton ab, mit *F11* verringern Sie die Lautstärke, mit *F12* erhöhen Sie sie.

– *F1* und *F2* machen das Display dunkler beziehungsweise heller.

– Besonders dann gut, wenn Sie am iPad/iPhone Musik hören: *F8* steht für Play und Pause, Drücken Sie zweimal *F7*, rufen Sie darüber den Track davor (einmal Drücken springt zum Anfang des Liedes) und mit *F9* rufen

Sie den Titel danach auf. Wenn Sie *F7* oder *F9* gedrückt halten, spulen Sie schnell zurück oder nach vorne.

18 Tipps zur externen Tastatur – Teil 2

- Ebenso ist die *Tabulatortaste* verfügbar: Damit springen Sie beim Erstellen einer neuen E-Mail der Reihe nach die einzelnen Eingabefelder an. Beim Ausfüllen eines Webformulars gelangen Sie damit ebenfalls zum jeweils nächsten Feld. In reinen Textfeldern erstellen Sie damit einen Einzug.
- Die *Cursortasten* können verwendet werden, um die Einfügemarke zu verschieben. Wird zusätzlich die *Shift*-Taste gedrückt gehalten, wird der Text zeichenweise, bei Navigation nach oben oder unten zeilenweise markiert.

10 Tipps zur Diktierfunktion

1   Diktierfunktion ein- und ausschalten

Überall, wo Sie Text eingeben können, können Sie in aller Regel auch diktieren. Dazu tippen Sie auf das Mikrofonsymbol und legen einfach los. Wenn Sie fertig sind, tippen Sie auf *Fertig*. Damit das funktioniert, muss die Diktierfunktion allerdings aktiviert sein:

❶ Wählen Sie *Einstellungen –> Allgemein –> Tastatur*.

❷ Scrollen Sie nach unten, und schalten Sie die Option *Diktierfunktion aktivieren* ein.

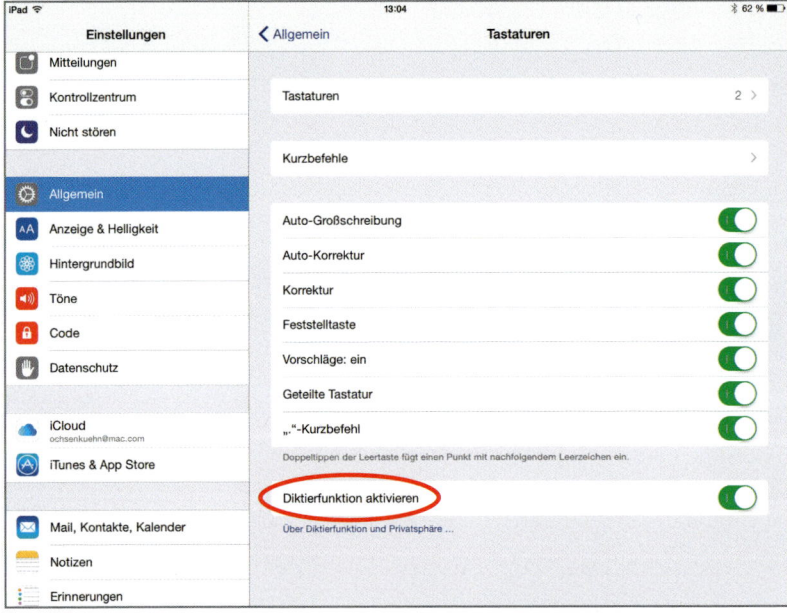

Die Diktierfunktion wird unabhängig von der Sprachsteuerung Siri verwaltet.

2   Satzzeichen

Satzzeichen diktieren Sie, indem Sie sie einfach aussprechen, etwa: „Heute ist ein schöner Tag Komma aber morgen soll es regnen Punkt"

Zeichen	Aussprache
	Leerzeichen
.	Punkt
,	Komma
-	Bindestrich
–	Gedankenstrich
/	Schrägstrich
_	Unterstrich
:	Doppelpunkt
;	Semikolon
?	Fragezeichen
!	Ausrufezeichen
...	Auslassungszeichen
„	Anführungszeichen unten
"	Anführungszeichen oben
‚	Zitat Anfang
'	Zitat Ende
(	Klammer auf
)	Klammer zu
[	Eckige Klammer auf
]	Eckige Klammer zu
<	Spitze Klammer auf
>	Spitze Klammer zu
´	Apostroph
~	Tilde

3 Neue Zeile, neuer Absatz

Um eine neue Zeile oder einen neuen Absatz einzufügen, sprechen Sie den Befehl im Klartext: „Viele Grüße Neuer Absatz Dein Otto"

4 Klein-/Großbuchstaben

Damit Sie dauerhaft in Groß- oder Kleinbuchstaben schreiben, sagen Sie „Großschreibung anfangen/beenden" bzw. „Kleinschreibung anfangen/beenden": „Großschreibung anfangen PHP Großschreibung beenden ist eine Programmiersprache Punkt"

5   Sonderzeichen

Sonderzeichen, wie das Euro-Symbol, Prozentzeichen oder Klammeraffen, sprechen Sie im Klartext aus: „In England bezahlt man mit Pfund Klammer auf Pfundsymbol Klammer zu Punkt"

Zeichen	Aussprache
&	Und-Zeichen
*	Sternchen
@	Klammeraffe
©	Urheberrechtssymbol
°	Gradzeichen
$	Dollarzeichen
€	Eurosymbol
£	Pfundsymbol
¥	Yensymbol
%	Prozentzeichen
‰	Promillezeichen
®	Eingetragene Marke
§	Paragraphzeichen
™	Markensymbol
+	Pluszeichen
-	Minuszeichen
±	Plus-Minuszeichen
=	Gleichheitszeichen
#	Nummernzeichen

6   Datum und Währungen

Die Diktierfunktion ist schlau genug, um Datumsangaben oder Währungen automatisch zu erkennen und automatisch in die gewohnte Schreibweise zu ändern. Aus „Dreizehnter Oktober Zweitausendvierzehn" wird automatisch „13. Oktober 2014", aus „Siebzehn Euro dreizehn Cent" macht die Funktion „17,13 €".

7   Automatische Abkürzungen

Um bekannte Abkürzungen korrekt zu diktieren, sprechen Sie jeden einzelnen Buchstaben, etwa „U S A". Mitunter funktioniert aber auch die einfache Ausspra-

che. So wird zum Beispiel aus „Nato" ein „NATO", aus „Dax" ein „DAX". Abkürzungen werden in der Regel automatisch eingefügt („zehn Zentimeter" wird zu „10 cm"), wobei auch Umgangsprachliches wie „Stundenkilometer" erkannt wird, das die Diktierfunktion als „km/h" notiert.

8 Wortkopplungen und Doppelnamen

Um Wortkopplungen und Doppelnamen „Müller-Lüdenscheid" zu diktieren, sprechen Sie den Bindestrich mit: „Müller Bindestrich Lüdenscheid". Bei gängigen Kopplungen können Sie sich das auch sparen, aus „Die russisch orthodoxe Kirche" wird „Die russisch-orthodoxe Kirche".

9 Emoticons diktieren

Die Diktierfunktion versteht nicht nur Ihren Text, sondern kann auch Emoticons setzen, etwa ein ;-).

Zeichen	Aussprache
:-)	Smiley-Gesicht
:-(	Trauriges Gesicht
:'(	Weinendes Gesicht
;-)	Zwinkerndes Gesicht
:-D	Lachendes Gesicht

10 Römische Zahlen diktieren

Schließlich können Sie die Diktierfunktion anweisen, Zahlen mit römischen Ziffern zu notieren. Dazu müssen Sie lediglich ein „römisch" vor Ihre Zahlen setzen, zum Beispiel: „römisch Zehn", „römisch vierhundertdreizehn" oder „römisch Zweitausendfünfzehn".

Kapitel 5 Fotos, Video, Musik

Das iPhone und das iPad besitzen nicht nur hervorragende Kameras und eine erstaunlich vielseitige Fotos-App, sondern auf ihren brillanten Displays können Sie auch Videos schauen. Und Musik hören können Sie natürlich sowieso. Auch bei den dazugehörigen Apps gibt es einige Kniffe und Tricks, um mit ihnen Dinge zu tun, die man ihnen auf den ersten Blick gar nicht ansieht.

28 Tipps zu Fotos und Kamera

1   So nutzen Sie die beiden Kameras

Ein iOS-Gerät hat zwei Kameras: eine Kamera auf der Rückseite für die normalen Fotos und eine auf der Frontseite, die etwa bei Videotelefonaten mit Face-
Time aktiviert wird – und mit der Sie natürlich auch Fotos machen können. Es
ist nämlich problemlos möglich, in der *Kamera*-App zwischen beiden Kameras
zu wechseln:

❶ Starten Sie die *Kamera*-App.

❷ Tippen Sie oben rechts auf das Kamerasymbol mit dem kreisförmigen
Pfeil.

❸ Die Kamera wechselt nun von der Rück- zur Frontseite.

❹ Mit einem erneuten Tipp kehren Sie zur Rückseite zurück.

Mit einem Tipp wechseln Sie zwischen der Rückseiten- und der Frontkamera.

2   Wie soll die Kamera aufzeichnen?

Standardmäßig macht die *Kamera*-App Fotos. Klar, was denn auch sonst? Na,
Videos zum Beispiel. Oder Panorama-Aufnahmen. In welchem Modus die
Kamera aktuell betrieben wird, sehen Sie am Text unterhalb des Sucherfensters.
Wischen Sie horizontal über den Bildschirm, und legen Sie den gewünschten
Modus fest.

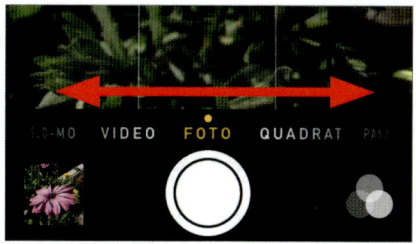

Um den Kameramodus zu wählen, müssen Sie nicht unten auf der Anzeige, sondern können über das komplette Display wischen.

3   Ein Foto mit Zeitverzögerung aufnehmen

Sie möchten mit auf dem Bild sein, das Sie aufnehmen? Kein Problem, dafür bietet die Kamera eine Zeitverzögerung von 3 oder 10 Sekunden. So können Sie das iPhone oder das iPad positionieren, den Timer starten und rasch selbst ins Bild gehen:

❶ Tippen Sie in der *Kamera*-App auf das Uhrensymbol.

❷ Wählen Sie die gewünschte Zeitverzögerung.

❸ Tippen Sie auf den Auslöser.

❹ Nach der gewählten Verzögerung von 3 oder 10 Sekunden wird die Aufnahme ausgelöst.

Über das Uhrensymbol können Sie eine Zeitverzögerung vom Auslösen bis zur Aufnahme wählen.

4   So machen Sie viele Fotos schnell nacheinander

Möchte man Szenen mit rascher Bewegung fotografieren – etwa ein Rennen, ein Feuerwerk oder auch ein Gewitter – dann hat man oft das Problem, zum genau richtigen Zeitpunkt auf den Auslöser zu drücken. Hier hilft die Serienbildfunktion der Kamera („Burst-Modus"), mit der Sie bis zu 10 Fotos pro Sekunde schießen (Diese Funktion ist nicht auf allen iPads bzw. iPhones verfügbar!). Anschließend können Sie den gelungensten Schnappschuss auswählen:

❶ Berühren und halten Sie den Auslöser in der *Kamera*-App.

❷ Das iOS-Gerät macht nun in rascher Folge Fotos.

❸ Ein Zähler zeigt an, wie viele Fotos bereits gemacht wurden.

5 | So speichern Sie das beste Serienfoto

Bei der Aufnahme mit der Serienbildfunktion füllt sich der Speicher rasend schnell mit Fotos einer Szene. Natürlich will man nicht alle, sondern nur die gelungensten Bilder dieser Serie behalten – alles andere wäre ja auch Platzverschwendung. So sortieren Sie die besten Bilder einer Serie aus und löschen den Rest:

❶ Starten Sie die *Fotos*-App, und wechseln Sie zum Register *Alben*.

❷ Wählen Sie das Album *Serien*, und lassen Sie sich die gewünschte Serie anzeigen.

❸ Tippen Sie unten auf *Auswählen*.

❹ Markieren Sie nun die Fotos, die Sie behalten möchten.

❺ Tippen Sie anschließend auf *Fertig*.

❻ Sie können nun mit *Nur xx Favoriten behalten* die markierten Fotos behalten und den Rest der Serie vom iOS-Gerät löschen.

6 | So blenden Sie Fotos aus und wieder ein

Im Register *Fotos* sehen Sie sämtliche Fotos, wobei Sie zwischen den Ansichten *Jahre*, *Sammlungen* und *Momente* wechseln können. Diese automatisch erzeugten Ansichten sind mitunter etwas voll und unübersichtlich, enthalten sie doch auch die weniger gelungenen Fotos, die Sie zwar nicht direkt löschen, aber auch nicht immer angezeigt bekommen möchten. In diesem Fall blenden Sie das Foto einfach aus der Ansicht aus:

❶ Wechseln Sie in der *Fotos*-App zum Register *Fotos*.

❷ Berühren und halten Sie das Foto, das Sie ausblenden möchten.

❸ Tippen Sie auf *Ausblenden*.

Möchten Sie die Fotos später doch einmal wieder einblenden, dann geht das so:

❶ Wechseln Sie zum Register *Alben*.

❷ Wählen Sie das Album *Ausgeblendet*.

❸ Berühren und halten Sie das entsprechende Foto.

❹ Tippen Sie auf *Einblenden*.

Bilder, die Sie nicht gleich löschen, aber auch nicht unbedingt immer sehen möchten, lassen sich ausblenden.

7   Fotos löschen – aber richtig!

Ein nicht so gelungenes Foto ist schnell gelöscht – aber von Ihrem iPhone oder iPad ist es damit noch nicht verschwunden und belegt weiterhin kostbaren Speicherplatz. Die gelöschten Fotos wandern nämlich zuerst in den Papierkorb und werden dort erst nach 30 Tagen endgültig gelöscht. Um ein Foto endgültig zu löschen, machen Sie Folgendes:

❶ Wechseln Sie zum Register *Alben*, und wählen Sie hier das Album *Zuletzt gelöscht*. An jedem Foto sehen Sie die noch verbleibenden Tage, bis es automatisch gelöscht wird.

❷ Tippen Sie auf *Auswählen*.

❸ Markieren Sie nun die Bilder, die Sie vollständig löschen möchten.

❹ Tippen Sie auf *Löschen*.

189

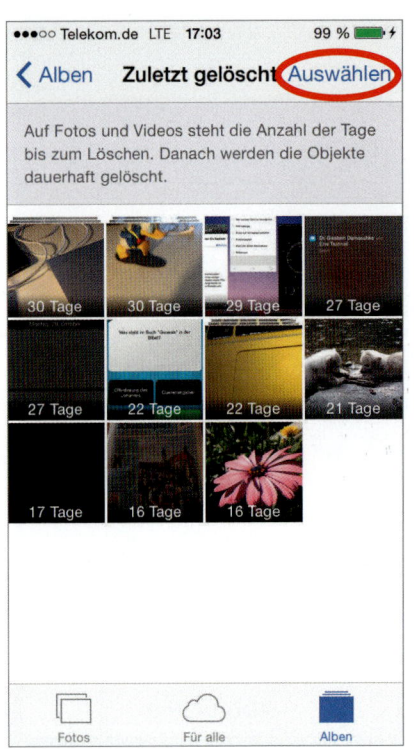 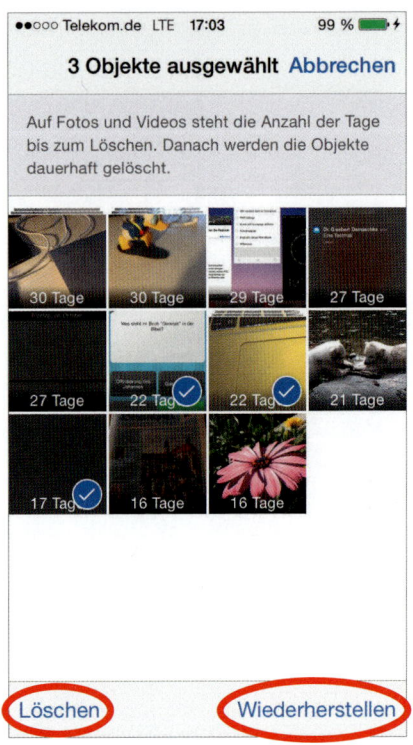

Gelöschte Fotos landen zuerst im Album „Zuletzt gelöscht". Dort können Sie sie endgültig löschen, aber auch wieder zurückholen.

8   Versehentlich gelöschte Fotos zurückholen

Der Papierkorb der *Fotos*-App macht das endgültige Löschen von Fotos zwar etwas umständlich – aber dafür haben Sie 30 Tage Zeit, ein versehentlich gelöschtes Foto noch zu retten:

❶ Wechseln Sie zum Register *Alben*, und wählen Sie hier das Album *Zuletzt gelöscht*.

❷ Tippen Sie auf *Auswählen*.

❸ Markieren Sie nun die Bilder, die Sie zurückholen möchten.

❹ Tippen Sie auf *Wiederherstellen*.

9   Videos mit Zeitlupe bzw. Zeitraffer aufnehmen

Die Kamera vom aktuellen iPhone und iPad sind in der Lage, Zeitlupen- („Slo-Mo") und Zeitraffer-Videos aufzuzeichnen. Das geht so:

❶ Wählen Sie über das Kamerasymbol oben rechts die gewünschte Kamera.

❷ Wischen Sie von links nach rechts über das Display, bis die gewünschte Einstellung gelb markiert wird.

❸ Starten Sie die Aufnahme.

10 So bestimmen Sie, was in Zeitlupe gezeigt wird

Bei der Wiedergabe eines Zeitlupenvideos auf einem iOS-Gerät können Sie entscheiden, welcher Bereich in Zeitlupe und welcher in normaler Geschwindigkeit wiedergegeben werden soll:

❶ Wählen Sie in der *Fotos*-App das Register *Alben* und dort das Album *Slo-Mo*.

❷ Tippen Sie das gewünschte Video an.

❸ Im oberen Bereich wird eine Zeitleiste eingeblendet. Der mit engen Strichen markierte Bereich wird in normaler Geschwindigkeit, der mit weiten Strichen markierte in Zeitlupe wiedergegeben.

❹ Verschieben Sie die Anfangs- und Endpunkte des mit weiten Strichen markierten Abschnitts an die gewünschten Positionen.

❺ Starten Sie die Wiedergabe.

11 Daran erkennen Sie die verschiedenen Video-Arten

Mit dem iPhone und iPad können Sie drei verschiedene Arten von Videos aufzeichnen: normal, Zeitlupe und Zeitraffer. In der *Fotos*-App werden die Videos in eigene Alben sortiert: „Videos" (alle Videos), „Slo-Mo" (Zeitlupe) und „Zeitraffer". Damit Sie im Album *Videos* (in dem ja alle Videos versammelt werden) den Überblick behalten, arbeitet iOS mit drei verschiedenen Symbolen, die links unten im Vorschaubild eingeblendet werden:

– *Kamera:* Das Video läuft in normaler Geschwindigkeit.
– *Feines Strichraster:* Das Video ist in Zeitlupe.
– *Grobes Strichraster:* Das Video ist mit Zeitraffer aufgenommen worden.

12 So nutzen Sie die Filtereffekte der Kamera

Normalerweise sollten Sie Fotos nur in der *Fotos*-App bearbeiten, da Sie hier mehr Möglichkeiten haben. Manchmal muss es aber schnell gehen, und ein Foto soll beispielsweise sofort mit einem Farbfilter aufgenommen werden. Das geht auch direkt in der Kamera:

❶ Tippen Sie auf das Farbfiltersymbol – die drei sich überlappenden Kreise –, und wählen Sie den gewünschten Effekt aus.

❷ Machen Sie wie gewohnt Ihr Foto.

❸ Die Kamera nimmt nun ein Foto auf und wendet den gewünschten Filter an.

Das Originalbild geht dabei übrigens nicht verloren – Sie können in der *Fotos*-App den Farbeffekt jederzeit wieder aufheben.

13 | Bearbeitung von Fotos rückgängig machen

Mit den verschiedenen Bearbeitungsfunktionen der *Fotos*-App lassen sich zahlreiche Einstellungen, wie Helligkeit, Farben oder Filter, vornehmen. Dabei müssen Sie nicht befürchten, dass Sie das Originalbild verlieren – das wird nämlich weiterhin vorrätig gehalten. So können Sie jederzeit einzelne oder auch alle Bearbeitungen rückgängig machen:

❶ Wählen Sie in der *Fotos*-App das bearbeitete Foto.

❷ Tippen Sie auf *Bearbeiten*.

❸ Um sämtliche Bearbeitungen aufzuheben, tippen Sie rechts auf den roten Pfeil und wählen *Zurück zum Original*.

❹ Soll nur eine einzelne Bearbeitung rückgängig gemacht werden, wählen Sie sie aus und stellen sie wieder auf den Ausgangswert.

Alle Bearbeitungen lassen sich entweder komplett oder einzeln rückgängig machen. Während der Bearbeitung können Sie durch Antippen des Fotos kurzfristig den Vergleich mit dem Original herstellen.

14 Fotos mit Hilfslinien ausrichten

Ein gutes Foto sollte einen geraden Horizont und senkrechte Gebäude zeigen. Das ist beim freihändigen Fotografieren gar nicht so einfach. Hier helfen die Rasterlinien, die die Kamera auf Wunsch einblendet:

❶ Wählen Sie *Einstellungen –> Fotos & Kamera*.

❷ Scrollen Sie zum Abschnitt *Kamera*.

❸ Aktivieren Sie hier den Schalter *Raster*.

15 Fotos nachträglich begradigen

Nicht immer gelingt es, ein Foto wirklich gerade zu fotografieren. Da hängt dann der Horizont schief oder Gebäude scheinen bedrohlich wegzukippen. Haben Sie nicht den schiefen Turm von Pisa fotografiert, ist das natürlich ärgerlich. Aber keine Sorge, das können Sie in der *Fotos*-App korrigieren:

❶ Lassen Sie sich das entsprechende Foto in der *Fotos*-App anzeigen.

❷ Tippen Sie auf *Bearbeiten*.

❸ Wählen Sie das Ausschnittwerkzeug (das Rechteck mit den überlangen Seitenlinien).

❹ Drehen Sie den Winkelmesser, bis die kippenden Linien horizontal bzw. vertikal ausgerichtet sind.

❺ Speichern Sie die Korrektur mit einem Tipp auf das Häkchen.

16 So fotografieren Sie (sehr) hohe Gebäude

Wenn Sie einen Turm, eine Kirche oder ein anderes hohes Gebäude fotografieren möchten, dann haben Sie oft das Problem, dass das Gebäude nicht vollständig auf ein Foto passt. Hier lässt sich die Panorama-Funktion trickreich zweckentfremden:

❶ Starten Sie die *Kamera*-App, und wischen Sie von rechts nach links über das Display, bis die Funktion *Pano* gelb markiert ist.

❷ Tippen Sie auf den Pfeil, um die Aufnahmerichtung zu ändern.

❸ Drehen Sie Ihr iPhone nun ins Querformat. Die Panorama-Funktion macht diese Drehung nicht mit.

❹ Nun können Sie die Panorama-Aufnahme starten und Ihr Motiv in gleichmäßiger Bewegung von unten nach oben fotografieren.

17 So legen Sie schnell ein eigenes Album an

Die *Fotos*-App sortiert Ihre Fotos zum einen in verschiedenen Ansichten, zum anderen in Alben. Bei den Ansichten haben Sie keinen Einfluss auf die Anordnung der Bilder, aber bei Alben haben Sie freie Hand. Am schnellsten legen Sie ein Album im Register *Fotos* an:

❶ Wechseln Sie mit einem Tipp auf das Display in die Ansicht *Momente*.

❷ Tippen Sie hier auf *Auswählen*.

❸ Markieren Sie nun mit einem Fingertipp die Fotos, die Sie in einem Album verwalten möchten.

❹ Tippen Sie unten auf *Hinzufügen*.

❺ Sie können die markierten Fotos nun entweder einem bereits vorhandenen Album einverleiben, oder Sie tippen unten auf *Neues Album*, um ein weiteres Album anzulegen.

18 Die Reihenfolge der Fotos in einem Album festlegen

Standardmäßig ordnet die *Fotos*-App die Bilder in einem Album in der Reihenfolge an, in der Sie die Bilder hinzugefügt haben. Aber das lässt sich natürlich ändern:

❶ Tippen Sie in dem Album auf *Auswählen*.

❷ Berühren und halten Sie das Foto, das Sie verschieben möchten.

❸ Ziehen Sie es an die gewünschte Position.

Alben, die Sie auf dem iOS-Gerät angelegt haben, können Sie auch auf dem Gerät ordnen.

19 So zeigen Sie Ihre Fotos in einer Diashow

Die Bilder in einem Album lassen sich auf dem iPhone oder iPad als Diashow anzeigen – auf Wunsch auch mit Musikuntermalung. Allerdings hat Apple diese Funktion ziemlich gut versteckt. So geht's:

❶ Wählen Sie *Einstellungen –> Fotos & Kamera*.

❷ Legen Sie hier die Eckwerte wie die *Anzeigezeit pro Dia* fest.

❸ Wechseln Sie in der *Fotos*-App zu dem Album, das Sie als Diashow zeigen möchten.

❹ Wählen Sie das erste Foto Ihrer Show aus dem Album, und tippen Sie auf die Teilen-Taste, also das Rechteck mit dem Pfeil.

❺ Das gewählte Foto ist jetzt mit einem blauen Häkchen markiert. Entfernen Sie dieses Häkchen mit einem Tipp auf das Foto.

❻ Tippen Sie nun auf *Diashow*.

❼ Legen Sie die *Übergänge* zwischen den Fotos fest, und wählen Sie auf Wunsch die *Musikwiedergabe*.

❽ Mit einem Tipp auf *Präsentation starten* beginnt die Show.

Sie können entweder auswählen, welche Bilder in einer Diashow auftauchen sollen, oder keines markieren – dann werden alle gezeigt.

20 So legen Sie schnell ein Album mit Ihren Lieblingsfotos an

Die Zusammenstellung Ihrer Lieblingsfotos in einem eigenen Album hat Apple Ihnen besonders leicht gemacht – Sie müssen dafür nämlich kein eigenes Album anlegen, das übernimmt iOS. Und zwar so:

❶ Lassen Sie sich ein Foto, das Sie zu Ihren Lieblingen hinzufügen wollen, in der *Fotos*-App anzeigen.

❷ Tippen Sie auf das Herzsymbol – fertig!

❸ Im Register *Alben* sehen Sie nun das automatisch erzeugte Album *Favoriten*.

❹ Jedes weitere Foto, bei dem Sie auf das Herz tippen, wird automatisch dem Ordner *Favoriten* hinzugefügt.

21 So passen Sie die Belichtung an

Eigentlich ist die *Kamera*-App auf „Aufrufen, Knipsen" ausgelegt und nimmt alle Einstellungen automatisch vor. Doch wenn Sie möchten, können Sie die Belichtung eines Fotos manuell korrigieren:

❶ Tippen Sie auf die Stelle im Display, auf die Sie die Kamera fokussieren möchten.

❷ Ziehen Sie den Sonnenregler nach oben oder unten, um die Belichtung anzupassen.

Die Belichtung eines Fotos lässt sich manuell regeln.

22 So fokussieren Sie auf Kleinigkeiten im Vordergrund

Die Kamera im iPhone und iPad besitzt einen Autofokus, das heißt, sie stellt sich von allein auf die wichtigsten Dinge in einem Bild scharf. Das ist beim raschen Schnappschuss sehr praktisch, wird aber sehr lästig, wenn Sie zum Beispiel eine Blume im Vordergrund scharf, den Hintergrund aber unscharf haben möchten. Denn in diesem Fall wird sich die Kamera fast immer automatisch auf den Hintergrund fokussieren. Das können Sie ihr aber austreiben:

❶ Berühren und halten Sie die Stelle im Vordergrund, auf die Sie die Kamera fokussieren möchten.

❷ Das gelbe Quadrat, das den Fokus markiert, blinkt zweimal auf und im Display erscheint *AE/AF-Sperre*. Der einmal gewählte Fokus ist jetzt fest verankert.

❸ Nun können Sie beispielsweise noch etwas mehr vom Hintergrund ins Bild nehmen, ohne befürchten zu müssen, den Fokus vom Vordergrund zu verlieren.

❹ Sobald Sie erneut auf das Display tippen, aktivieren Sie wieder den Autofokus.

23 Videos in der „Fotos"-App schneiden

Videos, die Sie mit dem iPhone oder iPad aufgenommen haben, können Sie auf dem Gerät auch von störenden Sequenzen zu Beginn oder am Ende befreien. Diesen Vorgang nennt man „trimmen" – und das geht so:

❶ Öffnen Sie das entsprechende Video in der *Fotos*-App.

❷ Berühren und halten Sie in der Miniaturvorschau die Pfeiltaste am linken oder rechten Rand. Die gesamte Vorschau bekommt nun einen gelben Rahmen.

❸ Ziehen Sie den Anfang bzw. das Ende an die gewünschte Position.

❹ Über die Wiedergabetaste können Sie den gewählten Ausschnitt zur Kontrolle abspielen.

❺ Mit einem Tipp auf *Kürzen* wird das Video zurechtgeschnitten und gespeichert. Dabei haben Sie die Wahl, ob Sie das Original behalten (*Als neuen Clip speichern*) oder überschreiben wollen (*Original kürzen*).

24   So machen Sie eine Aufnahme, ohne aufs Display zu tippen

Es kann ein wenig lästig sein, wenn man mit dem Finger auf das Display tippen muss, um ein Foto zu machen. Glücklicherweise muss man das auch gar nicht, denn die Lautstärketasten funktionieren ebenfalls als Auslöser – und zwar ganz genau so wie der Auslöser auf dem Display. So können Sie auch das Headset als Fernbedienung nutzen und über die Lautstärkeregler ein Foto machen.

25   So benutzen Sie andere Apps zur Bildbearbeitung

Die Bearbeitungsfunktionen der *Fotos*-App sind ja ganz ordentlich – aber es gibt unzählige Apps, die sehr viel mehr zu bieten haben. Kein Problem, Sie können jederzeit von der Fotos-App auf die Funktionen andere Apps zugreifen – vorausgesetzt, diese Apps werden unterstützt.

❶ Öffnen Sie das entsprechende Foto, und tippen Sie auf *Bearbeiten*.

❷ Tippen Sie auf die drei Punkte in einem Kreis links oben und anschließend auf *Mehr*.

❸ Aktivieren Sie die App, an die Sie ein Foto zur Bearbeitung durchreichen möchten, und tippen Sie auf *Fertig*.

❹ Die gewählte App ist nun im *Bearbeiten*-Modus über die Punktetaste oben links verfügbar.

Zur Bearbeitung können Sie auch andere Apps benutzen – und zwar ohne die „Fotos"-App explizit verlassen zu müssen.

26 So machen Sie während der Videoaufzeichnung ein Foto

Wollen Sie während der Videoaufzeichnung rasch einen besonderen Moment als Standbild im Foto festhalten? Kein Problem: Tippen Sie während der Videoaufzeichnung auf die weiße Taste im Display.

27 Die Fotos auf einer Karte anzeigen

Wenn Sie der Kamera den Zugriff auf die Ortsinformationen erlaubt haben, dann werden zu jedem Bild auch die GPS-Koordinaten des aktuellen Standorts gespeichert. Diese Informationen benutzt die Fotos-App unter anderem dazu, um Ihre Sammlungen nach Orten zu sortieren. Sie können sich Ihre Fotos aber auch auf einer Karte anzeigen lassen, um zu sehen, wo Sie welche Fotos gemacht haben:

❶ Wechseln Sie in der *Fotos*-App in das Register *Fotos*.

❷ Lassen Sie sich Ihre *Sammlungen* oder *Momente* anzeigen.

❸ Tippen Sie auf die Ortsangabe, nach der *Fotos* die Bilder sortiert. Es wird nun eine Karte eingeblendet und angezeigt, wo die Fotos aufgenommen wurden.

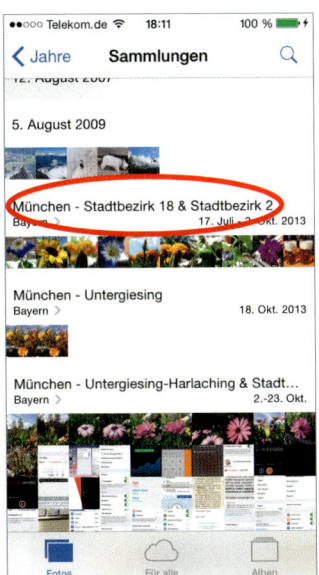 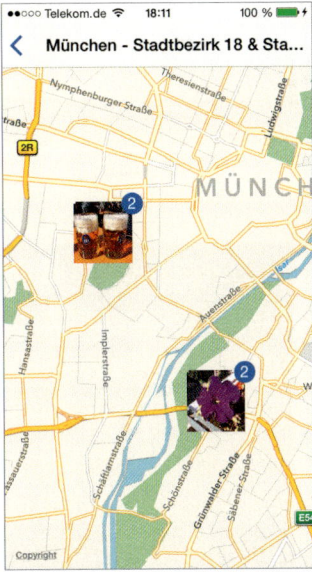

In der „Fotos"-App können Sie sich auch anzeigen lassen, wo Sie welche Fotos gemacht haben.

28 Bildergröße beim E-Mail-Versand in der App „Fotos" kontrollieren (iPad)

Mal rasch ein Foto vom iPad via Mail verschicken? Kein Problem. Problematisch ist da eher, dass so ein Foto schon mal etliche Megabytes groß werden kann – und in der hohen Auflösung oft gar nicht gebraucht wird, weil der Empfänger sich das Foto ohnehin auf einem iPhone, iPad oder einem anderen Smartphone anschaut. Die Lösung: Reduzieren Sie die Größe des Fotos. Beim iPhone werden Sie vor Versand eines Fotos gefragt, beim iPad müssen Sie selbst aktiv werden:

❶ Tippen Sie im Kopfbereich der Mail auf die Größenangabe, die in der *Zeile Kopie/Blindkopie, Von* angezeigt wird.

❷ Wählen Sie die gewünschte Größe.

Die Sache hat aber einen Haken. Jede Bildgröße, die Sie gewählt haben, wird als Standard für das nächste Mal benutzt. Haben Sie also einmal – und sei's nur als Test – die Größe *Klein* gewählt, dann verschicken Sie in Zukunft alle Fotos in Winzlingsgröße. Bevor Sie also ein Foto verschicken, sollten Sie unbedingt kontrollieren, in welcher Auflösung Sie das tun!

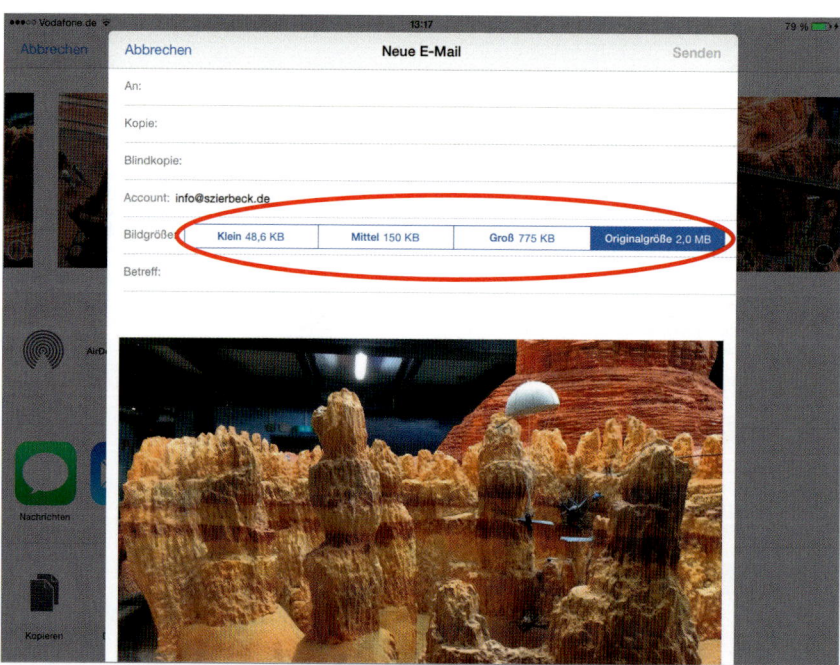

Die aktuell gewählte Bildgröße wird auf dem iPad als neuer Standard übernommen.

11 Tipps zu Musik, Videos und dem iTunes Store

<table>
<tr><td>1</td><td>Musik und Videos aus der Cloud ausblenden</td></tr>
</table>

Wenn Sie Musik und Videos im iTunes Store kaufen, diese Inhalte – etwa aus Platzgründen – aber nicht komplett auf Ihr iPhone oder iPad geladen haben, dann werden diese Stücke in der *Musik-* und der *Videos-*App mit einem kleinen Wolkensymbol angezeigt. Das ist zwar gut gemeint, führt aber häufig auch zu einem Durcheinander. Es gibt verschiedene Wege, diese Inhalte auszublenden. So geht es am schnellsten:

❶ Wählen Sie *Einstellungen –> iTunes & App Store.*

❷ Deaktivieren Sie im Abschnitt *Alle anzeigen* die Schalter für *Musik* und *Video.*

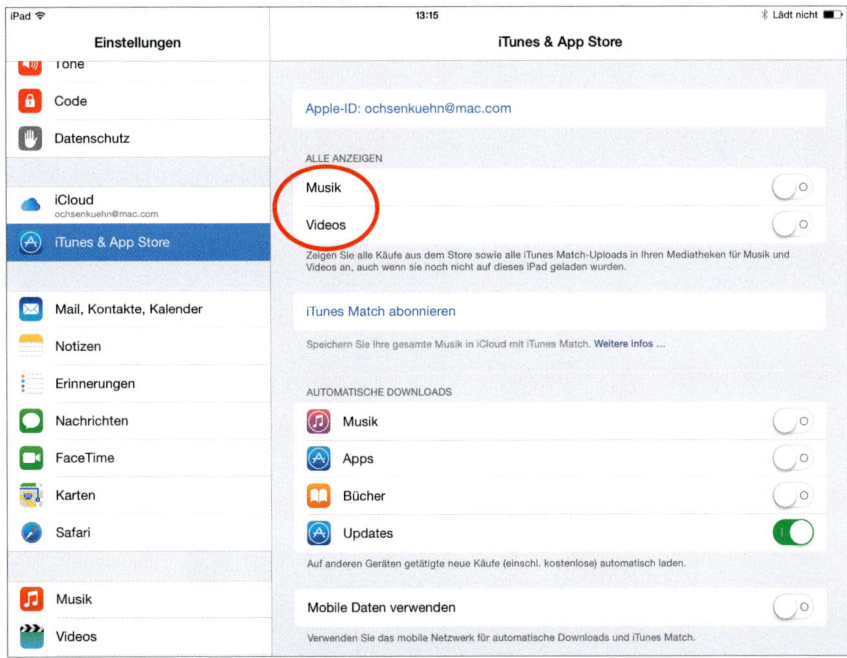

Standardmäßig werden alle Musik- und Video-Einkäufe auch dann angezeigt, wenn sie gar nicht geladen sind. Das muss nicht sein.

2 Sonderfall Hörbücher

Im iTunes Store gibt es nicht nur Musik und Videos, sondern auch Hörbücher vom Anbieter Audible. Für dessen Angebot gilt eine Sonderregelung. Diese Daten werden nicht über iCloud verwaltet, und ein erneutes kostenloses Laden ist hier *nicht* möglich! Wenn Sie eine Hörbuch-Datei gekauft und geladen haben, dann sollten Sie davon also zeitnah ein Backup anlegen. Denn falls Sie diese Datei versehentlich löschen, dann gilt: Was weg ist, ist weg.

3 Die Menüs von Musik und iTunes Store anpassen (iPhone)

Die beiden Apps *Musik* und *iTunes Store* bieten mehr Menüpunkte, als in die untere Menüleiste passen. Standardmäßig sind etwa beim iTunes Store die Punkte *Hörbücher* oder *Käufe* nicht sofort zu erreichen; bei *Musik* sind dies zum Beispiel *Genres* oder *Komponisten*. So passen Sie die Menüs Ihren Wünschen an:

❶ Tippen Sie in der *Musik*- bzw. *iTunes Store*-App auf *Mehr*.

❷ Wählen Sie *Bearbeiten*.

❸ Sie können nun die gewünschten Menüpunkte in die Menüleiste ziehen.

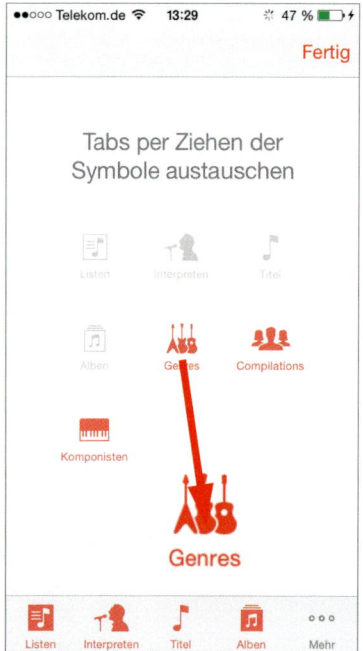 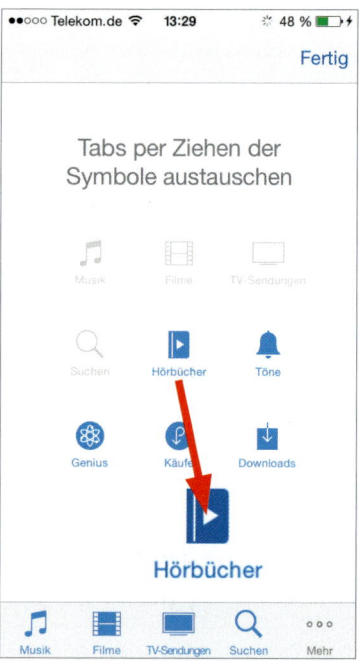

Die Menüs in den Apps „iTunes Store" und „Musik" lassen sich anpassen.

4   Musikwiedergabe auf Mono umschalten

Normalerweise hören Sie Musik wohl in Stereo. Das ist aber nicht immer erwünscht, manchmal – zum Beispiel wenn Sie nur einen Hörer im Ohr haben – kann es sinnvoll sein, auf Mono umzuschalten. Das geht so:

❶ Wählen Sie *Einstellungen –> Allgemein –> Bedienungshilfen*.

❷ Aktivieren Sie im Abschnitt *Hören* den Punkt *Mono-Audio*.

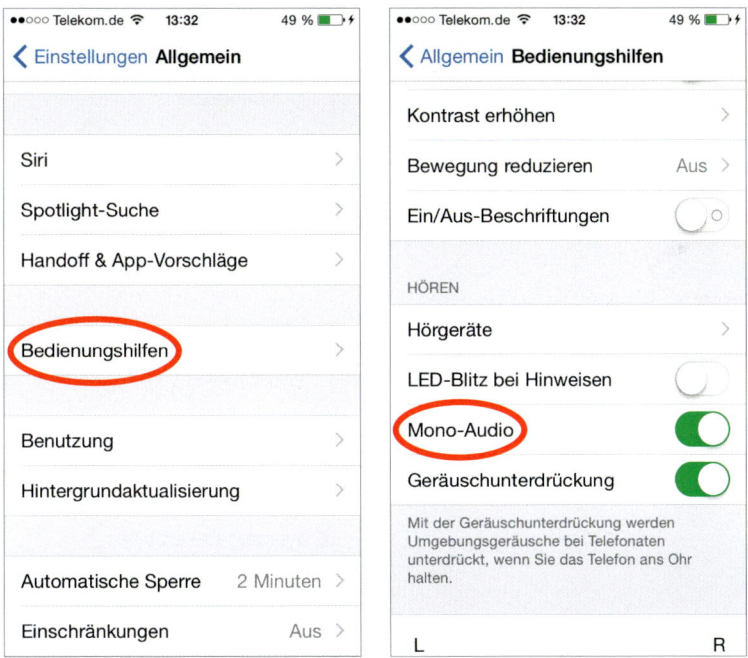

Die Musikwiedergabe lässt sich von Stereo auf Mono schalten.

5   Einschlafen mit Musik

Sie möchten mit Ihrer Lieblingsmusik sanft in den Schlaf gleiten? Kein Problem:

❶ Wählen Sie in der *Uhr*-App den Punkt *Timer*.

❷ Wählen Sie die gewünschte Zeitspanne, in der Sie einschlafen möchten, etwa 30 Minuten.

❸ Tippen Sie auf *Timer-Ende* bzw. beim iPad unterhalb des Kreises.

❹ Scrollen Sie bis ans Ende der Liste, und wählen Sie hier *Wiedergabe stoppen*.

❺ Übernehmen Sie Ihre Wahl mit mit einem Tipp auf *Einstellen*, und starten Sie den Timer mit *Starten*.

❻ Wechseln Sie nun zur *Musik*-App, und wählen Sie die gewünschte
Musik.

❼ Schlafen Sie gut!

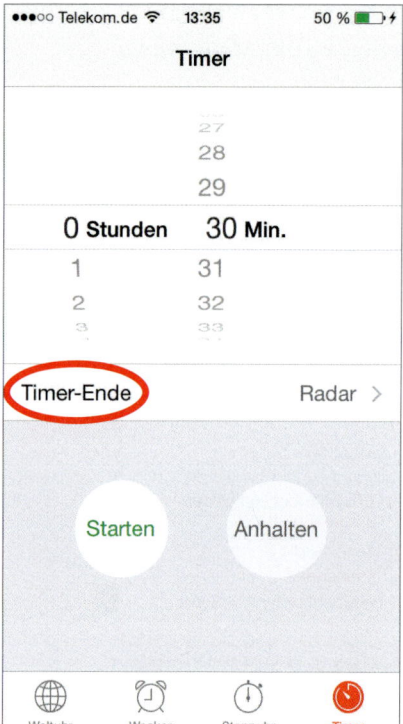
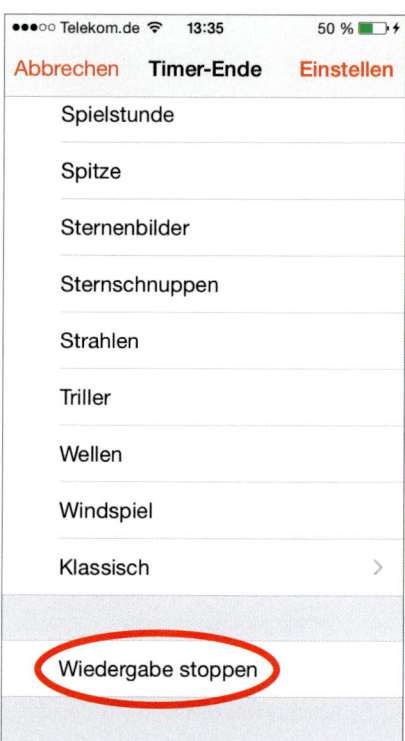

Sie möchten bei Ihrer Lieblingsmusik einschlafen? Kein Problem!

6   Zufallsmusik mit Schütteln

Sie hören Musik und möchten zu einem anderen, zufällig gewählten Stück
wechseln? Das ist einfach, schließlich besitzt die *Musik*-App eine entsprechende
Funktion. Die ist allerdings nur erreichbar, wenn Sie in der *Musik*-App auf dem
Wiedergabe-Bildschirm sind. Zufallsmusik lässt sich aber auch anders erreichen:

❶ Wählen Sie *Einstellungen –> Musik*.

❷ Aktivieren Sie den Schalter *Schüttelfunktion*.

Wenn Sie nun während der Musik-Wiedergabe Ihr iPhone schütteln, wird die
zufällige Wiedergabe der aktuellen Wiedergabeliste eingeschaltet.

7 Die maximale Lautstärke einstellen

Wenn Sie nicht möchten, dass sich Ihre Kinder durch überlaute Musik die Ohren verderben, dann können Sie einstellen, wie laut die Musik maximal wiedergegeben wird:

❶ Wählen Sie *Einstellungen –> Musik –> Maximale Lautstärke*.

❷ Wählen Sie über den Regler die *Max. Lautstärke*, oder aktivieren Sie den Schalter *Max. Lautstärke (EU)*.

Damit Ihre Kinder diese Einstellung nicht einfach rückgängig machen können, sperren Sie am besten den Zugriff. Das geht so:

❶ Wählen Sie *Einstellungen –> Allgemein –> Einschränkungen*.

❷ Legen Sie einen Code fest, der den Zugriff auf die Einschränkungen schützt.

❸ Scrollen Sie bis zum Abschnitt *Änderungen zulassen*.

❹ Tippen Sie hier auf *Maximale Lautstärke*, und wählen Sie *Änderungen nicht zulassen*.

8 Musik- und Video-Downloads kontrollieren

Musik und Videos, die Sie bei Apple gekauft, aber noch nicht auf Ihr iOS-Gerät geladen haben, können Sie in den Apps mit einem Tipp auf das Wolkensymbol laden. Wo aber können Sie sehen, welche Dateien aktuell heruntergeladen werden, wie groß die zu ladenden Dateien sind und wie lange der Download wohl noch dauert? Hier:

❶ Starten Sie die App *iTunes Store*.

❷ Tippen Sie auf *Mehr –> Downloads*.

❸ Einen Download pausieren Sie mit einem Tipp auf die Pause-Taste.

❹ Um einen Download abzubrechen, streichen Sie ihn von rechts nach links durch und tippen auf *Löschen*.

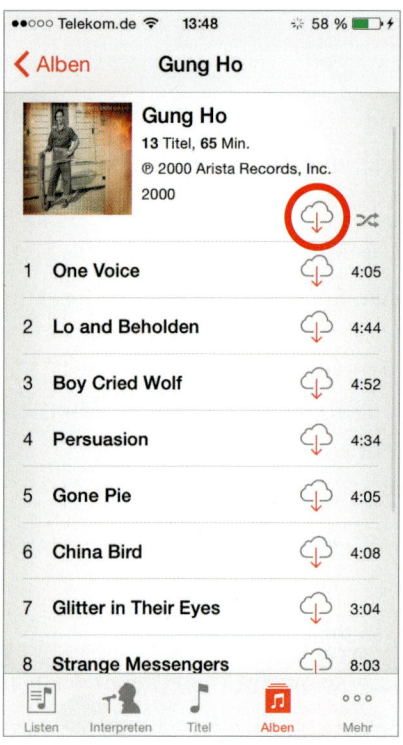 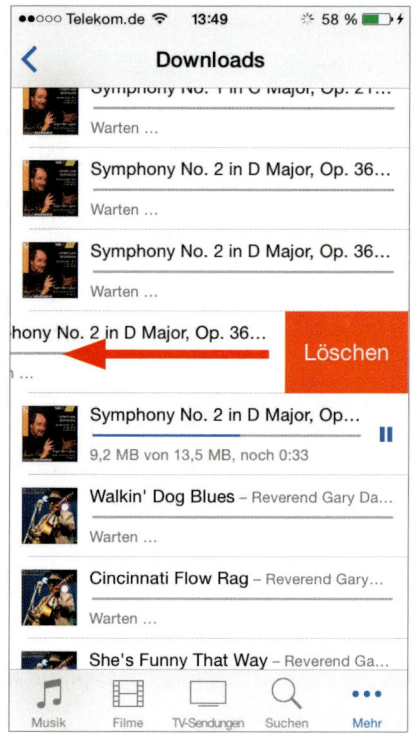

Downloads, die Sie in der „Musik"- oder „Video"-App gestartet haben, können Sie über den „Downloads"-Bereich der „iTunes Store"-App kontrollieren.

Eine Frage der Rechte

!

Sie werden gelegentlich bemerken, dass Sie nicht wirklich jeden Song und jedes Video, das Sie bereits einmal aus dem Store geladen haben, erneut laden können. Das kommt nicht oft vor, aber es kommt leider vor. In diesem Fall haben die Rechte-Inhaber Apple untersagt, diese Funktion anzubieten. In diesem Fall hilft nur eins: Sie müssen die Dateien vom PC aus via iTunes auf Ihr iOS-Gerät kopieren.

---

9   So steuern Sie die Wiedergabe von Musik und Videos sekundengenau

Bei Musik und Videos möchte man manchmal punktgenau eine ganz bestimmte Stelle ansteuern. Dazu schieben Sie den „Playhead" – das ist der kleine rote Strich (Musik) bzw. der Punkt (Videos) in der Zeitleiste – an die gewünschte Position. Dumm nur, dass das nur recht ungenau zu funktionieren scheint. Doch das täuscht; Sie können praktisch sekundengenau bestimmen, ab welcher Position die Wiedergabe beginnen soll:

❶ Berühren und halten Sie den Playhead.

❷ Ziehen Sie den Finger nach unten.

❸ Je weiter Sie den Finger nach unten ziehen, desto präziser können Sie den Playhead platzieren.

Mit einem kleinen Trick können Sie in Videos oder Musikstücken jede gewünschte Stelle punktgenau ansteuern.

10   So bewerten Sie Songs

In iTunes können Sie Songs mit 0 bis 5 Sternen bewerten und diese Bewertungen als Kriterium für intelligente Wiedergabelisten benutzen. Diese Bewertungen können Sie auch auf dem iPhone oder iPad setzen – nämlich so:

❶ Wechseln Sie in der *Musik*-App gegebenenfalls mit einem Tipp auf *Wiedergabe* zur Anzeige des aktuellen Songs.

❷ Tippen Sie einmal auf das Display.

❸ Statt des Songtitels sehen Sie nun fünf Punkte.

❹ Wählen Sie aus, wie viele Sterne Sie vergeben möchten.

❺ Mit einem erneuten Tipp auf den Bildschirm wird wieder der Songtitel angezeigt.

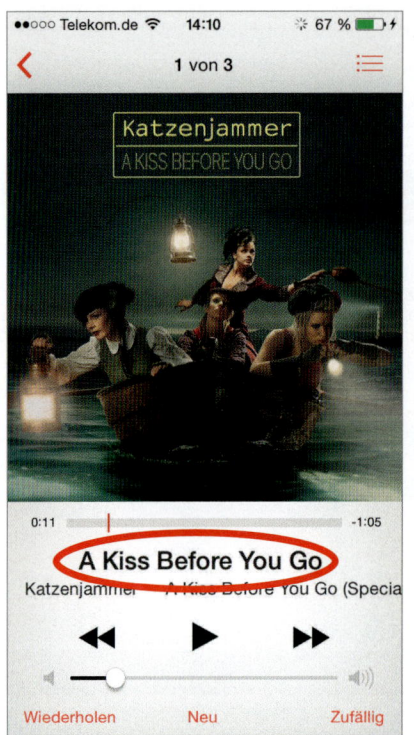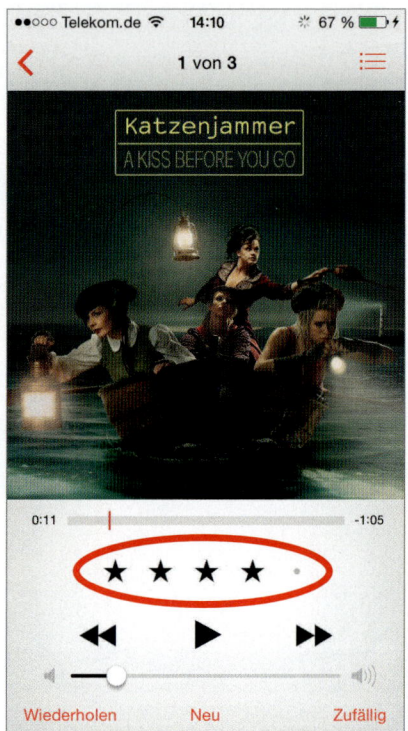

Auch auf Ihrem iPhone oder iPad können Sie Songs mit bis zu fünf Sternen bewerten.

11 | So nutzen Sie die Cover-Ansicht in der Musik-App

Wenn Sie in der *Musik*-App das iPhone ins Querformat drehen, sehen Sie die Cover der Alben, die auf Ihrem iPhone verfügbar sind. Das ist nicht nur schick, sondern kann auch zur Orientierung in Ihrer Musiksammlung genutzt werden:

❶ Setzen Sie zwei Finger auf das Display, und ziehen Sie sie zusammen bzw. auseinander. Es werden nun weniger bzw. mehr Cover angezeigt.

❷ Wischen Sie horizontal über das Display, um in Ihren Covern zu blättern.

❸ Tippen Sie ein Cover an, wird es vergrößert und eine Liste der Songs auf dem Album angezeigt. Tippen Sie einen Song an, beginnt die Wiedergabe.

❹ Ein erneuter Tipp auf das Cover bringt Sie zur Übersicht zurück.

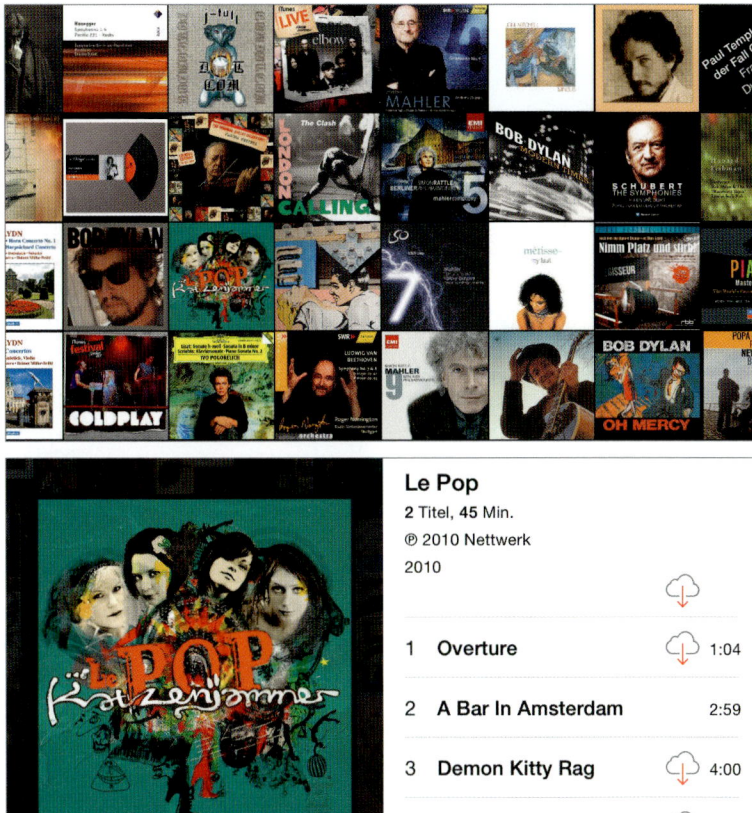

Im Querformat zeigt das iPhone eine Cover-Ansicht Ihrer Musik. Hier können Sie nicht nur festlegen, wie viele Cover gezeigt werden sollen, sondern eine Platte gewissermaßen zur Hand nehmen, um einen Blick auf die Songliste zu werfen.

Kapitel 6 System

Neben den Apps und Einstellungen bieten das iPhone und das iPad noch eine ganze Reihe weiterer Funktionen, bei denen Sie mit ein paar Tricks mehr aus den Geräten herausholen. In diesem Kapitel geht es um eher systemnahe Dinge, beispielsweise darum, wie Sie das Headset zur Steuerung benutzen oder wie Sie Ihr iOS-Gerät vor allzu neugierigen Zeitgenossen und missgünstigen Mitmenschen schützen. Da das iPhone und das iPad unterm Strich Computer sind und Computer mitunter ein wenig zickig werden können, dürfen natürlich auch Tipps nicht fehlen, die Ihnen verraten, was zu tun ist, wenn Ihr iOS-Gerät mal nicht so will, wie Sie es wollen.

10 Tipps, wie Sie Ihr iPhone mit dem Headset steuern

> **!**
>
> **Das Headset**
>
> Zum Lieferumfang des iPhones gehört ein „Headset". Dabei handelt es sich um eine Kombination aus Kopfhörer und Mikrofon. (Das Mikrofon steckt in dem weißen Schalter im rechten Kabel.) Es ist also möglich, mit dem iPhone zu telefonieren, ohne es in die Hand nehmen zu müssen. Doch das Headset kann noch mehr und ist eine veritable Fernsteuerung für das iPhone und das iPad. (Zum iPad müssen Sie das Headset allerdings extra kaufen, da es nicht zum Lieferumfang gehört.)

1 Musik-/Videowiedergabe mit dem Headset steuern

Wenn Sie unterwegs mit dem iPhone Musik hören, müssen Sie das Gerät nicht aus der Tasche nehmen, um die Wiedergabe zu steuern. Die Lautstärke lässt sich mit einem Druck auf den oberen bzw. unteren Rand des Schalters steuern; ein Druck in die Mitte pausiert die Wiedergabe, ein erneuter Druck setzt sie fort. Diese Grundsteuerung funktioniert übrigens auch mit Videos, die Sie auf dem iPhone schauen.

2 Zum nächsten Song bzw. Kapitel springen

Der aktuelle Song, den Sie gerade hören, gefällt Ihnen nicht, und Sie möchten ihn überspringen, um mit dem nächsten fortzufahren? Kein Problem: Drücken Sie zweimal auf den Schalter, und das iPhone springt zum nächsten Song der aktuellen Wiedergabeliste. Das funktioniert natürlich auch mit den Kapiteln eines Videos.

3 Einen Song bzw. ein Kapitel zurückspringen

Natürlich können Sie auch einen Song in der Wiedergabeliste zurückspringen. Dazu drücken Sie dreimal kurz hintereinander in die Mitte des Schalters im Headsetkabel. Eine kleine Stolperfalle gibt es hier allerdings: Beim ersten Dreifachklick springt die Wiedergabe an den Anfang des aktuellen Songs, erst beim nächsten Dreifachklick geht's einen Song zurück. Auch dieser Klick funktioniert bei Videos, bei denen Sie so ein Kapitel zurückspringen.

4 Schneller Vorlauf

Möchten Sie in einem Song – oder auch in einem Video – schnell nach vorn spulen, dann drücken Sie „eineinhalb" Mal auf den Schalter. Das heißt, Sie drücken einmal und sofort danach noch einmal, halten den Schalter beim zweiten Mal aber gedrückt. Je länger Sie den Schalter gedrückt halten, desto schneller geht's nach vorn.

5 Schneller Rücklauf

So ähnlich wie der schnelle Vorlauf funktioniert auch der schnelle Rücklauf. Hier drücken Sie „zweieinhalb" Mal auf den Schalter, also dreimal kurz nacheinander, wobei Sie beim dritten Mal den Schalter gedrückt halten. Auch hier bestimmen Sie durch die Dauer des Haltens, wie schnell der Rücklauf ausgeführt wird.

6 Einen Anruf entgegennehmen bzw. beenden

Klar, sobald Sie entspannt Musik hören möchten, werden Sie angerufen. Also iPhone aus der Tasche hohlen, entsperren und – doch halt, das geht über das Headset sehr viel entspannter. Wenn ein Anruf hereinkommt, drücken Sie einfach kurz auf die Taste im Headsetkabel. Die Musik wird unterbrochen und das iPhone wechselt zum Telefon. Ein weiterer Druck auf den Schalter beendet das Gespräch, und Sie kehren zu Ihrer Musik zurück.

7 Einen zweiten Anruf entgegennehmen

Manchmal passiert es, dass Sie während eines Telefonats einen weiteren Anruf erhalten. Hier gibt es nun zwei Möglichkeiten:
- *Ersten Anruf halten:* Drücken Sie zweimal kurz nacheinander auf den Schalter. Der erste Anrufer wird in eine Warteschleife gelegt, und Sie werden mit dem zweiten Anrufer verbunden. Sobald das zweite Gespräch beendet ist, kehren Sie zum ersten zurück.
- *Ersten Anruf beenden:* Verabschieden Sie sich von Ihrem Gesprächspartner, und drücken und halten Sie den Schalter so lange, bis Sie

zwei kleine Piepser hören. Der erste Anruf wird beendet, der zweite entgegengenommen.

8   Anruf auf den Anrufbeantworter umleiten

Nicht jeden Anruf möchte man sofort entgegennehmen. Kein Problem: Drücken und halten Sie den Schalter in der Mitte des Headsetkabels einige Sekunden, bis Sie ein akustisches Signal hören. Der Anrufer wird nun automatisch auf Ihren Anrufbeantworter umgeleitet, und Sie haben Ihre Ruhe.

9   Fotografieren mit dem Headset

Das Headset lässt sich nicht nur als Kopfhörer-Mikro-Kombi benutzen, sondern auch als Fernsteuerung für die Kamera: Ein Druck auf die Plustaste des Schalters löst die Kamera aus. So können Sie zum Beispiel die Kamera sauber auf ein Objekt ausrichten und über das Kabel auslösen, ohne dass das iPhone berührt wird, wodurch das Bild eventuell verwackelt. Auch Fotos aus schwer zugänglichen Positionen sind so problemlos möglich.

10   Die Sprachsteuerung „Siri" starten

Der vielleicht mächtigste Headset-Trick ist der Aufruf der Sprachsteuerung *Siri* – schließlich können Sie damit zahlreiche Funktionen auf dem iPhone nutzen, etwa einen Anruf starten oder eine E-Mail diktieren, ohne dass Sie das iPhone dafür in die Hand nehmen müssen. Um Siri über das Headset zu starten, halten Sie den Schalter einige Sekunden gedrückt, bis sich Siri mit einem Glockenton meldet.

10 Tipps zum Energiesparen

1 | Kontrollieren Sie den Stromverbrauch

Alle Apps saugen im Betrieb am Akku – welche das sind und welchen Anteil sie am Stromverbrauch haben, verrät Ihnen Ihr iOS-Gerät:

❶ Wählen Sie *Einstellungen –> Allgemein –> Benutzung.*

❷ Tippen Sie auf *Batterienutzung.*

❸ Sie sehen nun, zu welchem Prozentsatz welche App oder Systemfunktion am Stromverbrauch beteiligt ist.

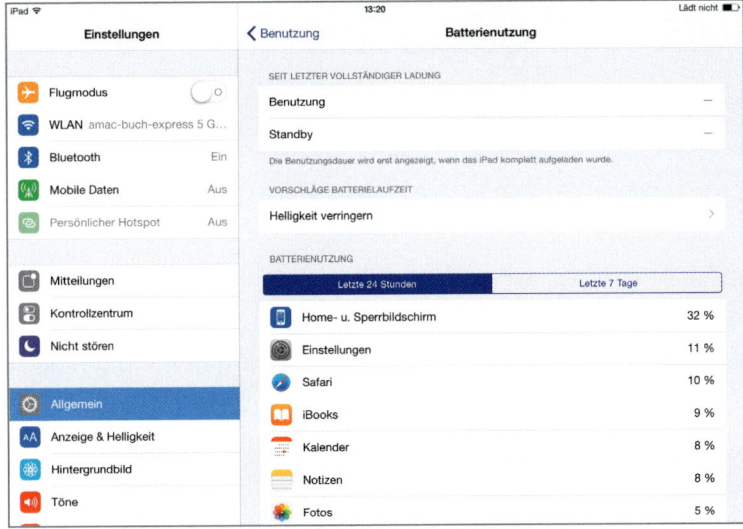

Sie können genau kontrollieren, wie sehr eine App den Akku in Anspruch nimmt.

2 | Lassen Sie sich den Ladezustand anzeigen

Zur Kontrolle des aktuellen Ladezustands wird oben rechts ein Batteriesymbol angezeigt. Die Anzeige gibt aber nur einen ungefähren Überblick. Genauer wird es, wenn Sie die Prozentanzeige einblenden:

❶ Wählen Sie *Einstellungen –> Allgemein –> Benutzung.*

❷ Aktivieren Sie hier *Batterieladung in %.*

❸ Neben dem Batteriesymbol erscheint nun auch die Angabe, zu wie viel Prozent der Akku geladen ist.

Die Prozentanzeige hilft Ihnen abzuschätzen, wie lange der Akku noch durchhält.

3 Reduzieren Sie die Helligkeit

Das Display ist der wohl größte Stromfresser beim iPhone und iPad. Wenn der Akku knapp wird, empfiehlt es sich, die Helligkeit deutlich zu reduzieren:

❶ Rufen Sie das Kontrollzentrum mit einer Wischgeste vom unteren Displayrand nach oben auf.

❷ Ziehen Sie den Helligkeitsregler auf die niedrigste Stufe, bei der Sie noch etwas erkennen können.

4 Drosseln Sie die Geschwindigkeit

Die Highspeed-Verbindung LTE ist zwar sehr praktisch und schnell, braucht aber auch mehr Strom als 3G. Unter *Einstellungen –> Mobiles Netz* können Sie LTE gezielt aus- und natürlich auch wieder einschalten. Je nach Mobilfunkanbieter können Sie hier auch zwischen 2G und 3G wählen, wobei die Faustregel gilt: Je langsamer die Verbindung ist, desto weniger Strom verbraucht sie.

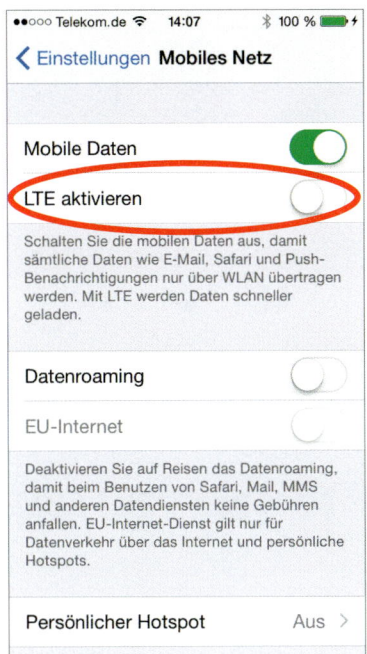

Schalten Sie LTE aus, um Strom zu sparen.

5 Nutzen Sie WLAN, Bluetooth und AirDrop nur bei Bedarf

Auch wenn kein WLAN in Sicht ist, kein Bluetooth-Empfänger in der Nähe ist und auch der Datenaustausch via AirDrop gar nicht benötigt wird, saugen diese Funktionen am Akku. Denn sie überprüfen in regelmäßigen Abständen, ob es ein Gerät oder ein Netzwerk gibt, mit dem sie sich verbinden könnten. Wenn der Akku knapp wird, sollten Sie diese Funktionen ausschalten.

❶ Rufen Sie das *Kontrollzentrum* mit einem Wisch vom unteren Displayrand nach oben auf.

❷ Falls das Bluetooth-Symbol weiß hervorgehoben ist, ist Bluetooth aktiviert – tippen Sie auf das Symbol, um Bluetooth auszuschalten.

❸ Tippen Sie auf *AirDrop*, und wählen Sie *Aus*.

Wenn Sie überhaupt keine Verbindungen nach außen haben wollen, schalten Sie über das Flugzeugsymbol links den Flugmodus ein bzw. aus. Vorsicht! Im aktiven Flugmodus können Sie mit Ihrem iPhone nicht mehr telefonieren oder mobil ins Internet.

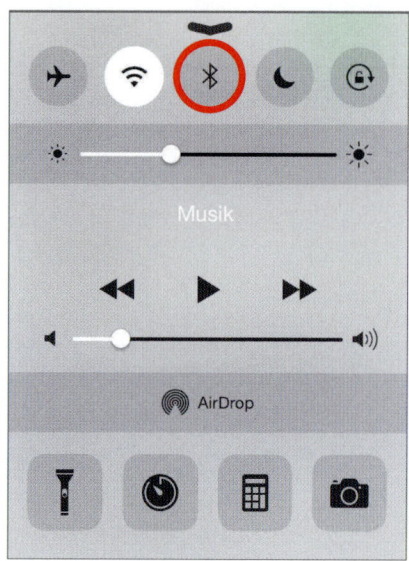

Funkverbindungen, wie etwa Bluetooth, saugen auch dann am Akku, wenn Sie sie überhaupt nicht nutzen – also am besten ausschalten.

6   Schalten Sie die Automatismen aus

Das iPhone und das iPad erleichtern Ihnen das Leben durch zahlreiche Automatismen, die aber, Sie ahnen es, allesamt Strom verbrauchen und nicht zwingend notwendig sind. Bei bedenklich leerem Akku empfiehlt es sich daher, sie zumindest vorübergehend auszuschalten:

– *Aktualisierung im Hintergrund:* Manche Apps, wie *Aktien*, *Twitter*, *WhatsApp* oder *Wetter* aktualisieren ihre Inhalte im Hintergrund – auch, wenn sie gar nicht gestartet sind. Das ist schön, frisst aber Strom. Im Falle eines Falles schalten Sie diese Aktivitäten entweder gezielt oder kurzerhand komplett aus. Die entsprechenden Schalter finden Sie unter *Einstellungen –> Allgemein –> Hintergrundaktualisierung*.

– *Automatischen Abruf von „Mail", „Kalender" und „Kontakte" ausschalten:* Der automatische Abruf von *Mail*, *Kalender* und *Kontakte* sorgt dafür, dass Sie neue Mails, Adressen und Termine so schnell wie möglich mitbekommen – und dass sich der Akku leert. Unter *Einstellungen –> Mail, Kontakte, Kalender* können Sie unter *Datenabgleich* festlegen, wie oft nach neuen Einträgen gesucht werden soll. Wenn Sie radikal Strom sparen möchten oder müssen, schalten Sie hier *Push* aus, wählen anschließend jeden Account aus und tippen hier auf *Manuell*. Nun werden neue Daten erst dann abgerufen, wenn Sie eine App tatsächlich öffnen.

– *Automatische Downloads:* Standardmäßig laden das iPhone und das iPad gekaufte Inhalte und Updates von Apps automatisch. Wenn der Strom knapp wird, sollten Sie das ausschalten, und zwar unter *Einstellungen –>* *iTunes & App Store* im Abschnitt *Automatische Downloads.*

7 | Schalten Sie die Ortungsdienste aus

Das iPhone und das iPad wissen immer, wo genau sie sich gerade befinden. Das ist gut und nützlich, wenn Sie etwa die *Karten*-App benutzen oder Ihre Fotos mit Ortsdaten gespeichert werden sollen. Die ständige Ortung geht aber auch zu Lasten des Akkus. Wer dringend Strom sparen muss, kann sie auch vorübergehend ausschalten:

❶ Wählen Sie *Einstellungen –> Datenschutz –> Ortungsdienste.*

❷ Deaktivieren Sie mit einem Tipp auf den gleichnamigen Schalter die *Ortungsdienste.*

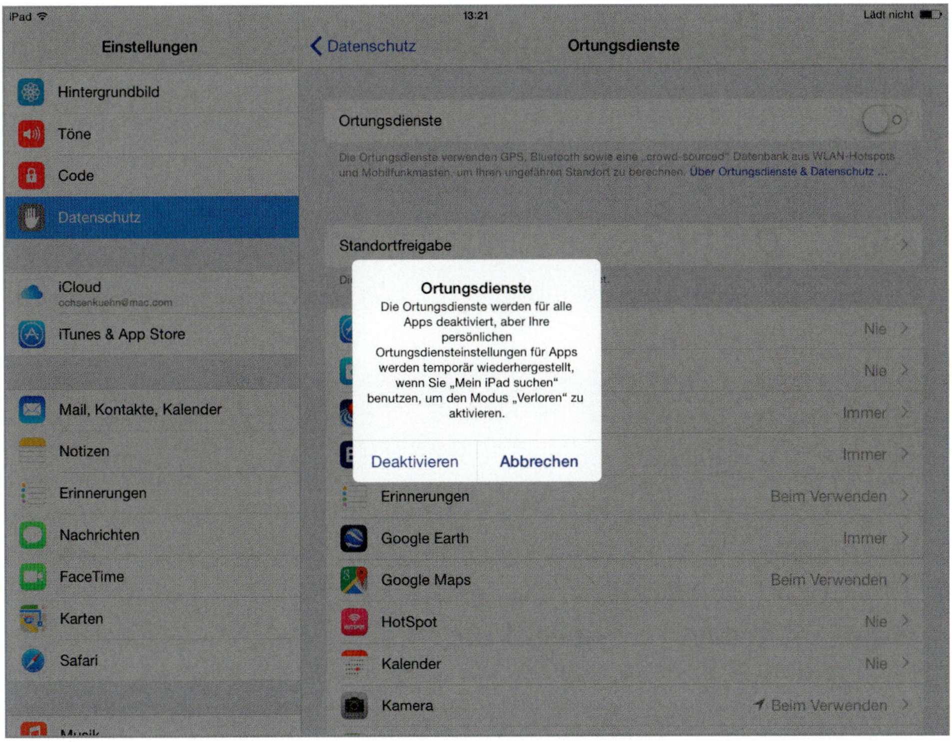

Für die Ortungsdienste gilt das, was für praktisch alle Funktionen gilt: Wenn Sie sie nicht benutzen, dann schalten Sie sie aus, um Strom zu sparen.

8 Schalten Sie die Bewegungen aus

Die verschiedenen Animationen, die iOS standardmäßig zu bieten hat, schauen schmuck aus, fordern aber Rechenzeit vom System und damit Strom. Unter *Einstellungen –> Allgemein –> Bedienungshilfen –> Bewegung reduzieren* lassen sie sich stromsparend ausschalten.

9 Schneller sperren, seltener einschalten

Je länger Sie Ihr iPhone oder iPad unbenutzt eingeschaltet lassen, desto mehr Strom verbraucht es. Es empfiehlt sich daher, die Zeitspanne, nach der iOS das Gerät automatisch in den gesperrten Zustand versetzt, möglichst klein zu wählen. Die Zeitspanne legen Sie unter *Einstellungen –> Allgemein –> Automatische Sperre* fest. Außerdem verbraucht jeder Zwischendurch-Blick auf das Display, um etwa die Uhrzeit abzulesen, Strom. Schalten Sie bei knappem Akku Ihr iPhone oder iPad also nur ein, wenn Sie es tatsächlich benötigen.

10 So kalibrieren Sie den Akku

Damit die Anzeige der verbleibenden Akkuladung korrekt ist, sollten Sie den Akku Ihres iPhones und iPads in regelmäßigen Abständen – etwa alle vier bis sechs Wochen – kalibrieren:

1. Benutzen Sie Ihr Gerät so lange, bis der Akku vollständig leer ist und es sich von allein ausschaltet.
2. Schließen Sie das Gerät an das Netzteil an, und trennen Sie es erst, wenn die Akkuanzeige bei 100 % steht. Es kann sein, dass die Anzeige bei 99 % zu hängen scheint. In diesem Fall lassen Sie es ruhig noch ein, zwei Stunden am Netz – notfalls über Nacht.

10 Tipps, wie Sie Ihr Datenvolumen schonen

> **!** **Auch Stromsparen kann mobile Daten schonen**
> Viele Tipps zum Stromsparen sorgen auch dafür, dass Sie Ihr mobiles Datenbudget schonen.

1 Mobile Daten komplett ausschalten

Wenn Sie unterwegs verhindern wollen, dass Apps via Mobilfunk Daten laden, dann schalten Sie die mobilen Daten komplett aus.

❶ Wählen Sie *Einstellungen −> Mobiles Netz*.

❷ Schalten Sie den Zugriff über *Mobile Daten* aus.

2 Gezielte Kontrolle des Datenverbrauchs

Sie müssen nicht unbedingt zur radikalen Methode greifen und *Mobile Daten* komplett ausschalten. Sie können mit iOS nämlich jederzeit kontrollieren, welche App das Funknetzwerk benutzt und wie viele Daten sie dabei von Ihrem Datenvolumen verbraucht hat. Besonders verschwenderische Apps oder Apps, bei denen Sie nicht einsehen, dass sie überhaupt mobilen Datenzugriff benötigen, können Sie gezielt in die Schranken weisen.

❶ Wählen Sie *Einstellungen −> Mobiles Netz*.

❷ Sie sehen nun, wie viele Daten im aktuellen Zeitraum verbraucht wurden und, wichtiger noch, wie viele Daten jede einzelne App verbraucht hat.

❸ Schalten Sie den Zugriff auf die mobilen Daten bei den Apps, die unterwegs nicht zwingend im Internet sein müssen, über den Schalter aus.

❹ Damit die Anzeige der mobilen Datennutzung aussagekräftiger wird, können Sie sie regelmäßig, etwa zum Monatsbeginn, auf null setzen. Dazu scrollen Sie bis ans Ende der Liste und wählen *Statistiken zurücksetzen*.

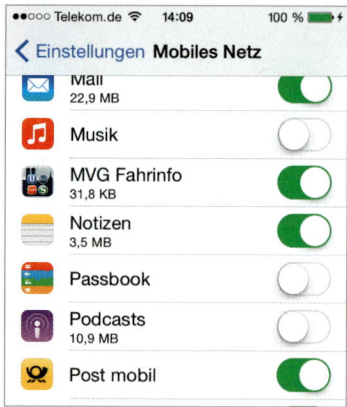

Sie können jeder App den Zugriff auf die mobilen Daten erlauben oder auch verbieten.

3 Automatische Downloads im Funknetz verhindern

Wenn Sie auf Ihrem Computer mit *iTunes* Musik, Apps oder Bücher gekauft haben, landen diese auch automatisch auf Ihrem iOS-Gerät. Gibt es App-Updates, werden sie ebenfalls automatisch geladen. Das ist praktisch und bequem, hat aber einen Haken: Wenn im mobilen Funknetz automatisch Daten geladen werden, erreichen Sie Ihr Datenlimit ganz erheblich schneller, als es Ihnen lieb sein kann. Schalten Sie hier also das mobile Funknetz aus. Dann funktioniert der automatische Download immer noch – aber nur noch im WLAN. Das ist zwar die Standardeinstellung, aber Sie wissen ja – Vertrauen ist gut, Kontrolle ist besser:

❶ Wählen Sie *Einstellungen –> iTunes & App Store*.

❷ Schalten Sie *Mobile Daten verwenden* aus.

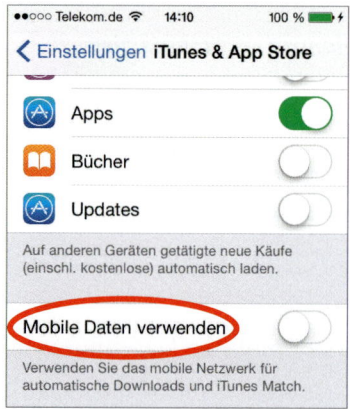

Der automatische Download von Apps, Musik und Büchern sollte im mobilen Netz am besten ausgeschaltet bleiben – ansonsten ist Ihr Datenbudget ruckzuck aufgebraucht.

4 Bei Auslandsreisen: Datenroaming ausschalten!

Beim Datenroaming nutzen Sie im Ausland das Netzwerk des örtlichen und nicht das Ihres üblichen Anbieters. Das kann teuer werden. Sehr teuer. Sie sollten im Ausland also möglichst darauf verzichten, das mobile Datennetzwerk zu benutzen. In der EU gibt es zwar seit dem 1. Juli 2014 eine Kostengrenze – ein Megabyte darf maximal 24 Cent kosten, und bei 60 Euro muss der Zugang gekappt werden –, aber auch das geht natürlich ganz schön ins Geld. Vor einem Auslandsaufenthalt sollten Sie also überprüfen, ob das Datenroaming auf Ihrem Gerät ausgeschaltet ist:

❶ Wählen Sie *Einstellungen –> Mobiles Netz.*

❷ Deaktivieren Sie gegebenenfalls den Schalter *Datenroaming.*

❸ Falls Sie sich im EU-Raum bewegen und Ihnen die gesetzliche Kostenbremse genügt, können Sie *Datenroaming* auch aktivieren und *EU-Internet* einschalten.

5 Datenspeicherung bei iCloud aufs WLAN beschränken

Viele Apps speichern Daten bei iCloud. Das ist praktisch, kann aber ebenfalls Ihr Datenbudget ganz schön belasten. Da empfiehlt es sich, diese automatische Speicherung nur dann zu erlauben, wenn sich das iOS-Gerät im WLAN befindet:

❶ Wählen Sie *Einstellungen –> iCloud –> iCloud Drive* bzw. *Dokumente & Daten.*

❷ Sie sehen nun alle Apps, die Daten bei iCloud ablegen.

❸ Scrollen Sie bis ans Ende der Liste, und schalten Sie *Mobile Daten verwenden* aus.

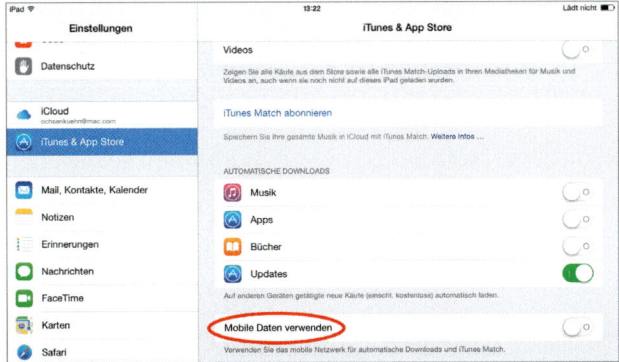

Bei knappem Datenbudget sollten Sie den Zugriff auf Daten und Dokumente bei iCloud auf WLAN beschränken.

6   Nutzen Sie die App Ihres Mobilfunkanbieters

Viele Mobilfunkanbieter sind mit Apps im App Store vertreten, die Ihnen einen genauen Überblick über Ihren aktuellen Datenverbrauch geben. Diese Apps sind kostenlos und sollten auf keinem iOS-Gerät fehlen:

❶ Starten Sie *App Store*.

❷ Tippen Sie auf die Lupe, und geben Sie den Namen Ihres Anbieters ein, etwa „Telekom", „O2" oder „Vodafone".

❸ Installieren Sie die App Ihres Anbieters.

7   Vermeiden Sie umfangreiche Mail-Downloads

Eine E-Mail kann nicht nur aus Text, sondern auch aus beliebig umfangreichen Datei-Anhängen bestehen. Datei-Anhänge bis etwa zwei Megabyte werden ohne Rückfrage geladen, sobald Sie die Mail öffnen. Bei umfangreicheren Anhängen müssen Sie den Download zuerst mit einem Tipp auf das Anhangsymbol starten. Wenn Sie Ihr Datenbudget schonen möchten, dann heißt das: Verzichten Sie möglichst darauf, E-Mails mit Dateianhang unterwegs im Funknetz zu öffnen.

8   Podcasts nur über das WLAN laden

Podcasts sind üblicherweise von einer recht überschaubaren Dateigröße – können aber auch ziemlich umfangreich werden. Grund genug, den Podcast-Download auf das WLAN zu beschränken:

❶ Öffnen Sie *Einstellungen –> Podcasts*.

❷ Aktivieren Sie unter *Podcasts Einstellungen* den Punkt *Nur über WLAN laden*.

9   Safari: Leseliste nur im WLAN laden

In der Leseliste von Safari werden komplette Webseiten gespeichert, damit Sie sie auch dann lesen können, wenn Sie gerade offline sind – etwa im Flugzeug. Natürlich knabbert der Download der Seite, die Sie später lesen möchten, an Ihrem Datenbudget und sollte daher möglichst auf das WLAN beschränkt bleiben:

❶ Öffnen Sie *Einstellungen –> Safari*.

❷ Scrollen Sie nach unten, bis Sie den Abschnitt *Leseliste* erreichen.

❸ Schalten Sie die Option *Mobile Daten verwenden* aus.

10 Safari: Toptreffer ausschalten

Bei der Suche im Internet schlägt Safari Ihnen in einem eigenen Abschnitt die sogenannten „Toptreffer" vor. Das sind Suchergebnisse, die sehr wahrscheinlich das treffen, was Sie suchen. Safari lädt diese Toptreffer automatisch im Hintergrund, sodass Sie nach einem Tipp auf einen Eintrag die gewünschte Seite sofort präsentiert bekommen. Diese kleine Bequemlichkeit bezahlen Sie im mobilen Netz allerdings von Ihrem Datenbudget, zumal diese Seiten auch dann geladen werden, wenn Sie sie überhaupt nicht aufrufen. Das ist ein guter Grund, diese Funktion auszuschalten:

❶ Öffnen Sie *Einstellungen –> Safari*.

❷ Schalten Sie im Abschnitt *Suchen* die Option *Toptreffer vorab laden* aus.

10 Tipps zur Sicherheit

> **Verschlüsselung unter iOS**
>
> Sobald Sie eine Codesperre aktiviert haben, werden die Daten auf Ihrem iPhone und iPad intern verschlüsselt. Ein Dieb hat dann keine Chance mehr, ohne Kenntnis der Codesperre an Ihre Daten zu kommen. Selbst wenn es ihm gelingt, den Speicher auszubauen und anderweitig auszulesen, stößt er nur auf Datensalat.

1 Aktivieren Sie die nicht ganz so einfache Codesperre

Bei der Einrichtung Ihres iOS-Gerätes müssen Sie eine 4-stellige Zahl festlegen, über die der Zugang zum Gerät geschützt wird. Das ist besser als gar nichts, aber ein vierziffriger Code lässt sich relativ leicht knacken. Wenn Sie es möglichen Datendieben also deutlich schwerer machen möchten, dann wählen Sie ein richtiges Passwort:

❶ Wählen Sie *Einstellungen –> Touch ID & Code* bzw. bei älteren Geräten *Einstellungen –> Code*.

❷ Geben Sie Ihren Zugangscode ein.

❸ Schalten Sie die Option *Einfacher Code* aus.

❹ Geben Sie Ihren bisherigen Code ein, und legen Sie einen neuen Code fest, bei dem Sie nun Buchstaben, Ziffern und Satzzeichen benutzen können.

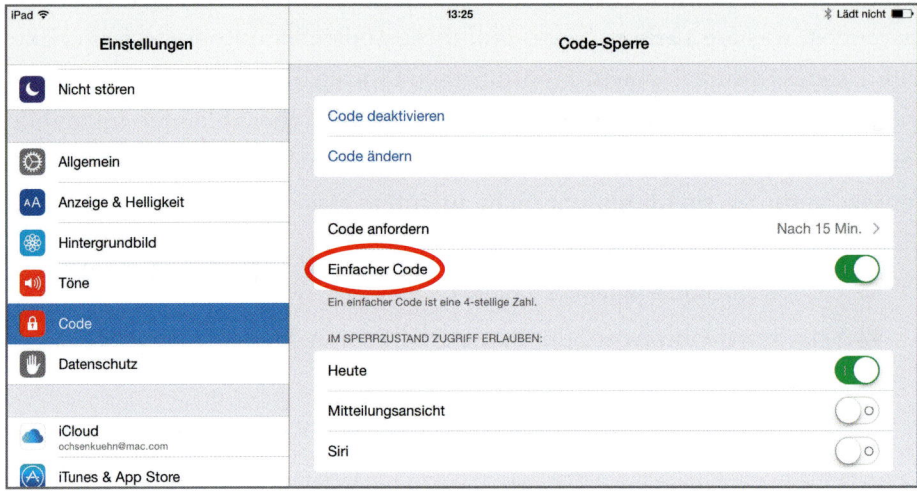

Deaktivieren Sie den einfachen Code, um Ihr iOS-Gerät besser absichern zu können.

2   Komplexer Code, nur aus Ziffern

Ein komplexerer Code ist zwar sicherer als die üblichen vier Ziffern, aber die Eingabe ist auch lästiger. Hier gibt es einen Kompromiss: Wählen Sie ein langes Passwort, das nur aus Ziffern besteht. In diesem Fall zeigt das iOS-Gerät bei der Code-Eingabe dann nicht mehr die volle Tastatur, sondern den üblichen Ziffernblock. Das erleichtert zum einen die Eingabe und lässt zum anderen missgünstige Zeitgenossen ratlos zurück – die wissen dann zwar, dass der Code nur aus Ziffern besteht, nicht aber, wie lang Ihr Code denn nun ist.

> **Schreiben Sie sich Ihren Zugangscode auf**
>
> ! Ein Standardtipp bei Codes und Passwörtern lautet, dass man sie nicht auf einem Zettel notieren sollte. Das ist aber nur dann richtig, wenn Sie diesen Zettel offen und für andere zugänglich herumliegen lassen. Deponieren Sie diesen Zettel aber hinreichend sicher, etwa in der Schreibtischschublade daheim, und notieren Sie darauf auch noch einiges andere, sodass es nicht weiter auffällt, dass auch Ihr Zugangscode darauf steht,dann spricht nichts dagegen, sich den Code für den Fall aufschreiben, dass Sie sich partout nicht mehr daran erinnern können.

3 Nutzen Sie Touch ID

Mit dem iPhone 5s hat Apple einen Fingerabdruck-Sensor eingeführt. Der macht das System zwar per se nicht sicherer (es ist nach wie vor möglich, das Gerät über die Code-Eingabe zu entsperren) aber es macht den Einsatz eines komplexeren Codes sehr viel einfacher. Den müssen Sie nämlich nur noch in sehr seltenen Fällen eingeben und können ihn daher ruhig etwas komplizierter wählen. Sie können bis zu fünf Abdrücke speichern.

❶ Wählen Sie *Einstellungen –> Touch ID & Code*.

❷ Aktivieren Sie *Touch ID verwenden* für die beiden Punkte *iPhone entsperren* und *iTunes & App Store*.

❸ Tippen Sie auf *Fingerabdruck hinzufügen*. Sie müssen nun den gewünschten Finger mehrfach und in verschiedenen Winkeln auf die Home-Taste legen, damit der Sensor den Abdruck korrekt erkennen kann.

❹ Sobald das System „Abgeschlossen" meldet, tippen Sie auf *Fortfahren*. Der Fingerabdruck ist nun gespeichert.

Ein gespeicherter Fingerabdruck wird von Haus aus einfach durchgezählt: *Finger 1*, *Finger 2* und so weiter. Natürlich lässt sich der Name anpassen und ein Fingerabdruck auch wieder löschen:

– *Umbenennen:* Tippen Sie den gewünschten Eintrag an, und geben Sie in das Textfeld den Namen ein, etwa „Linker Daumen".

– *Löschen:* Streichen Sie den zu löschenden Eintrag von rechts nach links durch, und tippen Sie auf *Löschen*. Alternativ dazu können Sie den Eintrag auch antippen und *Fingerabdruck löschen* wählen.

4 Kontrollieren Sie den Zugriff auf Kamera, Mikro & Co

Manche Apps möchten gern auf alle möglichen Funktionen und Daten auf Ihrem iPhone oder iPad zugreifen, zum Beispiel die Kontakte, den Kalender, die Fotos, auf das Mikro oder die Kamera. Bevor eine App das allerdings darf, müssen Sie ihr es erlauben. Sie können es sich jederzeit anders überlegen und einer App nachträglich den Zugriff erlauben oder verbieten:

❶ Rufen Sie *Einstellungen –> Datenschutz* auf.

❷ Wählen Sie die App, deren Freigaberegeln Sie überprüfen oder ändern möchten (etwa: *Fotos*).

❸ Sie sehen nun alle Apps, die auf *Fotos* zugreifen möchten. Über einen Schalter neben der App können Sie diesen Zugriff auch nachträglich erlauben bzw. verbieten.

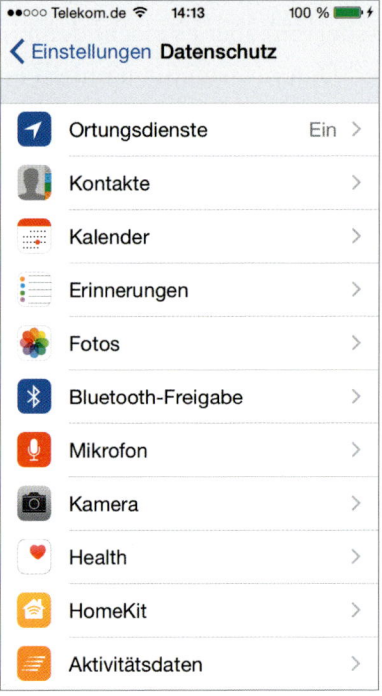

Sie können – und sollten! – genau kontrollieren, welche App auf welche Funktion zugreifen kann.

5   So schützen Sie Ihre Ortsdaten

Bevor eine App auf die Ortsinformationen zugreifen darf, fragt sie nach, und Sie müssen den Zugriff explizit bestätigen. Seien Sie hier knausrig, und fragen Sie sich, warum eine App diese Informationen haben möchte. Falls Sie sich nicht sicher sind, verbieten Sie den Zugriff. Keine Sorge, Sie können Ihre Entscheidung jederzeit revidieren:

❶ Rufen Sie *Einstellungen –> Datenschutz –> Ortungsdienste* auf.

❷ Tippen Sie die App an, deren Berechtigung Sie überprüfen bzw. ändern möchten.

❸ Möchten Sie, dass Ihr iOS-Gerät überhaupt keine Ortsinformationen sammelt, schalten Sie *Ortungsdienste* über den entsprechenden Schalter komplett aus.

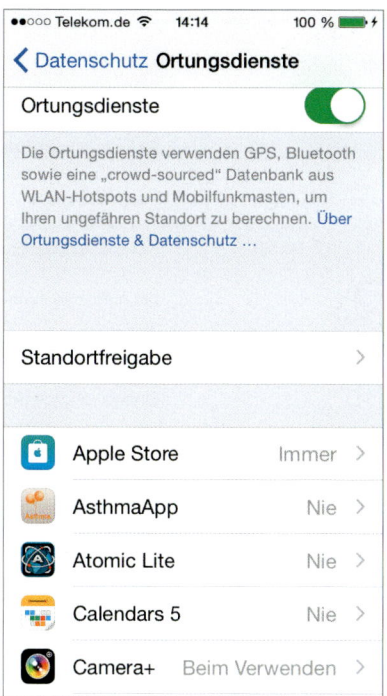

Die Ortsdaten gehören zu den sensibelsten Informationen auf einem iOS-Gerät. Sie sollten genau kontrollieren, wer darauf zugreifen möchte.

6 So kontrollieren Sie die Ortsabfragen der Systemdienste

Nicht nur Apps wie *Karten* oder *Kamera* greifen auf die Ortungsdienste zu – auch zahlreiche Systemdienste von iOS nutzen diese Informationen ausgesprochen eifrig. Anders als bei den Apps zeigen iPhone und iPad das allerdings nicht an. Doch keine Sorge, Sie behalten auch hier die volle Kontrolle:

❶ Rufen Sie *Einstellungen –> Datenschutz –> Ortungsdienste* auf.

❷ Scrollen Sie ganz ans Ende der Liste – hier finden Sie den Punkt *Systemdienste.*

❸ Tippen Sie *Systemdienste* an. Sie können nun genau festlegen, welche Systemfunktion auf die Ortsdaten zugreifen darf – und welche nicht.

❹ Damit Sie in der Statusleiste erkennen, wann iOS auf die Ortsdaten zugreift, scrollen Sie bis ganz ans Ende der Seite und aktivieren hier den Punkt *Statusleistenobjekt.*

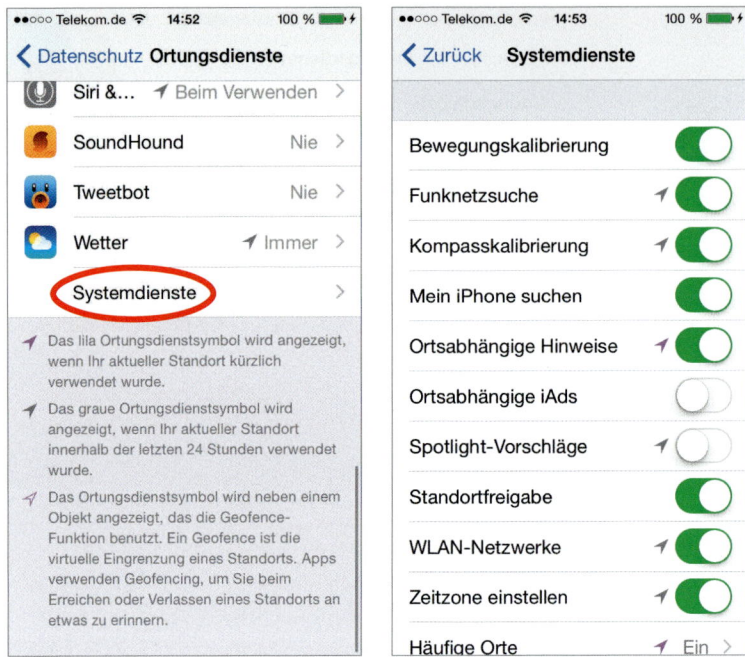

Auch bei den Systemdiensten sollten Sie sich überlegen, ob der Zugriff auf die Ortsdaten wirklich notwendig ist.

7   Die „häufigen Orte"

Standardmäßig protokollieren das iPhone und das iPad regelmäßig mit, wo sich das Gerät befindet. Diese Informationen werden unter anderem dazu benutzt, um Ihnen in der Mitteilungszentrale anzuzeigen, wie lange Ihr Weg ins Büro oder nach Hause ist. Die gesammelten Daten können Sie sich auf einer Karte und mit detaillierten Informationen anzeigen lassen – und natürlich auch löschen.

– *Aufrufen:* **Wählen Sie** *Einstellungen –> Datenschutz –> Ortungsdienste –> Systemdienste –> Häufige Orte*.

– *Ein-/Ausschalten:* **Über den Schalter** *Häufige Orte* **lässt sich diese Funktion ein- und ausschalten.**

– *Anzeigen:* **Tippen Sie im Abschnitt** *Verlauf* **auf den gewünschten Ortsein-trag. Sie sehen nun eine detaillierte Übersicht über alle häufig besuchten Orte einer Stadt. Mit einem Tipp auf einen der Einträge erhalten Sie weitere Informationen.**

– *Gespeicherte Daten löschen:* **Tippen Sie im Abschnitt** *Verlauf* **auf** *Verlauf löschen*. **Nach einer Sicherheitsabfrage werden alle gespeicherten Daten gelöscht.**

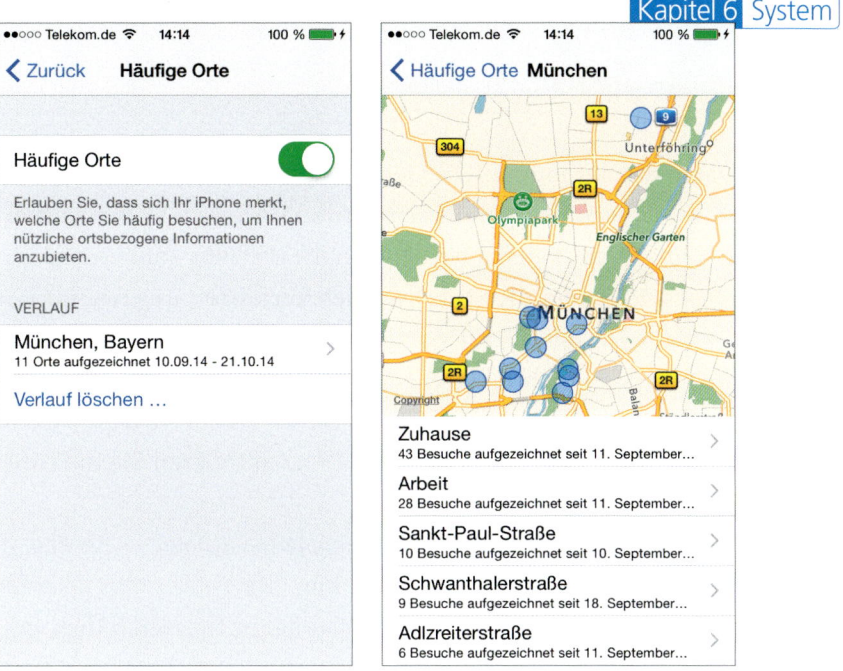

Das System protokolliert genau mit, wo Sie sich wann aufgehalten haben. Diese Daten sind für einige Funktionen notwendig – aber Sie sollten sie vielleicht doch regelmäßig löschen.

8 So schränken Sie den Zugriff ein

Bevor Sie Ihrem kleinen Kind ein iPhone oder iPad in die Hand drücken, sollten Sie sicher sein, dass es damit keinen Unfug anstellt, also etwa Ihr Datenvolumen durch große Downloads verjubelt, durch unzählige Unsinnsfotos den Speicher überlaufen lässt oder sonstiges Allotria anstellt. Dazu aktivieren Sie die Einschränkungen, in denen Sie festlegen, was mit dem Gerät überhaupt gemacht werden kann:

❶ Wählen Sie *Einstellungen –> Allgemein –> Einschränkungen*.

❷ Tippen Sie auf *Einschränkungen aktivieren*.

❸ Legen Sie einen vierstelligen Code fest, über den die gewählten Einstellungen geschützt werden.

❹ Nun können Sie eine Vielzahl von Einschränkungen festlegen, etwa dass der Webbrowser Safari und die Kamera ausgeschaltet werden, Siri deaktiviert wird und dass keine Apps installiert werden können.

| 9 | Regelmäßige Backups nicht vergessen |

Je mehr Daten Sie auf einem iOS-Gerät gespeichert haben, desto fataler ist es, wenn Sie diese Daten aus irgendeinem Grund verlieren. Daher sollten Sie so oft wie möglich eine Sicherheitskopie aller Inhalte machen – am besten automatisch. Nur gut, dass iOS genau dies tut. Welches Verfahren angewandt wird, hängt davon ab, wie Sie Ihr iOS-Gerät synchronisieren.

– *Backup via iTunes:* Schließen Sie Ihr Gerät an den Computer an, starten Sie Ihr iPhone, und synchronisieren Sie es. Dabei wird gleichzeitig ein Backup angelegt. Für zusätzlichen Schutz aktivieren Sie in iTunes *Backup verschlüsseln*.

– *Backup via iCloud:* **Wählen Sie** *Einstellungen –> iCloud –> Backup*, **und aktivieren Sie dort das automatische Backup. Mit** *Backup jetzt erstellen* **wird ein Backup angelegt. Wenn Ihr iOS-Gerät am Netzteil hängt, gesperrt und im WLAN angemeldet ist – kurz: wenn Sie es über Nacht aufladen –, dann übernimmt iOS diese Aufgabe automatisch.**

| 10 | Finger weg vom „Jailbreak" |

Apple hat iOS mit verschiedenen Sperren versehen. Die wohl wichtigste sorgt dafür, dass Sie nur solche Apps installieren können, die Apple im App-Store anbietet. Mit einem so genannten „Jailbreak" können Sie diese Sperre umgehen und beliebige Apps aus unterschiedlichen Quellen laden. Das klingt gut – ist es aber nicht. Denn ein Jailbreak entfernt nicht nur die App-Sperre, sondern auch gleich jede Menge Sicherheitsfunktionen von iOS. Wer sein iPhone oder iPad „jailbreakt", der zahlt einen hohen Preis für ein klein wenig mehr Auswahl. Ein solches Gerät ist anfällig für Viren und Trojaner, für Schad- und Schnüffelsoftware aller Art. Also: Finger weg.

10 Tipps zur Lösung von Problemen

1   Wenn das WLAN streikt

Nicht immer ist eine WLAN-Verbindung unterwegs, etwa im Hotel, so stabil, wie man sich das wünscht. Hier kann es helfen, sich vom Router eine neue IP-Adresse zuweisen zu lassen:

❶ Wählen Sie *Einstellungen –> WLAN*.

❷ Tippen Sie den Eintrag des aktuellen WLANs an.

❸ Wählen Sie *Lease erneuern*.

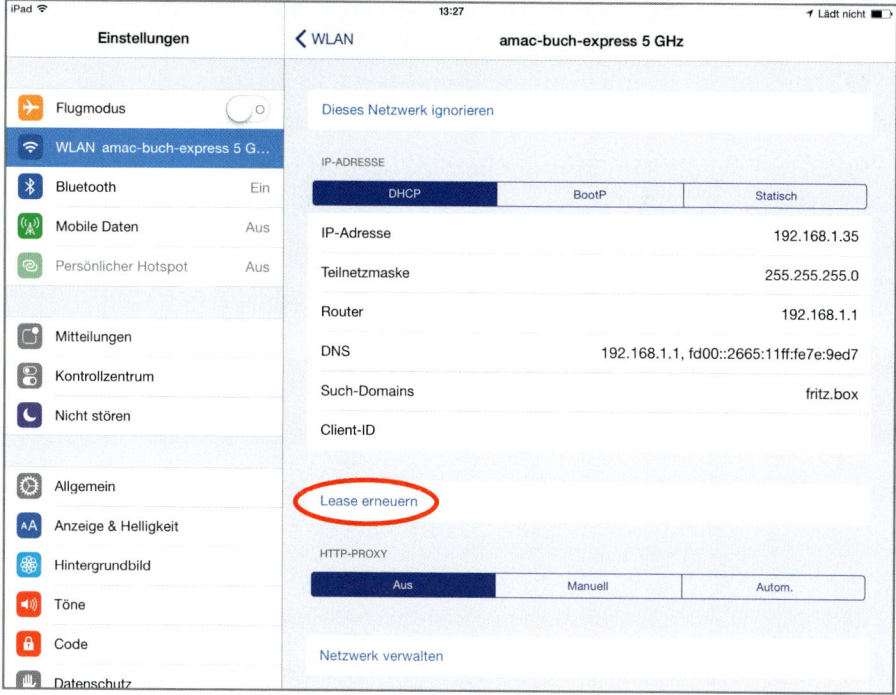

Wenn der WLAN-Zugang mal streikt, kann es helfen, es mit einer neuen IP-Adresse zu versuchen.

2   Wenn die Funkverbindung schwächelt

Gelegentlich haben die Mobilfunkanbieter Probleme mit ihren Netzen oder das iPhone bzw. iPad erwischt eine schlechte Verbindung. Hier hilft es oft, wenn Sie die Einwahl ins Netz erneut erzwingen:

1. Rufen Sie das Kontrollzentrum mit einem Wisch vom unteren Rand des Displays nach oben auf.
2. Aktivieren Sie mit einem Tipp auf das Flugzeug den Flugmodus.
3. Warten Sie ab, bis Sie in der Statusanzeige oben links ein Flugzeug sehen.
4. Schalten Sie den Flugmodus mit einem erneuten Tipp auf das Flugzeugsymbol im Kontrollzentrum wieder aus.

3   Störrische Apps beenden

Es sollte nicht vorkommen, aber es kommt vor: Eine App zickt rum, reagiert nicht richtig oder aktualisiert ihre Inhalte nicht. In diesem Fall sollten Sie die App kurzerhand komplett beenden und neu starten:

1. Drücken Sie zweimal auf die Home-Taste. Es erscheint der App-Umschalter mit Miniaturen aller zuletzt benutzten Apps.
2. Ziehen Sie die Miniatur der betreffenden App nach oben aus der Reihe der Apps heraus. Die App wird nun komplett beendet.
3. Kehren Sie mit einem erneuten Druck auf die Home-Taste zum Home-Bildschirm zurück, und starten Sie die App mit einem Fingertipp erneut.

4   Eine App auf die harte Tour beenden

Mitunter lässt sich eine störrische App nicht mehr verlassen und ein Druck auf die Home-Taste bleibt wirkungslos. Dann wird es Zeit, die App auf die harte Tour zu beenden:

1. Halten Sie die Standby-Taste so lange gedrückt, bis der Ausschalter erscheint.
2. Halten Sie nun die Home-Taste so lange gedrückt, bis Sie wieder auf dem Home-Bildschirm landen.

5 Wenn nichts mehr hilft: Reset durchführen

Wenn überhaupt nichts mehr geht, und sich das iPhone oder iPad noch nicht einmal neu starten lässt, dann wird es Zeit für einen Reset. Dabei ziehen Sie dem Betriebssystem den Boden unter den Füßen weg und erzwingen einen Neustart – ganz egal, was das System davon hält:

❶ Halten Sie die Standby- und die Home-Taste gleichzeitig gedrückt.

❷ Nach ca. 10 Sekunden erscheint das Apple-Logo.

❸ Lassen Sie die Tasten los, das System startet jetzt komplett neu.

> **!**
>
> **Vorsicht vor einem Reset!**
>
> Ein Reset ist eine Notfallmaßnahme und sollte auch nur in Notfällen ausgeführt werden. Bei einem erzwungenen Neustart besteht immer die Gefahr, dass Sie Daten verlieren. Das ist zwar unwahrscheinlich, aber nicht unmöglich. Vor einem Reset sollten Sie immer versuchen, das iOS-Gerät durch einen längeren Druck auf die Standby-Taste und den dann erscheinenden Ausschalter regulär auszuschalten. Erst wenn das nicht funktioniert, wird es Zeit für einen Reset.

6 Alles auf Anfang

Nach längerer Einsatzzeit sammeln sich auf einem iPhone oder iPad jede Menge Daten und Einstellungen an. Das ist natürlich erwünscht, denn das gehört schließlich zum Sinn und Zweck der Geräte. Doch in seltenen Fällen kann das auch zu einem veritablen Durcheinander und zu Funktionsstörungen führen. Nur gut, dass Sie jederzeit reinen Tisch machen und das iPhone in verschiedenen Stufen auf seinen Ausgangszustand zurücksetzen können. Rufen Sie dazu *Einstellungen –> Allgemein –> Zurücksetzen* auf.

– *Alle Einstellungen:* Das Gerät wird in seinen Ausgangszustand versetzt; Ihre Daten, Apps und Medien bleiben erhalten.

– *Inhalte & Einstellungen löschen:* Auch hier wird das Gerät in seinen Ausgangszustand versetzt, aber diesmal werden auch sämtliche Inhalte gelöscht. Anschließend muss das Gerät erneut eingerichtet und aktiviert werden.

– *Netzwerkeinstellungen:* Das Gerät vergisst sämtliche WLANs, die es sich gemerkt hat.

– *Tastaturwörterbuch:* Bei der Texteingabe merkt sich iOS Ihre Korrekturen und Eingaben. Dabei speichert es mitunter auch Unsinniges oder Falsches. Mit dieser Option vergisst iOS, was es gelernt hat, und fängt von vorn an.

– *Home-Bildschirm:* Die Apps werden wieder in der Reihenfolge sortiert, in der sie von Haus aus stehen. Alle Apps, die Sie installiert haben, werden alphabetisch sortiert, und die von Ihnen angelegten Ordner werden aufgehoben.

– *Standort & Datenschutz:* Hiermit entziehen Sie sämtlichen Apps alle jemals erteilten Zugriffsrechte auf die Ortsinformationen und andere Daten. Jede App muss nun erneut nachfragen, bevor sie auf diese Informationen zugreifen kann.

Im Notfall können Sie alle Einstellungen und Konfigurationen jederzeit auf den Ausgangszustand zurücksetzen.

7 Das iPhone oder iPad neu aufsetzen

Wenn gar nichts mehr geht und Ihr iPhone oder iPad sich hartnäckig weigert, das zu tun, was Sie von dem Gerät erwarten, dann wird es Zeit, dass Sie von vorn anfangen und das Gerät komplett neu aufsetzen. Dabei wird das Gerät vollständig gelöscht und das Betriebssystem neu installiert. Wenn Sie möchten, werden anschließend alle Daten aus dem Backup neu geladen. Sie merken schon – das ist ein langwieriger Prozess, bringen Sie also ein paar Stunden Zeit mit.

❶ Schließen Sie das iOS-Gerät an Ihren Computer an, und starten Sie iTunes.

❷ Wählen Sie Ihr iOS-Gerät in iTunes aus, und wechseln Sie zur Registerkarte *Übersicht*.

❸ Synchronisieren Sie das Gerät, damit ein aktuelles Backup angelegt wird.

❹ Klicken Sie auf *Wiederherstellen*.

❺ Bestätigen Sie die Sicherheitsabfrage.

Das Gerät wird nun neu aufgesetzt. Während des Vorgangs können Sie entscheiden, ob das Backup wieder auf das Gerät kopiert werden soll. Falls Sie das iOS-Gerät als „neues Gerät" installieren, müssen Sie es anschließend erneut einrichten und aktivieren.

8 Rettung in letzter Sekunde: Der Wartungszustand

Beim kompletten Daten-GAU lässt sich das iOS-Gerät nicht mehr einschalten oder kommt beim Start nicht über das Apple-Logo hinaus und wird auch von iTunes nicht erkannt – eine normale Wiederherstellung ist dann nicht mehr möglich. Hier hilft nur noch eins: Versetzen Sie das iOS-Gerät in den Wartungszustand:

❶ Schließen Sie das iOS-Gerät an Ihren Computer an, und starten Sie iTunes.

❷ Halten Sie die Standby- und die Home-Taste gleichzeitig für zehn Sekunden gedrückt.

❸ Lassen Sie die Standby-Taste los, drücken Sie aber weiterhin die Home-Taste für acht Sekunden.

❹ Jetzt erkennt iTunes ein iOS-Gerät im Wartungszustand.

❺ Sie können das Gerät nun wie erläutert neu aufsetzen, also wiederherstellen.

> **!** **DFU-Modus**
> Der Wartungszustand wird auch „DFU-Modus" genannt. Das ist kein Tippfehler für „DFÜ", sondern steht für „Device Firmware Update".

9 Wenn der Speicher knapp wird: Dateien löschen

Der Speicherplatz auf dem iPhone und iPad ist begrenzt. Wenn's eng wird und
Sie eine neue App ausprobieren oder Videos, Musik oder E-Books laden möchten,
hilft nur eins: Sie müssen Platz schaffen, und zwar möglichst effektiv. Sie sollten
also versuchen, die größten Platzfresser zu finden und gegebenenfalls zu löschen.
Dabei hilft Ihnen iOS:

❶ Wählen Sie *Einstellungen –> Allgemein –> Benutzung*.

❷ Tippen Sie im Abschnitt *Speicher* auf *Speicher verwalten*.

❸ Sie sehen nun, nach Platzbedarf sortiert, eine Liste aller Apps samt der
Angabe, wie viel Platz die Apps belegen.

❹ Falls Sie sich vorübergehend von besonders großen Apps trennen
möchten, tippen Sie den entsprechenden Eintrag an und wählen
App löschen. Obacht! Dabei werden auch alle Daten und Dokumente
gelöscht, die Sie in der App gespeichert haben.

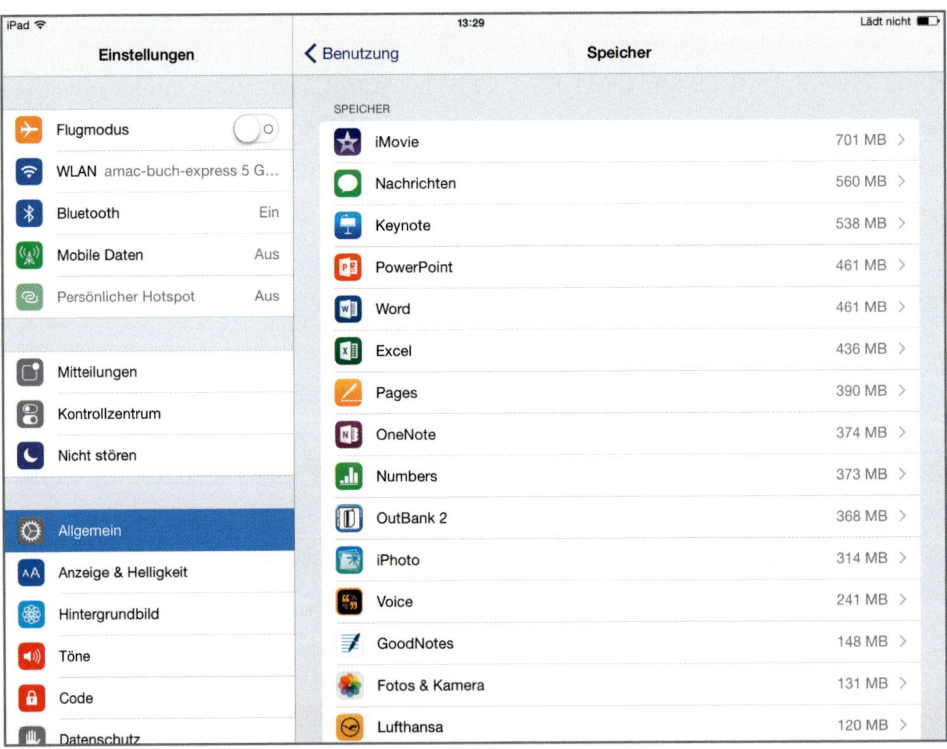

*Die Speicherübersicht verrät Ihnen nicht nur, welche Apps wie viel Platz beanspruchen, Sie
können hier auch gezielt Daten und Apps löschen.*

10 Bei knappem Speicher: iOS-Update via iTunes

Die Installation eines System-Updates braucht Speicherplatz – sehr viel Speicherplatz. Wenn Sie nicht ein paar Gigabyte auf Ihrem iOS-Gerät frei haben, kann ein Update schon mal verweigert werden oder fehlschlagen. In diesem Fall müssen Sie entweder Apps und Dateien auf dem iOS-Gerät löschen – oder Sie führen das Update via iTunes durch:

① Schließen Sie Ihr iPhone oder iPad an den Computer an, und starten Sie iTunes.

② Wählen Sie Ihr Gerät aus, und wechseln Sie auf die Registerkarte *Übersicht*.

③ Normalerweise meldet iTunes von allein, dass ein Update vorliegt, das Sie installieren können. Falls das nicht der Fall ist, tippen Sie auf *Nach Update suchen*.

3 Tipps zum Verkauf des Geräts

1 Backup anlegen

Bevor Sie sich von Ihrem iOS-Gerät trennen, sollten Sie den aktuellen Zustand des Gerätes lokal in einem Backup sichern:

① Schließen Sie Ihr iPhone oder iPad an Ihren Computer an und starten Sie iTunes.

② Wählen Sie Ihr Gerät in iTunes aus, und wählen Sie in der Seitenleiste den Punkt *Übersicht*.

③ Im Bereich *Backup* starten die Sicherung mit *Jetzt sichern*.

④ Rückfragen, ob bestimmte Inhalte gesichert werden sollen, sollten Sie prinzipiell bejahen.

2 iCloud deaktivieren und alle Inhalte löschen

Apples iCloud synchronisiert zahlreiche Inhalte mit Ihrem iOS-Gerät und sorgt mit der Funktion „Mein iPhone suchen" dafür, dass sich das Gerät ohne Ihr iCloud-Kennwort nicht löschen oder wiederherstellen lässt. Wenn Sie Ihr Gerät weitergeben möchten, sollten Sie daher unbedingt iCloud deaktivieren, indem Sie Ihren iCloud-Account löschen:

① Wählen Sie *Einstellungen –> iCloud.*

② Tippen Sie auf *Abmelden.*

③ Verneinen Sie alle Fragen, ob Inhalte erhalten bleiben sollen.

④ Geben Sie Ihr iCloud-Kennwort ein, sobald Sie dazu aufgefordert werden.

⑤ Anschließend löschen Sie das komplette Gerät über *Einstellungen –> Allgemein –> Zurücksetzen –> Inhalte & Einstellungen löschen.*

3 Apple-ID entkoppeln

Auch nach dem vollständigen Löschen und Zurücksetzen ist Ihr iOS-Gerät immer noch mit Ihrer Apple-ID verknüpft. Diese Verknüpfung sollten Sie sicherheitshalber ebenfalls aufheben:

① Starten Sie auf Ihrem Computer iTunes.

② Klicken Sie rechts oben auf Ihren Namen, und wählen Sie *Accountinformationen.* (Falls Ihr Name dort nicht erscheint, klicken Sie zuerst auf *Anmelden* und melden sich an.)

③ Nach der Eingabe Ihres Kennworts sehen Sie Ihre *Account-Daten.* Klicken Sie im Abschnitt *iTunes in der Cloud* auf *Geräte verwalten.*

④ Bei dem Gerät, bei dem Sie die Verknüpfung aufheben möchten, klicken Sie auf *Entfernen.*